KB244013

우리 아이, 즐겁게 배우는
생활 속 글쓰기

KI신서 781

우리 아이, 즐겁게 배우는

생활 속 글쓰기

1판 1쇄 발행 2006년 4월 1일
1판 6쇄 발행 2010년 4월 29일

지은이 남미영 **펴낸이** 김영곤 **펴낸곳** (주)북이십일 21세기북스
편집 전희경 박주란 **마케팅 · 영업** 최창규 김보미
출판등록 2000년 5월 6일 제10-1965호
주소 (우413-756) 경기도 파주시 교하읍 문발리 파주출판단지 518-3
대표전화 031-955-2100 **팩스** 031-955-2151 **이메일** book21@book21.co.kr
홈페이지 www.book21.com

값 12,000원
ISBN 978-89-509-0849-2 23020

우리 아이, 즐겁게 배우는

생활 속 글쓰기

남미영 지음

21세기북스
www.book21.com

글쓰기, 세상을 내 편으로 만드는 힘

글쓰기는 힘이 세다

재미있는 글 한 편을 읽었다. 국민일보 이영미 기자가 쓴 '글 잘 써야 성공한다.'인데, 글을 잘 써서 성공한 우리나라 사람들의 이야기가 꼼꼼하게 적혀 있었다. 《나의 문화유산답사기》의 저자인 유홍준을 만든 건 9할이 글쓰기라는 이야기로부터, 글 쓰는 화가 김병종, 그림 읽어 주는 여자 한젬마, 바람의 딸 한비야, 바이러스 잡은 안철수, 자기 경영 전문가 공병호, 과학자 정재승을 유명하게 만든 것은 그들의 빛나는 글쓰기 실력이라고 소개했다.

최근 사회적인 리더가 되려는 사람들이 글쓰기 공부에 열중하고 있다. 2006년 2월 6일자 동아일보에 의하면 변호사, 의사, 연구원, 교수, 고위 공직자 등 전문직 종사자들 사이에 글쓰기가 화두가 되고 있다고 한다. 블로그, 인터넷 카페 등 매체가 다양화되면서 전문직 종사자들이 칼럼 등을 통해 자신의 견해를 표출할 수 있는 기회가 늘어났으며, 칼럼 수요도 폭발적으로 증가하고 있기 때문이다.

글쓰기는 원래부터 문인들의 전유물이 아니었다. 박경리, 이문열이 아니어도 글쓰기 실력이 있다면 누구나 사회적 스타가 될 수 있다. 이렇게 글쓰기를 통하여 성공의 고리를 잡은 이들은 아마도 남보다 일찍 '글쓰기의 힘'을 깨달았던 사람들임에 틀림없다.

미국의 하버드대학, 예일대, MIT대학, 스탠포드대학, 영국의 옥스퍼드대학 등 세계적인 대학들의 글쓰기 교육은 정말 맹렬하다. 이 대학들은 모든 학과의 재학생에게 1년 동안 글쓰기 교육을 필수 과목으로 이수토록 지정하고 있다. '왜 모든 학과생이 글쓰기를 해야 하느냐?'는 질문에 대하여 교수진은 한결같이 대답한다.

"우리 학교는 사회 각 방면에서 리더가 될 인물을 길러 내는 것이 목표다. 리더에게 가장 필요한 능력이 글쓰기 아닌가? 글쓰기를 못하면 노벨상도 없지 않는가?"

정말 '많이 아는 것'으로는 충분하지 않다. '아는 만큼 표현하는 것'이 중요하다. 아무리 훌륭한 업적의 연구 성과가 있다 해도 글쓰기 실력이 없으면 노벨상도 그림의 떡인 것은 틀림없다.

독서와 글쓰기는 유비쿼터스 시대의 커리큘럼

21세기를 살아가는 사람들은 싫든 좋든 유비쿼터스(Ubiquitous) 시민대학의 학생이 되었다. 이제 우리는 19세기나 20세기 시민처럼 살아갈 수는 없다. 누가 누구를 가르쳐 주는 20세기식 학교는 이미 폐쇄된 거나 마찬가지다. 지식의 폭발 시대인 21세기의 학교는 최소한의 지식만을 감당할 수밖에 없다. 18개월마다 두 배로 증가하는 지식을 가르쳐 준다는 것은 불가능하기도 하지만 무의미하기도 하다. 그래서 유비쿼터스 시대의 시민들은 스스로 자기에게 필요한 지식을 선택하고, 정리하고, 종합하여 자기의 지식으로 만들어야 한다. 이런 일에 능숙하지 못하면 유비쿼터스 시대의 낙오자가 될 수밖에 없다.

유비쿼터스 시민대학생에게는 사고력이 필요하다. 자신에게 필요한 정보를 수집하고 분석하고, 종합하고, 비판하고, 추리하고, 판단하고,

창의적으로 문제를 해결할 수 있는 능력이 필요하다. 유비쿼터스 시민 대학에는 담임도 교수도 없다. 오직 자신의 독서 능력과 글쓰기 능력으로 자기 주도적인 학습을 감당해야 한다.

이런 이유로 세계의 교육은 지금 학과 중심 교육에서 독서와 글쓰기 중심으로 방향을 돌리고 있다. 그래서 이 시대를 성공적으로 살아가기 위해서 어린이와 청소년들이 가장 먼저 준비할 것은 독서 능력과 글쓰기 능력이다. 독서와 글쓰기가 바로 21세기의 '생존 전략'이기 때문이다.

이제, 즐거운 글쓰기가 필요하다

이제 글쓰기의 힘은 과거 어느 시대보다 막강하게 되었다. 그런데 한국의 글쓰기 교육은 아직 밝은 전망을 내놓지 못하고 있다. 이렇게 말하는 데에는 근거가 있다. 초등학교와 중학교에는 아직 정리된 교육 과정도 교과서도 없다. 그래서 학교나 가정은 신문이나 잡지에서 얻은 단편 지식을 통하여 제자와 자녀들을 교육하고 있는 실정이다. 이런 현실 속에서 88%가 넘는 학생들이 '글쓰기의 고통'을 호소하고 있다(한국독서교육개발원, 2005년). 이것은 일본의 70%대, 미국의 50%대, 프랑스의 40%대에 비하면 매우 높은 수치이다.

이런 자각은 즐거운 글쓰기에 대한 강력한 욕망으로 표출되었다. 시작은 정부가 했다. 객관식 시험에서 주관식 시험으로, 단답형에서 서술형으로, 지식 평가에서 사고력을 재는 논술 평가로, 2008학년도부터 "논술 고사로 대입을 결정한다." 등의 선언들이다. 누구나 고개를 끄덕이게 하는 옳은 말씀이지만, 교사와 학부모에게는 걱정으로 남는 선언들이다. 내가 배우지 않은 방법으로 아이들을 가르쳐야 한다는 모험 앞에 서 있기 때문이다. 그래서 오늘의 교육자와 학부모는 자신의 역할을 충실히 감당하기가 어려워졌고 그 어려움은 고스란히 스트레스가 되었다. 그러는 동안 아이들은 '글쓰기의 고통'을 호소하고 있다.

이 책은 이런 현실적인 문제를 해결하기 위하여 기획되었다. 구체적으로 말하면 나는 초중학생들의 '글쓰기의 고통'을 '글쓰기의 즐거움'으로 바꾸기 위하여 이 책을 쓰기 시작했다. 즐거운 글쓰기로 가는 데 필요한 방법들을 개발하는 동안 전국에서 나와 핫라인을 개설하고 계신 9만여 명의 교사와 학부모님들의 도움을 받았다. 이 원고의 상당 부분은 연구, 강연, 상담을 통하여 만나게 된 그 분들이 알려 준 내용이다. 한 권의 책에는 많은 분들의 애정과 도움이 스며 있으며, 그래서 출간된 책은 '저자의 것이 아니라 독자의 것'이라는 평소의 믿음을 다시 한 번 다지게 한다.

　이 책에는 초등학생과 중학생들이 가정생활, 사회생활, 학교생활, 그리고 놀이와 취미 활동을 통하여 즐거운 글쓰기로 가는 데 필요한 15가지 원칙과 70가지 방법이 담겨 있다. 이 원칙과 방법들은 각각 '사례와 현상→원인 분석→해결 방안→생활 적용 방식'의 순서로 구성하여 매일매일 생활 속에서 글쓰기를 배울 수 있도록 프로그램화하였다. 이 프로그램이 부모님과 선생님들에게는 '글쓰기 교육의 자신감'을, 학생들에게는 '글쓰기의 즐거움'을 찾아 주는 열쇠가 될 수 있기를 기대한다.

　끝으로 독자 여러분에게 용서를 구할 일이 있다. 나의 문장이 아직 불완전하다는 사실이다. 글쓰기 책이란 완전무결한 문장으로 기술하는 것이 원칙일 텐데, 만용을 부린 것 같아 부끄럽다. 독자 여러분께서 이 책을 읽으시는 동안 '뚝배기보다는 장맛'이라는 우리 속담을 자주 기억해 주셨으면 좋겠다.

한국독서교육개발원 원장

남 미 영

차례

제2부 │ 생활 속에서 배우는 즐거운 글쓰기 34작전

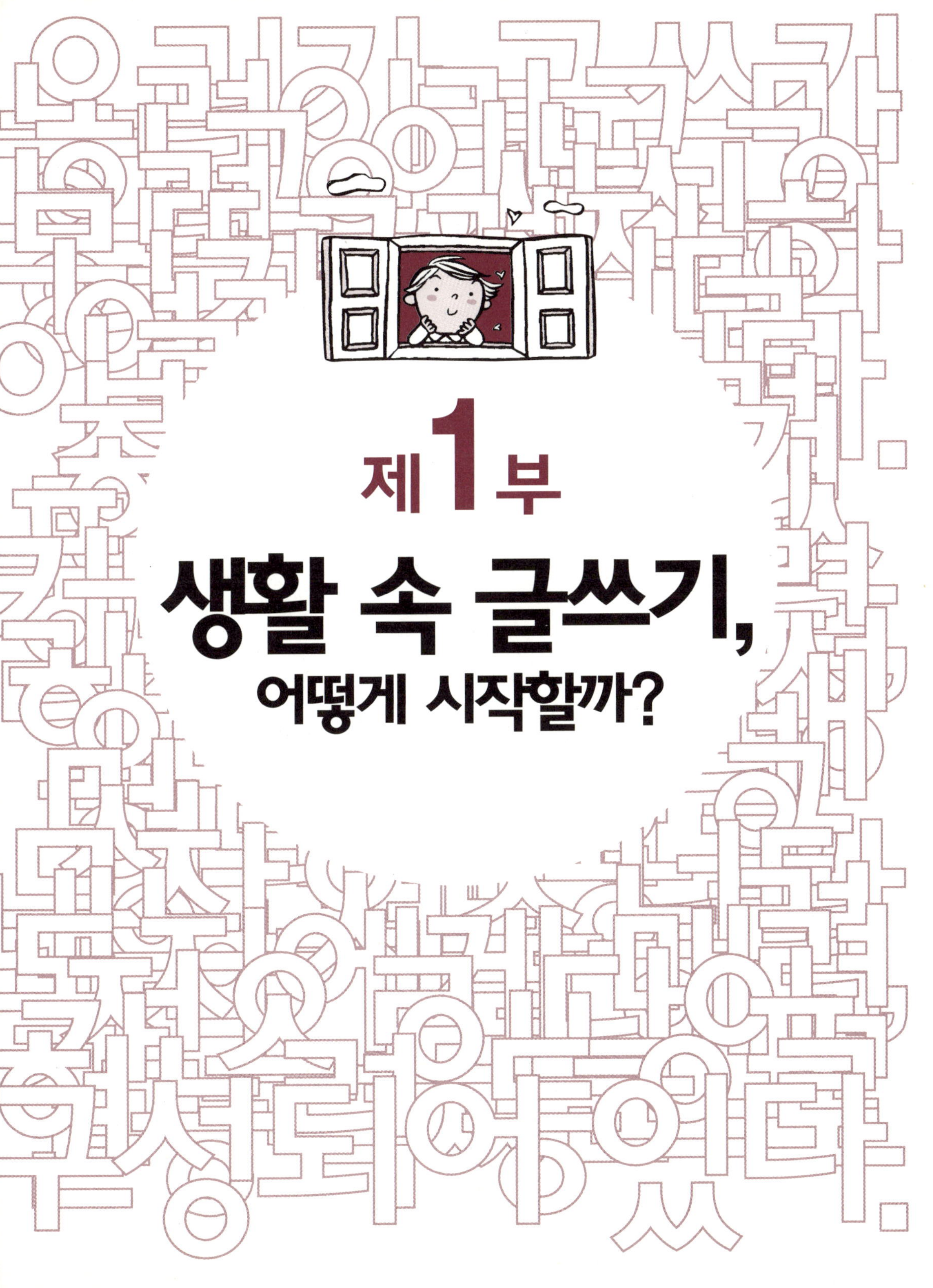

제 1 부

생활 속 글쓰기,
어떻게 시작할까?

글쓰기에도 기초 체력이 필요하다

박지성은 축구를 잘하고, 조수미는 노래를 잘하고, 강수진은 춤을 잘 춘다. 정말, 누구나 부러워하는 행운아들이다. 그런데 알고 보면 사정이 다르다. 박지성은 어린 시절에 키가 작아서 주전팀에 끼지도 못하여 혼자서 패스와 볼 컨트롤을 죽자사자 연습한 아이였고, 조수미는 목에서 피가 나도록 발성 연습을 했고, 강수진은 하루 18시간씩 연습을 해서 우리가 신문이나 인터넷에서 본 상처투성이 발이 되었다고 한다. 그러나 사람들은 강수진의 그 퉁그러진 발을 아름다운 발이라고 한다.

그뿐일까? 그림 한 점에 900만 달러에 팔린다는 고흐는 습작 시절에 한 점의 그림을 그리기 위해 수백 번의 데생을 했고, 베토벤은 다섯 살 때 하도 피아노를 열심히 쳐서 손가락이 부러졌다니, 그들의 성공도 행운이 가져다준 것은 아닌 것 같다. 행운은커녕 베토벤은 귀머거리라는 음악가로서는 참을 수 없는 불운까지 겹쳤던 사람이다.

그뿐일까? 대통령이면서 손수 연설문을 쓴 링컨은 책을 빌릴 수 있다면 아무리 멀어도 달려갔으며, 소설《바람과 함께 사라지다》로 유명한 마가렛 미첼은 마을 도서관의 책을 다 읽어서 더 이상 볼 책이 없게 되자 직접 소설을 쓸 수밖에 없었다고 한다. 그러고 보니 글쓰기 천재들에게도 행운은 없었다. 행운이 있었다면 독서를 많이 할 수 있었던 행운뿐이다.

글쓰기의 가장 중요한 에너지 공급원은 독서이다. 평소에 독서를 통하여 쌓아 놓은 지식과 생각은 그대로 글의 광맥이 된다. 특히 폭넓은 독서는 글을 쓰다가 막혀서 쩔쩔맬 때에 수도관을 뚫듯 막힌 글을 뚫어 주는 강력한 힘이 되어 준다.

글씨기의 에너지로 '세상 읽기'와 '생각하기'를 빼놓을 수 없다. 독서도 간접적으로는 세상 읽기이지만 우리가 사는 세상을 직접 읽는 세상 관찰하기도 중요하다. 책 읽기와 세상 읽기로부터 들어온 자극은 우리의 두뇌 속에서 사고 작용을 촉진한다. 공자님도 《논어》 위정편에서 "배우기만 하고 생각하지 않으면 발전이 없고, 생각만 하고 배우지 않으면 위태롭다."고 하여 배우기와 생각하기의 균형을 강조하고 있다. 생각하기가 없는 책 읽기와 세상 읽기는 무용지물이고, 책 읽기와 세상 읽기가 없는 생각하기도 공허할 뿐이다.

지금부터 글쓰기의 기초 체력을 만들어 주는 '독서하기', '세상읽기', '생각하기'에 대한 원리와 방법을 알아보기로 한다.

독서는 입력이고
글쓰기는 출력이다

"여러분, 셰익스피어는 어느 나라 사람이지요?"

"영국이요!"

"그런데 한때 영국 사람들은 '우리는 셰익스피어를 인도와도 바꾸지 않겠다'는 말을 했다는군요."

"우와! 손해잖아요?"

"글쎄, 생각에 따라서는 손해일 수도 있겠지. 그런데 영국인들은 왜 이런 말을 했을까요? 이 말을 한 영국인들의 의도에 대하여 써 보세요."

'독서와 글쓰기의 영향 관계에 대한 연구'를 위하여 찾아간 대구 M 중학교 1학년 교실. 학생 38명 중, 절반 정도의 아이들이 "그런 거 안 배웠다."며 책상을 두드리며 소리를 지른다. 그런 중에 15명 정도가 고개를 갸웃거리며 무언가 적고 있다. 30분 후에 결과를 모아 보니 거의 백지를 낸 아이들이 5명, '영국인들은 부자이기 때문에', '인도가 미개

한 나라이기 때문에', '셰익스피어가 글을 잘 쓰기 때문에'와 같은 단답식 문장들을 몇 개 써 놓은 아이들이 10명, 셰익스피어에 대한 인적 사항과 그의 작품명을 써 놓은 아이들이 20명, 제대로 된 논술을 작성한 아이들은 3명뿐이다.

곧 이어 학생들의 '독서 이력'을 조사해 보았다. 제대로 된 논술을 쓴 학생들은 셰익스피어의 작품은 물론, 영국의 인도 식민 정책, 간디의 전기 등을 두루 읽은 학생들이었다. 그들은 영국인들에게 향신료, 목화, 식료품을 제공하고 영국이 만든 생산품을 소비해 주는 인도가 영국의 부를 위해 얼마나 기여했는지를 말하고, 그럼에도 불구하고 "인도와 셰익스피어를 바꾸지 않겠다."고 한 것은 세계 1등 문화국의 자부심을 나타낸 말이라고 결론을 내렸다.

입력과 출력의 법칙

아이들이 글을 쓸 때에 겪는 가장 큰 어려움은 대구 M중학교 학생들처럼 쓸 내용을 찾지 못하는 것이다. 왜 같은 학년, 같은 반에서 같은 선생님에게 배우는데 어떤 아이는 훌륭한 글을 쓰고 어떤 아이는 빈약하기 그지없는 글을 쓰는 것일까? 이런 물음에 대한 인지 과학의 답은 '스키마(schema)의 다소 때문'이다. 개인의 '배경 지식'이라 해석할 수 있는 스키마는 생활이나 책읽기를 통하여 두뇌 속에 축적된다. M중학교 1학년의 세 학생처럼 셰익스피어의 작품이나 영국의 인도 식민지 정책에 대한 책을 읽고, 당시 영국과 인도 사람들의 삶을 비교해 본 아이들은 그 이유를 알 수 있지만, 그렇지 못한 아이들은 빈약하기 그지없는 글을 쓸 수밖에 없다.

이와 같이 책을 읽다 우연히 알게 된 지식이나 간접 경험은 머릿속에 저장되어 있다가 말을 하거나 글을 쓸 때에 소재가 된다. 그래서 머릿속에 다양하고 좋은 생각이 많이 들어 있는 아이는 좋은 글을 쓰지만 그렇지 못한 아이는 쩔쩔매게 된다. 특히 논술처럼 어떤 주제를 놓고 글을 써야 할 경우에는 그 주제에 대한 배경 지식이 없으면 보잘것없는 글밖에는 쓸 수 없게 된다. 독서는 입력이고 글쓰기는 출력이기 때문이다.

북키박사의 한마디

자녀의 독서이력서를 받아 보세요

이제까지 읽은 책 이름, 그 옆에 주인공 이름, 그 옆에 내용 한 줄을 써 보라고 하세요. 책 이름, 주인공 이름, 내용까지 모두 쓴 책이 몇 권인가요? 보통 1학년은 7권 정도, 2학년은 10권 정도, 3학년은 20권 정도, 4학년은 30권 정도, 5학년은 40권 정도, 6학년은 50권 정도, 중학생은 70권 이상입니다.
꼭 기억하실 것은 책 이름, 주인공, 내용을 모두 쓴 책의 숫자입니다.

(한국독서교육개발원 독서능력진단팀 제공)

좋은 책은 좋은 어휘의 보물 창고

아름다운 여인의 사진을 12명의 아이들에게 보여 주고 본 대로 표현해 보라는 실험을 한 적이 있다. 어여쁘다, 귀엽다, 상큼하다, 아름답다, 아리땁다, 이쁘다, 예쁘다, 그윽하다, 순수하다, 순박하다, 참하다, 참신하다……. 많은 수식어를 사용하는 아이들도 있었지만 '잘났다'라는 한 단어로 표현한 아이가 있었다.

이 아이를 포함하여 실험에 응한 학생들의 어휘력을 조사해 본 결과, 그 아이는 다른 학생에 비해 어휘량이 매우 빈약했다. 그 아이의 어휘 창고 속에는 아름다운 현상에 대한 어휘가 '잘났다' 밖에 없었던 것이다.

아이의 글에서나 어른의 글에서나 사용 어휘에 많은 층위가 있다. 교양 문화적인 어휘를 많이 쓰는 사람, 영롱한 시적인 어휘를 많이 쓰는 사람, 코믹한 어휘를 주로 쓰는 사람, 폭력적인 어휘를 즐겨 쓰는 사람, 선정적인 어휘를 많이 쓰는 사람 등으로 나뉜다. 이렇게 사용 어휘군이 다른 것은 가정, 친구, 사회, 독서가 원인 제공을 하지만 그 중에서 독서 경험이 가장 큰 영향을 끼친다. 언어학자 펜필드(Penfield)는 '결정적 시기 이론(Critical Period Theory)'에서 다음과 같이 말한다.

> "아동기는 생애 중에서 어휘 습득이 가장 왕성한 시기이다. 이때 습득된 어휘는 성인이 되어서 원활한 독서와 청취는 물론이고, 생각과 의사를 글로 쓰고, 말로 표현하는 데 사용된다. 언어 습득은 아동기 이후에는 생물학적 제약을 받아 둔화된다. 따라서 어휘량이 풍부하고 좋은 어휘를 사용하는 어린이를 만들기 위해서는 아동기 독서가 결정적 역할을 한다."

인간의 어휘량과 어휘의 질은 75% 이상이 독서에서 결정되고 그 중 80%가 아동기에 입력된다. 아동기에 습득된 어휘들은 청소년기와 성인기에 말을 하거나 글을 쓸 때 자동적으로 밖으로 표출된다. 이런 이유로 자녀가 품위 있는 글을 쓰게 되기를 원하면서 폭력 만화나 선정물만 읽는 것을 방치한다면 그 소망은 이루어질 수가 없다.

부모가 아무리 부지런하고 영향력이 있다 해도, 선생님이 아무리 교육을 잘한다 해도 그 많은 어휘를 머릿속에 넣어 줄 수는 없다. 어휘에 관한 한 가장 실력 있는 선생님은 책이다. 책 중에서도 훌륭한 저자가 쓴 명작이 가장 좋은 어휘 선생님이다.

그런데 요즘 우리나라 어린이들이 탐닉하는 책은 이런 안목으로 볼 때 매우 걱정스러운 수준이다. 좋은 사람인가, 나쁜 사람인가로 편을 가르는 흑백 논리의 책, 폭력 우상화의 책, 엽기적인 사건을 다룬 괴기물이나 음란물, 남을 조롱하는 유머, 잔인한 장면이 나오는 책이 많다.

책을 읽을 때 만나는 어휘들은 무언중에 독자에게 학습된다. 학습된 어휘는 두뇌와 의식 속에 자리 잡고 감정과 생각을 조정한다. 이런 결과로 인간은 자신의 머릿속에 저장되어 있는 어휘만큼만 이해하고, 느끼고, 생각하고, 행동할 수 있게 된다. 다시 말하면 어린 시절에 읽은 좋은 책들은 좋은 어휘 모델을 제공하고, 질이 낮은 책들은 질이 낮은 어휘 모델을 제공하게 된다. 그리고 그 어휘들은 우리가 말을 하거나 글을 쓸 때에 무의식적으로 표출된다. 그래서 "좋은 어휘는 좋은 인생을 창출한다."고 말할 수 있다.

북키박사의 한마디

자녀의 독서이력서에 가장 많은 책의 장르는?

위인전? 그렇다면 긍정적인 어휘의 소유자입니다.

세계 명작? 그렇다면 다양하고 품위 있는 어휘의 소유자일 것입니다.

오락물? 그렇다면 가볍고 부정적인 어휘를 즐겨 쓰는 어린이겠군요.

폭력물? 그렇다면 언어 코드를 긍정적이고 품격 있게 높여 주셔야겠네요.

추리물? 어딘지 음산한 어휘를 사용할 것 같군요. 동시를 읽혀서 아름다운 어휘에 익숙하게 해 주세요.

다양한 독서가
독창적인 글을 쓰게 한다

기자 : 논술 고사 채점에서 가장 어려운 점은 무엇입니까?

교수 : 학생들의 글이 서로 비슷비슷하다는 점입니다. 100명의 수험생 중에 똑같은 문장으로 시작되는 글이 수십 개나 발견되기도 합니다. 똑같은 문장은 아니더라도 거의 모든 학생이 비슷한 내용을 전개하고 있어서 채점이 불가능해지기도 합니다.

기자 : 그런 현상은 왜 생길까요?

교수 : 논술에 정답이 있다는 잘못된 생각 때문입니다. 논술에는 정답이 없습니다. 잘 쓴 글과 못 쓴 글이 있을 뿐입니다.

2006학년도 논술 고사 평가가 끝난 날, S대학 채점위원장의 인터뷰 내용이다. 교수가 걱정하는 학생들의 글은 일명 '붕어빵 논술'이라고 불리는 비슷비슷한 논술을 말한다.

글짓기 대회가 끝나고 우수작 발표가 있고 나면 자신의 아이는 매우 글을 잘 쓰는데 왜 높은 평가를 받지 못했는지 조심스럽게 문의하는 부모들을 만나게 된다. 이런 부모의 자녀들이 가지고 있는 공통점도 어디선가 본 듯한 글, 누구의 것을 베껴 놓은 것 같은 글일 경우가 많다.

원인은 독서 이력에 있다

이런 현상들은 왜 일어나는 것일까? 이 문제의 원인은 독서 이력에서 찾을 수 있다. 학생들은 똑같은 교과서를 가지고 공부한다. 폭넓은 독서를 하지 않고 교과서만 달달 외우는 학생들, 학원에 가서 같은 강사의 강의를 듣고, 같은 문제집을 풀다 오는 학생들은 모두가 비슷한 내용의 스키마를 소유하게 된다. 같은 교과서, 같은 선생님, 같은 참고서, 같은 문제집이 학생들에게 붕어빵처럼 똑같은 스키마를 제공한다. 그래서 제목만 같으면 같은 내용의 글이 자동적으로 쏟아져 나오게 된다.

글짓기 대회에서 낙선으로 실망하는 경우도 자신만의 생각을 갖지 못했기 때문에 일어나는 현상이다. 누구나 가지고 있는 흔한 스키마, 누군가에게 배운 보편적인 스키마밖에 갖지 못했기 때문에 자신만의 글을 쓰지 못한 결과이다. 다양한 책을 통하여 다양한 세상을 경험한 아이들은 다양한 스키마를 가지게 되어 독창적인 글을 쓸 확률이 높다.

우리가 넓은 세상을 두루 여행하면서 이국의 경치를 감상할 수는 있지만 그 나라, 그 사회의 깊숙한 전통과 고뇌를 알지는 못한다. 또 아무리 여행을 해도 100년 전, 1000년 전의 세상을 구경할 수는 없다. 그러나 독서는 그런 공간적, 시간적 제약을 넘어서 생생하게 당시의 세상을 구경시켜 준다.

특히 문학 책은 간접 경험의 보고이다. 독자들은 책 속에서 왕자가 되어 보기도 하고, 거지가 되어 보기도 한다. 무서운 정글을 탐험하기도 하고, 맹수와 대화를 나누기도 한다. 책을 통하여 행복한 사람도 되어 보고 불행한 사람의 마음도 경험한다.

이렇게 얻은 스키마들은 세상을 살아가는 능력이 되기도 하지만 글을 쓰고, 논술을 쓰는 원동력이 되기도 한다. 독서량이 빈약한 아이들이 단조로운 글을 쓸 때, 독서량이 풍부한 아이들은 독창적인 글을 쓰게 된다.

북키박사의 한마디

논술 고사 채점관이 점수 주기 싫어하는 글의 순서

1 | 붕어빵 논술(일명 국화빵 논술)

2 | 자신의 생각은 보이지 않고 책의 내용이나 지식을 잔뜩 써 놓은 글

3 | 내용은 옳지만 논리가 서지 않고 횡설수설인 글

4 | 논리는 서지만 독창성이 없는 글

5 | 독창적인 생각을 논리적으로 전개했지만 문장력이 보잘것없는 글

천천히 읽어야
생각 발전소가 가동된다

2005년 KBS TV 〈학교야 놀자〉에서 '책을 빨리 읽는 문제'에 대한 프로그램을 만든 적이 있다. 취재팀이 어린이 서점과 대형 서점 어린이 책 코너를 찾아가서 책 읽는 아이들을 카메라에 담았다.

그런데 대다수의 아이들이 책장을 넘기는 속도가 너무 빨랐다. 어느 정도 빠르냐 하면 '읽기'보다는 '훑어본다'는 표현이 더 좋을 속도였다.

"그렇게 빨리 읽어도 내용을 알 수 있어요?"

리포터의 물음에 아이들은 그렇다고 고개를 끄덕인다. 그런데 잠시 후에 리포터가 내용을 묻자 모두들 고개를 숙이며 모르겠다고 한다.

책 속에는 줄거리만 있는 게 아니다. 줄거리는 책을 읽고 있는 독자가 얻는 가장 작은 선물이다. 책 속에는 줄거리에 포함되지 않는 보물들이 있다. 천천히 책을 읽을 때, 어휘력이 향상되고, 문자 언어를 이미지 언어로 교환하여 머릿속에 저장하는 과정에서 상상력이 향상된다. 그리고 저자가 문자로 쓰지 않고 행간 속에 숨겨 둔 내용을 찾아내는 과정에서 추리력이 향상된다. 일련의 독서 과정에서 비판력, 판단력, 창의력, 문제 해결력이 길러지고 덤으로 집중력도 길러진다.

한꺼번에 많은 양의 책을 읽거나, 빨리 읽을 때에는 책의 내용이 정신에 흔적을 남기지 못한다. 우리의 정신은 칠판과 같다. 그래서 반복적으로 쏟아지는 내용을 다 저장하기는 불가능하다. 그러나 정해진 양만큼 알맞게 읽은 책은 자신의 것으로 남는다. 음식도 정량을 먹어야지 너무 많이 먹으면 병의 원인이 되는 것처럼…….

고급 독자와 대중 독자

흔히 독자를 두 부류로 나눈다. 고급 독자와 대중 독자이다. 고급 독자는 생각하며 창의적으로 읽는 적극적인 독자를 말하고, 대중 독자는 줄거리 위주로 읽는 수동적인 독자를 말한다. 줄거리 위주로 읽는 대중 독자는 한 권의 책에서 기껏해야 줄거리만을 얻는다.

저자가 책 속에 넣어 놓은 줄거리는 저자가 잡아 준 물고기와 다름없다. 그러나 여기에서 그치지 않고 저자가 문자로는 기록하지 않았지만 글 속에 숨겨 놓은 암시나 상징을 찾아내고 해석하는 동안 독자의 생각 발전소는 맹렬하게 작동된다. 이런 독자는 스스로 물고기를 잡는 독자이다.

두 부류의 독자가 쓰는 글의 유형은 다르다. 빨리 읽어서 줄거리만 얻는 독자는 자신의 글 속에 누구나 생각할 수 있는 일반적이고, 보편적인 내용만 담을 수 있다. 반면에 천천히 읽는 독자는 평소에 기른 풍부한 사고 능력을 기반으로 글 속에다 갖가지 자기만의 이야기를 넣게 된다. 그래서 깊이 있는 글, 재미있는 글, 창의적인 글을 쓸 수 있게 된다.

북키박사의 한마디

"초등학생이 1주일에 정독하여 읽기에 적당한 독서량은?"

학부모님들이 질문하는 단골 메뉴입니다. 1~2학년은 3권 정도, 3~4학년은 2권 정도, 5~6학년은 1권 정도. 왜 점점 적어지느냐구요? 그야 아이들의 책을 살펴보시면 답이 나옵니다. 학년이 올라갈수록 책의 쪽수는 많아지는 반면에 독서할 수 있는 시간은 점점 줄어들지요. 이것보다 더 많이 읽으라고 하면 아이들은 줄거리만을 빨리, 대충대충, 건성건성 읽는 대중 독자가 될 수밖에 없습니다.

빨리 읽는 아이들의 특징

1 | 얼렁뚱땅형: 시험을 보고 나서 '아차!' 하는 학생. 천천히 정독을 하면서 상상, 추리, 비판의 과정을 갖게 되면 자연스레 얼렁뚱땅이 고쳐집니다.

2 | 정신 딴 데 쏠려형: 책을 읽고도 주제가 생각나지 않는 학생. 오랫동안 공부해도 성적이 오르지 않는 학생. 너무 재미있어서 집중할 수 있는 책을 찾아 보세요.

3 | 책의 재미 몰라형: 상상력이 낮군요. 이런 타입은 책 속의 주인공에게 슬픈 일이 있어도 관심이 없지요. 상상할 기회가 많으면 고쳐집니다.

4 | 공부 재미 몰라형: 어휘력이 부족하군요. 어휘를 모르는데 무슨 공부가 머리에 들어오겠어요? 쉽고 재미있고 얇은 책부터 읽혀 주세요.

세상에 대한 관심은
글쓰기의 에너지

한 가난한 소녀가 길을 가다가 바람결에 풍겨 오는 향기에 발걸음을 멈추었다. 달콤하고 그윽한, 온몸을 간질이는 향기. 고급 저택의 담 안에서 밖으로 가지를 늘어뜨린 라일락에 보라색 작은 꽃들이 옹기종기 붙어 있다. 아이는 저도 모르게 까치발을 뜨고 꽃가지를 꺾으려고 했지만 남의 눈이 무서워 그만두었다. 아이는 담 밑에 쪼그리고 앉아서 오랫동안 생각에 잠겼다.
저 향기를 늘 가지고 다닐 수 있다면…….

이 아이가 나중에 '샤넬 5'를 만든 코코샤넬이다. 나중에 세계 패션계를 주름잡게 될 이 소녀는 어려서부터 세상일에 관심이 많은 아이였다. 그 관심이 그 많은 일을 성공시킨 원동력이 되었다.

외부에서 시작된 자극이 내부의 감정과 만나 긴장을 만들어 내고 이 두 가지가 일치되면서 사고는 시작된다. 외부의 자극이 없으면 인간의 두뇌는 움직이지 않는다. 세상으로부터 들어온 자극은 신경을 자극하고 곧 욕망을 만들어 낸다. 그 욕망이 두뇌에 전달되면서 생각 발전소를 작동시키고 창의적인 문제 해결 방법을 찾아낸다. 이런 '자극→사고→문제 해결'과정은 글쓰기의 과정과 흡사하다. 글쓰기를 하려면 먼저 의문이 생기고 의문으로부터 해결해야 할 과제가 확정된다. 과제는 스스로의 사고 과정에서 발생하기도 하고 외부로부터 주어지기도 한다. 그 과제를 해결하는 과정이 바로 글쓰기이다.

예를 들면 《톰 아저씨의 오두막》을 쓴 스토 부인은 어느 날 흑인 노예 시장을 지나가게 되었는데 팔려 가는 아기를 따라가며 울부짖는 엄마를 보게 되었다. 그녀는 그 장면이 가슴 속에 박혀서 떠나지를 않았고 결국은 《톰 아저씨의 오두막》이라는 명작을 쓰게 되었다. 서양 속담에 "좋은 글은 써지는 것이 아니라 발견되는 것"이라는 말이 있다. 정말 좋은 글은 책상머리에서 써지는 것이 아니다.

세상 구경이란 다양한 관점을 보여 주고, 사고를 왕성하게 하고, 문제 해결의 길로 안내한다. 그래서 세상 구경을 많이 한 아이들은 세상의 문제를 해결할 능력도 더 풍부해지고, 글쓰기나 논술 고사에서 현실적이고도 유용한 대안을 더 많이 제시하게 된다. 자신의 내부에 유용한 대안이 가득 들어 있고 그것들이 멋진 문제 해결을 제시하게 될 때의 글쓰기란 얼마나 즐거운 작업인가?

어려서부터 세상 돌아가는 일에 관심을 갖기 위해서는 어떻게 해야 할까? 교과서와 참고서를 들여다보는 것으로는 세상일에 밝은 아이는 될 수 없다. 텔레비전 뉴스도 열심히 보고, 신문도 빼놓지 말고 보아야 한다. 그리고 인터넷에 들어가 전문 분야 토론방에서 네티즌들이 무슨 이야기를 하고 있는지도 읽어 보아야 한다. 그래야 세상 돌아가는 것을 정확하게 알게 된다. 여행을 하면서 다른 사람들의 표정을 보는 것, 시장에 가서 잘 팔리는 물건을 알아보는 것, 낯선 외국 친구들과 만나 이야기를 나누는 것도 모두 세상 돌아가는 일을 알아보는 행동이다.

북키박사의 한마디

나는 세상읽기 교육을 잘하는 부모인가?

- ☐ 아이와 함께 책방에 간다.
- ☐ 아이와 함께 극장에 간다.
- ☐ 아이와 함께 시장에 간다.
- ☐ 아이와 함께 부모의 고향에 간다.
- ☐ 아이와 함께 자선 봉사를 한다.
- ☐ 아이를 극기 훈련에 보낸다.

점수를 모두 더해 주세요!

- ✔ 표가 6개 이상 : 세상 읽기 교육에 우수 부모입니다.
- ✔ 표가 4~5개 : 세상 읽기 교육에 관심이 있으시군요.
- ✔ 표가 3개 : 세상 읽기 교육에 보다 확실한 관심을!
- ✔ 표가 2개 이하 : 세상 읽기 교육에 낙제하셨습니다. 자녀와 함께 분발해 주세요.

질문은 글쓰기로 들어가는 문

"1+1은 왜 2일까?"

"하늘은 왜 파란색일까?"

"사과는 왜 땅으로 떨어질까? 하늘로는 왜 올라가지 않는 걸까?"

"배를 타고 계속 가면 집으로 돌아올 수 있을까?"

"사람은 왜 새처럼 하늘을 날아다닐 수 없을까?"

인류의 선각자들은 이렇게 남다른 질문을 좋아하는 사람들이었다. 그러나 그들은 엉뚱하다는 평가를 받으며 말썽꾸러기로 취급받기가 일쑤였다. 지금도 초등학교 교실에 가면 아이들이 질문을 해댄다.

"왜 나라마다 말이 다른 건가요?"

"왜 나라마다 피부색이 다른 건가요?"

"왜 북극곰은 얼음 위에 서 있어도 발바닥이 얼지 않나요?"

"왜 남자와 여자의 숫자는 비슷하게 태어나나요?"

"강아지나 꽃들도 꿈을 꾸나요?"

"별은 왜 하늘에서 떨어지지 않을까요?"

21세기가 오기 전에 세상은 이런 아이들을 환영할 만반의 준비를 갖추지 못했었다. 모든 아이들이 똑같은 답을 말하도록 가르쳐야 하는 선생님들에게 이런 아이들은 골칫거리였다. 그러나 이제 21세기는 이런 질문쟁이 아이들을 환영할 만반의 준비를 갖추었다. 기억력보다 사고력이 우대받는 시대가 되었기 때문이다. 지식 정보화 사회는 암기하는 지식보다 창조하는 지식을 고급 지식으로 평가하면서 그런 아이들을 사업가로, 과학자로 키워 주고 있다. 이는 객관식 문항보다 서술형, 논술형 문항이 주류를 이루는 시험 제도와 모든 능력을 보고서, 기획서, 에세이, 논술로 평가하는 사회 제도 때문이다.

질문, 글쓰기로 들어가는 대문

궁금증이나 질문은 글쓰기로 들어가는 문이다. 질문이 없으면 문제가 발생하지 않고, 생각의 방향이 결정되지 않는다. 질문은 '왜?', '그래서?', '그게 아니라면?', '만약에?' 하면서 생각의 실타래를 풀어주는 역할을 한다. 특히 글쓰기가 '사고 형성 과정'이라 생각하면 질문하는 힘은 더욱 중요해진다. 책을 읽고 세상에 관심을 두고 관찰해도 질문이 일어나지 않는다면 책의 저자나 세상에 자신이 함몰되었다는 증거이다. 자신의 자아를 잃고 책의 저자가 하라는 대로 노예적 사고를 하고 있다는 증거이다.

생각하기는 사람마다 차이가 있다. 생각을 많이 해본 사람은 생각을 깊고 치열하게 하지만 생각하는 습관이 몸에 배지 않은 사람은 건성으로 한다. 생각도 연습이 있어야 더 잘한다. 일반적으로 생각을 많이 해본 사람이 안 해본 사람보다 더 오랫동안 생각하고, 더 좋은 결과를 내놓는다.

훌륭한 철학자와 호기심 많은 아이들에게는 항상 이상한 것이 눈에 띈다. 그리고 그것이 무엇을 의미하는지를 골똘하게 생각한다. 그런 의미에서 훌륭한 철학자와 호기심 많은 아이는 통하는 구석이 많다. 그런데 글쓰기 선생님도 질문과 통한다. 훌륭한 글쓰기 선생님이 되려는 엄마들도 질문과 통해야 한다.

질문은 글쓰기로 들어가는 문이다. 글쓰기는 책에서 배운 지식을 그대로 옮겨 놓는 작업이 아니다. 글은 사고의 산물이다. 사고의 시작이란 질문으로부터 시작된다. 이런 질문 능력을 길러 주기에 가장 적당한 사람은 부모이다. 그리고 가장 적당한 시기는 아이들이 엄마에게 끊임없이 질문을 해대는 유치원 시절과 초등학교 시절이다.

자녀가 좋은 글을 쓰기를 원한다면 부모님들이 먼저 질문을 환영하고 더 좋은 질문을 하도록 유도해야 한다. 질문은 새로운 세상을 여는 힘이기 때문이다.

메모광은 천재도 부럽지 않아

우리 아이는 책에 낙서를 많이 해요. 낙서를 살펴보니까 마음에 드는 구절을 다시 적기도 하고, 중요하다고 생각한 내용을 쓰기도 했고, 책 내용과는 관계없이 생각난 것을 쓴 것도 있어요. 우리 아이는 책을 지저분하게 쓰는 것 외에는 나무랄 데가 없는 아이입니다. 공부도 잘하고 책도 잘 읽고 글쓰기도 잘합니다. 책에 낙서하는 것을 어떻게 할까요?

한국독서교육개발원 학부모 상담란에 올라온 한 어머니의 질문이다. 물론 괜찮다. 좋은 현상이다. 마음 놓고 메모하기 위해서는 반드시 자기 책이어야 하겠지만.

일반적으로 빌려 온 책보다는 자신의 책으로 읽을 때 더 잘 읽히고, 더 잘 이해된다. 예를 들면 빌린 책을 읽을 때는 손끝에 닿는 촉감이 다르고, 그 다른 촉감의 차이로 책을 향해 여는 마음의 기쁨이 다르고, 얻게 되는 감동의 강도가 다르다. 특히 빌려 볼 경우에는 헌 책에 남아 있는 손때나 냄새, 혹은 낙서 같은 것들이 읽는 이의 기쁨을 반감시킨다.

내 책을 읽을 때는 줄을 칠 수도 있고, 접을 수도 있다. 그러나 빌린 책은 깨끗하게 보아야 한다는 강박 관념으로 뇌파가 경직되고, 민첩성을 상실하게 되어 적극적인 독서 활동에 지장을 초래하게 된다. 따라서 독서에서 얻게 되는 감동, 안정감, 행복감도 떨어질 수밖에 없다.

책을 읽으면서 중요한 내용을 파악하는 방법을 보면 사람마다 다르다. 볼펜으로 밑줄을 긋는 사람도 있고, 형광펜으로 색칠하는 사람도 있고, 중요한 것을 책 가장자리에 적어 놓는 사람도 있다. 책이 상할까 봐 미안해서 포스트 잇을 붙여 놓는다는 사람도 보았다.

메모에도 여러 가지가 있다. '요점 적기', '의문점 적기', '나와 저자의 관점 차이 적기', '관련되는 아이디어 적기' 등이다.

아리스토텔레스도 메모광

그동안 유명한 철학자들은 지식을 모으는 수집가였다. 인류가 경탄해마지 않는 아리스토텔레스의 깊고 광범위한 지식도 메모에 기초했다고 한다. 그는 책을 읽으며 중요한 사항을 반드시 따로 메모해 두었고, 책이 별로 없던 시절이라 어떤 분야의 사람을 만나 이야기를 들으면 반드시 기록해 두었다고 한다.

"이렇게 메모를 하다 보면 자기 고유의 것과 다른 사람의 것과의 경계가 불분명해지기도 한다. 그러나 걱정할 필요는 없다. 전래 동화처럼 여기서 저기로 옮겨 가는 동안 지식이나 생각도 변하고 발전하게 마련이다. 인류의 지식을 다음 세대에 전한 것이 바로 그 방법이다. 천재가 있는 것이 아니라 메모광이 있을 뿐이다."

메모광 아리스토텔레스가 한 말이다.

북키박사의 한마디

우리 아이 메모 습관 길러 주기

1 | 예쁜 메모 공책을 사 주세요.

2 | 좋은 문장을 보면 메모하게 하세요.

3 | 신기한 일을 보면 메모하게 하세요.

4 | 기분 나쁜 일도 메모하게 하세요.

5 | 기분 좋은 일도 메모하게 하세요.

6 | 꿈꾼 내용을 메모하게 하세요.

7 | 메모는 매일하는 것이 중요합니다.

8 | 가끔 자신의 메모지를 읽어 보게 하세요.

우리 아이 글쓰기 기초 체력은?

앞으로 글을 잘 쓰기 위해서는 자신의 약점을 알아야 합니다. 자신과 동일한 것에 체크해 보세요.

☐ 글을 쓰려고 하면 무엇을 써야 할지 막막해진다.

☐ 생각은 있어도 단어가 생각나지 않아 고생할 때가 많다.

☐ 단어를 나열하여 문장을 만드는 것이 가장 어렵다.

☐ 써 놓고 보면 내 생각과 다른 문장이 되어 있는 경우가 종종 있다.

☐ 구상하는 시간이 너무 많이 걸린다.

☐ 몇 줄 쓰고 나면 할 말이 없어진다.

☐ 구상한 것과 써 놓은 글이 매우 다르다.

☐ 글을 써 놓고 보면 바꾸어야 할 단어가 많다.

☐ 글을 써 놓고 보면 문장에서 순서를 바꾸어야 할 곳이 많다.

☐ 내가 쓴 글을 읽으며 가슴이 짠한 적이 없다.

✓ 표한 것이 8개 이상 : 심각한 글쓰기 장애입니다.

✓ 표한 것이 6~7개 : 가벼운 글쓰기 장애입니다.

✓ 표한 것이 5개 : 글쓰기 장애를 극복한 상태입니다.

✓ 표한 것이 3 ~ 4개 : 글쓰기에 호감을 가진 상태입니다.

✓ 표한 것이 2개 이하 : 글쓰기 기초 체력이 튼튼합니다.

초기에 잡아 주어야 할
글쓰기 스타일

세상에는 여러 가지 글이 있다. 반듯한 글, 감동적인 글, 그저 그런 글, 맛이 없는 글, 힘이 없는 글, 읽혀지지 않는 글. 누군들 좋은 글을 쓰고 싶지 않으랴만 누구나 좋은 글을 쓰지는 못한다. 자신의 능력만큼만 쓴다. 정말 글쓰기는 야속하게도 얼렁뚱땅이 안 된다. 공부라면 과외 공부를 시켜서 암기하게 할 수도 있다. 밤새도록 달달 외워서 시험을 잘 볼 수도 있다. 많은 부모들이 그렇게 임기응변의 공부를 시킨다. 그러나 글쓰기는 그게 안 된다. 족집게 논술 교사가 와도 아이의 글쓰기 능력을 향상시키는 데는 한계가 있다. 정말 부모의 능력으로 해결할 수 없는 영역이 글쓰기이다. 로봇을 만들어 청소도 시키고 요리도 시키는 세상에 돈으로 안 되는 이런 영역이 있다니!

글쓰기란 누가 누구에게 가르쳐 주는 기술이 아니다. 글쓰기는 글쓰기를 통해서만 배울 수 있는 기술이다. 다행히도 2000년대로 들어오면서 우리나라 방방곡곡에서 글 잘 쓰는 아이를 만들려는 부모님들의 욕망이 용솟음치고 있다. 한국독서교육개발원 홈페이지를 통하여, 이메일을 통하여, 전화·편지를 통하여 들려 오는 부모님들의 질문은 한결같이 "글 좀 잘 쓰는 아이를 만들고 싶다."는 것이다. 2000년 5월부터

2005년 12월까지 한국독서교육개발원 홈페이지(www.kredl.co.kr)에 접속된 총 15만 건의 질문을 분석해 본 결과 글 잘 쓰는 아이를 원한다는 질문이 전체의 53%로 가장 많았다. 자료를 분석한 결과 다음 열 가지의 대표적인 타입을 얻었다.

- 매일 똑같은 일기를 쓰는 아이들
- 답을 알아도 답을 쓰지 못하는 아이들
- 알맹이 없는 '독서 감상문'을 쓰는 아이들
- 쓸 이야기가 있어도 글이 나오지 않는 아이들
- 긴 글을 쓰지 못하는 아이들
- 논리적인 전개가 불가능한 아이들
- 어법에 맞지 않는 문장을 쓰는 아이들
- 감동적인 글을 쓰지 못하는 아이들
- 독서량은 많아도 보잘것없는 글만 쓰는 아이들
- 잘 쓴 글과 못 쓴 글을 구분하지 못하는 아이들

위의 열 가지 타입을 보면 현재 우리나라 부모님들의 마음이 보인다. 아이가 시험 시간에 정확한 답을 쓰고, 매일 색다른 내용으로 일기장을 채우고, 재미있고 감동적인 글, 또는 논리적인 글을 가능한 한 길게 써 주었으면 하는 바람이다.

이제 우리나라 어린이들의 글쓰기 장애 요인을 분석하고 치료책을 제시해 보기로 하겠다.

누군들 매일 똑같은 글만 쓰고 싶을까?

초등학교 2학년 딸아이 때문에 글을 올립니다. 일기를 쓸 때 매일 똑같이 써서 속상합니다. 이모가 결혼식을 했다던가, 할머니가 오셨다던가, 심지어는 엄마 생일날에도 늘 같은 일기만 써요. 왜 그럴까요? 특별한 날에는 특별하게 쓰라고 하면 "참 재미있었다."고만 씁니다. 왜 그럴까요? 원인을 알면 고쳐 주고 싶어요. (경주에서 희진이 엄마)

'일기의 심리학'에서는 일기를 '현실에서 벗어나려는 몸짓'으로 정의한다. 그래서 그런지 "일기를 10년 이상 쓴 사람은 어떤 분야에서든 반드시 성공한다."는 격언도 생겨났다. 그만큼 일기는 자기 반성과 도전 의식을 담고 있는 매우 창의적인 두뇌 활동의 결과물이다.

일기가 이렇게 창의적인 활동인데 누군들 똑같은 일기를 쓰고 싶겠는가? 이 어머니 못지않게 어린이도 괴로웠을 것이다. 인간의 두뇌 활동은 워낙 창의적인 과정을 거치는 활동이기 때문에 독창적인 일을 할 때는 즐겁지만 똑같은 행동을 반복적으로 할 때는 괴로움을 느끼도록 되어 있다. 그럼에도 불구하고 이렇게 똑같은 일기를 쓰는 이유는 무엇일까?

위의 어머니가 걱정하는 어린이의 일기에는 사건만 나열되어 있다. 사건 중에서도 '학교 갔다 왔다', '텔레비전을 보았다', '밥 먹었다', '숙제했다'와 같이 매일 일어날 수 있는 사건들의 나열이 가장 많았다. 이렇게 사건만 쓰는 일기 수준에서 벗어나지 못하는 한, 일기는 매일 똑같을 수밖에 없다.

우리가 잘 알고 있듯이 아이들의 일상이란 다양하지도, 획기적이지도 않다. 다람쥐 쳇바퀴 돌 듯 학교와 학원과 집을 오가는 것이 그들의 생활이다. 그래서 사건으로 채우는 한 일기는 똑같을 수밖에 없다.

일기는 '마음의 눈'으로 쓰는 것

문제는 하루의 의미를 파악하는 '마음의 눈'이 없다는 데 있다. 아이들이 매일 다른 일기를 쓰려면 하루하루를 다르게 인식해야 한다. 즉, 어제와 다른 오늘의 의미를 발견해야 한다. 그러기 위해서는 관찰력이 작동해야 하고, 사고력이 활동해야 한다. 그러면 의문이 생기고, 느낌이 생기고, 감정이 생기고, 이유와 대안들이 생각난다. 이런 것들을 쓰면 틀림없이 어제와는 다른 일기가 된다. 즉 일기 쓰기란 '오늘의 의미를 발견하는 것'이지 '오늘의 사건을 발견하는 것'이 아니다.

　이런 과정을 거치면 일기 쓰는 시간에 생각하는 시간이 보태지면서 사고력 훈련이 자연스럽게 일어난다. 그리고 관찰력, 상상력, 추리력, 판단력이 생기면서 일기 쓸 자료가 많아진다.

북키박사의 한마디

단조로운 일기만 쓰는 어린이를 지도하는 방법

❶ 10분 정도 눈을 감고 오늘 있었던 일들을 회상해 본다.

❷ 회상한 내용 중에서 오늘의 특징을 잡아 다른 종이에 메모한다.

❸ 기록할 사건이 있을 때는 왜 그 일이 일어났는지 스스로 질문을 해본다.

❹ 질문에 답을 할 수 있도록 이유를 찾아본다.

❺ 화를 낸 일이나 기분이 좋았던 사건도 이유를 생각해 본다.

❻ 오늘 나와 만났던 사람과 나눈 대화를 떠올려 본다.

❼ 대화의 내용과 그들의 마음을 생각해 본다.

❽ 그들에 대한 이야기를 쓸 때에는 그들의 입장, 마음도 생각해 본다.

❾ 그들이 한 말의 의미를 떠올려 보고 생각해 본다.

표현할 수 있어야 진짜 내 것

선생님. 중학교 1학년 아들 때문에 메일을 보냅니다. 저는 요즘 우리 아이의 시험지를 보면 화가 나서 어쩔 줄을 모르겠어요. 답을 아는 데도 답을 못 써요. 찍기로 시험 칠 때는 10등 안에 들던 아이였는데 서술형, 논술형으로 보니까 30등 밖으로 밀려났어요. 이제 서술형, 논술형을 잘 써야 대학에 간다는데 어떻게 하면 좋을까요? 우리 아이가 글을 못 쓰는 원인을 알고 싶어요.

(경기도 일산시 H중학교 1학년 정훈이 엄마)

찍기는 잘하는데 서술형, 논술형을 못 쓰는 아이들. 지금 이런 학생의 부모님들 사이에 비상이 걸렸다. 시험 문제의 변형이 사회적 부담을 증폭시키고 있는 셈이다. 그러면 국가는 왜 독서와 글쓰기를 장려하고, 시험 문제를 서술형으로 변형시키고, 논술 고사를 중요한 입시 방법으로 정착시키려는 것일까?

국가는 지금 생각 없는 청소년을 생각하는 청소년으로 만들기 위한 교육 혁명 중이다. 다르게 말하면 생각 없는 국민을 생각하는 국민으로 만들고 싶은 것이다. 21세기 지식 정보화 사회에서는 지식과 정보만을 가진 인간이 아닌 그 지식과 정보에 자신의 생각을 더하여 창조하는 능력을 가진 국민이 필요하기 때문이다. 이제 생각할 수 있는 두뇌를 갖지 못한 학생은 대학에 들어오지 말라는 뜻이다. 기억력으로 습득한 지식을 머릿속에 쌓아 두기만 하는 학생은 비싼 돈을 들여 공부시켜 봤자 유능한 인재가 되지 못할 것이 뻔하기 때문이다. 그것이 서술형, 논술형 시험을 강화하게 된 진짜 이유이다.

표현할 수 있어야 진짜 내 것

이 학생의 교과서를 보니 세 번씩 줄이 쳐져 있다. 처음에는 노랑색 형광펜으로 치고, 그 다음에는 파란색 볼펜, 그리고 빨간색 볼펜의 순서이다. 과외는 다섯 과목을 하고 있는데 학원에 가지 않는 날은 불안하다고 한다. 독서 이력서를 받아 보았다. 읽은 책이 교과서와 참고서가 주류였고 문학 작품은 교과서에 나오는 작품 외에는 읽은 것이 거의 없다.

이런 타입의 아이들은 아는 지식을 늘어놓는 글도 제대로 쓰지 못한다. 문장은 불안하고 전달력이 없다. 문장력이 없으니까 무엇을 이야기하는지 뒤죽박죽이다. 교사는 이런 서술형 답안지는 모르는 것으로 간주하고 채점한다.

찍기의 시대는 갔다

찍기는 무엇인가? 찍기는 알고 있는 지식을 찍는 것이다. 서술형 시험, 논술형 시험은 무엇인가? 알고 있는 바를 설명문으로 정확하게 전달하는 것이 서술형이고, 자신의 생각에 상대방이 공감할 수 있도록 설득하는 글이 논술이다. 알고 있는 지식의 나열이 아니라 정확하게 설명하고 설득할 수 있어야 서술형 시험과 논술형 시험에 강한 아이가 된다.

이 아이의 경우는 두 가지 증상이 보인다. 하나는 생각 쓰기를 못하는 것이고, 다른 하나는 정확한 문장을 만들지 못하는 것이다. 물론 선다형 시험을 칠 때는 이런 활동은 필요 없다. 모르면 아무 번호나 찍어도 되고, 아는 것이 하나도 없을 때는 한 가지 번호만 찍어도 25%는 맞힐 수 있기 때문이다. 찍기로 오랫동안 길든 아이들은 자신의 생각을 쓰는 활동이 몹시 힘들다. 머릿속에 답은 있어도 그것을 정확하게 문장으로 기술할 능력이 없기 때문이다.

이런 경우, 글쓰기에만 문제가 있는 것이 아니다. 책 읽기에서부터 문제가 발생한 것이다. 책 읽기는 입력이고 글쓰기는 출력이다. 입력 시에 지식이 구조화되어 들어가지 못했기 때문에 출력 시에 그것이 체계적으로 나오지 못하는 것이다. 이런 경우에는 책 내용을 구조적으로 입력하는 읽기 방법을 익혀 둘 필요가 있다.

토막글만 읽으면 토막글만 나온다

선생님, 우리 아이는 긴 글을 쓰지 못해요. 중학교 1학년인데 원고지 4~5장을 채우지를 못해요. 옆집 아이는 10장도 거뜬히 쓴다는데 우리 아이는 왜 긴 글을 쓰지 못하는 것일까요? 길게 써 보라고 하면 쓴 말을 또 써요. 왜 그럴까요? 글짓기 대회나 논술 고사에서는 긴 글을 써야 하는데 걱정입니다. 단시간 내에 길게 쓸 수 있는 방법을 가르쳐 주세요.

(서울 서초구 양재동에서 답답한 아버지)

이 학생은 서술형, 논술형 시험이라면 도망가고 싶은 심정일 것이다. 왜냐하면 서술형, 논술형은 긴 글을 요구하기 때문이다. 이런 학생들을 치료하기 위한 연구에서 크게 두 가지 사실이 밝혀졌다. 하나는 길게 쓰는 연습을 해본 적이 없다는 것이고, 다른 하나는 책 한 권을 제대로 읽는 독서보다 참고서의 조각글이나 다이제스트로 꾸며진 책만 읽어 왔다는 것이다.

첫번째 경우는 교육의 제도적 잘못에서 기인하였다. 우리나라 학생들의 경우, 초등학교 1학년 때부터 선다형 시험에 길이 들었고, 서술형 시험이 없었기 때문에 문장으로 길게 쓸 필요가 없었다. 이렇게 문장쓰기도 못하는 아이들에게 갑자기 길게 쓰라면 당연히 고통스러울 수밖에. 원인은 능력이 없어서가 아니라 교육이 없었기 때문이다.

두번째 경우는 학부모, 학원 선생님들의 잘못으로 돌려야 할 것 같다. 아이들이 책을 읽을 때는 제대로 된 책을 한 권씩 읽는 습관이 가장 바람직하다. 그림책도, 동화책도, 소설책도 한 권의 책을 읽는 것이 독서이다. 그런데 편리함을 추구하는 학습지 교재들은 한 권의 책을 읽기보다는 조각글을 읽고 문제 풀이를 하게 한다.

학습지에 길든 아이들은 조금만 긴 글이나 5분 이상 읽어야 하는 글을 만나면 머리부터 아프다고 호소한다. 실험 중에 만난 어떤 아이는 다섯 줄만 읽으면 슬며시 화가 난다고 했다. 이런 아이들의 경우, 긴 글을 쓰기가 불가능하다. 일반적으로 읽기의 호흡이 짧으면 쓰기의 호흡도 짧다. 긴 글을 읽을 수 있어야 긴 글을 쓸 수 있다.

다이제스트와 조각글 읽기의 피해

이런 독서 환경으로 인하여 아이들의 머릿속에는 글의 설계도가 들어 있지 않다. 시험은 찍기로 보았고, 한 권의 책보다는 조각글과 다이제스트로 읽었기 때문에 글의 설계도를 만드는 능력을 기를 기회가 없었다. 그래서 글을 쓰라고 하면 무턱대고 덤벼들어 쓰다가 서너 줄 쓰고서 막혀 버린다.

긴 글을 쓰지 못하는 아이들에 대한 반성으로 또 하나 빼놓지 말아야 할 것은 결과 중심 글쓰기이다. 글쓰기를 결과 중심으로 접근할 때 아이들은 목표에 도달하기 위해 무턱대고 길을 떠난다. 그러나 무턱대고 여행을 떠난 나그네가 얼마 못 가서 노자가 떨어지듯 무턱대고 시작하는 글쓰기도 쓸 말이 떨어진다. 글쓰기는 여행과 같다. 먼 길을 떠나는 사람일수록 준비를 철저히 해야 하듯이 긴 글을 쓰기 위해서는 준비가 더욱 필요하다. 구체적인 방법들은 제3부에서 따로 제시하기로 한다.

북키박사의 한마디

길게 쓰기 위한 훈련방법

1 | 육하원칙에 따라 쓰게 하면 글이 조금 길어진다. 누가, 왜, 무엇을, 언제, 어디서, 어떻게 했는지를 채우면 글이 길어진다.

2 | 마인드 맵을 그려 놓고 글을 쓰면 내용이 풍부하여 좀 더 긴 글을 쓰게 된다.

3 | 부모, 형제, 친구들과 브레인스토밍을 한 후에 글을 쓰면 새로운 내용이 많아져서 자연히 긴 글이 된다.

4 | 대화체로 쓰면 글이 재미있고 생생해진다. 그리고 좀 더 긴 글이 된다.

5 | 긴 글이 무조건 좋은 것은 아니다. 더 좋은 글은 짧고도 많은 생각이 담긴 글이다.

판타지에서 논리의 세계로

우리 아이는 논술에 취미가 없어요. 논술을 쓰기도 싫어하지만 써 놓은 논술을 보면 앞뒤가 맞지 않아요. 그래서 논술 학원엘 보냈는데, 아이가 영 취미가 없다고 해요. 어떻게 하면 앞뒤가 딱딱 맞는 논리적인 글을 잘 쓸 수 있을까요? 참고로 우리 아이는 해리포터 같은 마법 판타지는 꼭 읽고 비슷한 이야기를 지어 내기도 합니다. 확실한 방법을 가르쳐 주세요.

(광주광역시 ㅌ초등학교 6학년 혜준이 엄마)

혜준이처럼 논술문을 어렵게 생각하고 두려워하는 아이들이 많다. 그런 아이들의 경우에 원인별로 살펴보면 대체로 세 가지로 분류된다.

첫째는 판타지의 세계에 너무 깊이 빠져서 논리적으로 생각하는 힘을 상실한 아이들이다. 오랜 시간 마법 판타지에 빠지면 논리적으로 생각하려는 사고 체계에 이상이 생긴다. 그래서 세상을 마법 판타지식으로만 생각하고 그런 식으로 해결하려 한다. 이런 아이들에게 논리적인 전개는 불가능한 것이 되고 만다.

지금 세계적으로 독서 교육 학자들 사이에서 마법 게임이나 마법 판타지 소설을 우려하는 목소리가 높다. 마법 판타지에 빠진 아이들이 현실적인 감각을 잃고 허우적거리는 경우가 지구촌 곳곳에서 발생하고 있기 때문이다. 마법 판타지를 읽는 아이들에게는 현실적인 이야기도 같은 비중으로 읽도록 권고하는 것이 원칙이다. 마법 판타지 속에서 너무 오래 머물다 보면 현실로 나오는 통로를 발견하지 못한 채 몽롱하고 비현실적인 인간이 되기 때문이다.

그런데 요즘 우리나라 어린이, 청소년들 중에는 마법 판타지 소설에 너무 오랫동안 머무는 경향이 있다. 이런 아이들의 경우, 논리적인 글쓰기가 불가능해진다.

논리에 주눅이 든 아이들

두번째 부류는 논리에 주눅이 든 아이들로 초등학교 저학년부터 논리적인 사고를 강요받은 경우이다. 이런 아이들은 서론, 본론, 결론과 같이 형식 논리를 중요시하는 교육을 강요받았거나, 논리가 무엇인지도 모르면서 논리적으로 생각하고, 표현하기를 강요받은 아이들이다.

글쓰기 기초 체력을 익히지 못한 채 초등학교 저학년부터 논리적인 글쓰기 교육을 받은 아이들도 이 경우에 속한다. 논리적인 글쓰기는 글쓰기의 한 분야이다. 기초가 튼튼하지 못한 채 강요받는 논리적인 교육은 모래 위에 쌓은 성과 마찬가지이다. 초등학교 저학년부터 시키는 논술 공부도 이 부류에 속하는 넌센스이다.

　세번째는 논리를 잘못 이해하는 경우이다. 논리 교육을 마치 소피스트의 괴변처럼 가르칠 경우, 논리적인 사고가 오히려 퇴행하게 된다. '개는 동물이다. 사람은 동물이다. 고로 사람은 개이다.' 와 같은 형식 논리를 강요받다 보면 아이들로서는 논리를 '참' 으로 인식하기보다는 '괴변' 으로 인식하게 된다. 그래서 논리란 정의가 아니라 거짓말을 합리화하는 방안으로 받아들여 논리를 경시하고 싫어하게 된다.

　'논리' 란 '참' 이다. '논리적' 이라는 말은 '진실' 이라는 말과 통한다. 논리의 반대는 '거짓말' , '황설수설' 이다. 거짓을 이야기하지 않는다면 누구나 논리적으로 생각하고 논리적으로 글쓰기를 할 수 있다.

품위 있는 글의 아름다움에
취해 보지 못해서

정숙이는 쪼깐 웃긴다.
윤수는 공부 하나는 끝내준다.
오늘 달리기 시간에 스타일 구겼다.
얌체 친구가 젤로 시러
난 우리 반 얼짱이지롱
내 남친은 웃기는 짬뽕이지염 ㅋㅋㅋㅋㅋ
안녕하세염? 방가방가, 머쩜 갈쳐주세염

인터넷 토론방이 아닌 나의 홈페이지에 접속한 아이들의 글이다. 독서와 글쓰기를 배우러 오는 기특한 아이들이 쓴 글이 이럴진데 다른 아이들이야 얼마나 더 언어 파괴 현상을 일으킬지 짐작이 간다.

대학생이나 대학원생들이 들어오는 토론방에 들어가 보아도 수준은 비슷하다. 토론 내용은 전문적인 용어를 쓰고 자기 생각을 주장하는데 문장은 위의 아이들과 비슷한 수준이다. 이런 글을 보면서 혹시 "로마에 가서는 로마법을 따르라."는 옛말을 따서 '인터넷에서는 그게 법인 줄 알고 저러는 건 아닐까' 하는 엉뚱한 생각도 하게 된다.

그동안 우리나라 국민들 중에는 영어 알파벳 하나 틀린 것은 부끄러워하면서 한글 맞춤법 틀린 것을 부끄러워하지 않는 사람들이 종종 있었다. 한 언어심리학자의 연구에 따르면 이런 풍조는 1960년에서 1970년대 서구 유학파로부터 왔는데 그들의 대부분이 우리말 맞춤법을 모르는 무지를 부끄러워하지 않았을 뿐더러 유학파의 특징으로 여기기까지 했다고 한다. 그리고 그들의 대부분이 사회 지도층 인사로 발탁되면서 맞춤법 무시 경향은 자연스레 국민들 사이에 확산되어 웃지 못할 풍토가 형성되었다는 것이다.

문제는 이런 문장을 오래 쓰게 되면 습관이 된다는 데 있다. 익명으로 쓰는 글쓰기라고 잘못된 문장을 함부로 쓰다 보면 '집에서 새는 쪽박은 들에서도 새는' 격으로 공식적인 글쓰기에도 튀어나오게 된다. 그런데 교사나 채점관들은 이런 글을 용납하지 않는다. 이런 문장을 애교로 봐 주는 교육자는 본 적이 없다.

맞춤법은 음식을 담는 접시

맞춤법을 모르면서 좋은 글을 쓰려는 사람들이 많다. 어불성설이다. 좋은 음식을 깨진 접시에 담아 내는 격이다. 좋은 글을 쓰려면 맞춤법은 기본이다. 무슨 일이나 그렇듯이 기본을 모르고서야 한 발짝도 앞으로 나갈 수 없다. 기본을 알아야 재능도 는다. 아무리 생각이 훌륭한 사람이라도 문장을 만드는 방법이 서툴다면 그가 쓴 글은 고장 난 바퀴를 단 자동차처럼 초라한 꼴이 될 수밖에 없다. 그러면 아이들에게 어떻게 그 딱딱한 맞춤법을 재미있게 익혀 줄 것인가? 다음은 실험 그룹을 통하여 얻어 낸 결과이다.

첫째, 아이의 글쓰기 공책에서 어법에 맞지 않는 곳을 찾아보고 밑줄을 그었다가 아이와 함께 고쳐 본다. 이런 활동은 맞춤법에 대한 각성과 관심을 높이는 데 도움이 된다.

둘째, 가능한 한 맞춤법에 맞지 않는 글을 읽지 말고 좋은 문장의 글을 읽을 기회를 늘린다. 눈에서 멀어지면 마음도 멀어진다. 원래 아이들이 그런 글을 쓰게 된 것은 마음보다는 눈에 익었기 때문이다.

셋째, 또래 친구들과 독서 클럽을 만들어 자신들이 쓴 글 속에서 맞춤법에 맞지 않는 곳을 찾아내는 게임을 한다. 지기 싫어하는 아이들의 속성 때문에 효과가 매우 빠르다.

넷째, 신문·잡지·책·간판 등에서 맞춤법이 틀린 글씨를 찾아내면 상을 준다. 이 활동은 맞춤법 지킴이 역할을 겸하게 되고 아이들에게 자부심을 갖게 한다. 배우들이 어떤 종류의 역할을 오래 하게 되면 성격과 이미지가 고정되듯이 성장기에 있는 아이들도 맞춤법 지킴이 역할을 하다 보면 자연스레 맞춤법에 맞는 글을 쓰게 된다.

자기 안에 없는 것은 표현할 수가 없다

선생님, 우리 아이는 공부도 잘하고 똑똑한 편이랍니다. 그런데 한 가지 걱정이 있는데요, 글쓰기랍니다. 글을 빨리 쓸 줄 알고 길게 쓰기도 하는데 웬일인지 상을 타지는 못해요. 제가 읽어 보아도 그다지 잘 쓰는 것 같지는 않아요. 왜냐하면 감동 같은 것이 통 없거든요. 상 타는 글들을 보면 가슴이 찡한 글이 많잖아요. 우리 아이에게 가슴이 찡한 글을 쓰는 법을 가르쳐 주고 싶어요. (부산시 해운대구 신시가지에서 영주 엄마)

어린이 독서 학교 엄지북(www.umjibook.co.kr)을 통하여 상담을 받고 방학때 아이와 어머니가 연구실을 방문했다. 그날 아이의 독서 이력을 알아보면서 이 아이의 특이한 점을 발견하게 되었다. 4학년인 그때까지 눈물을 흘리며 읽은 책이 한 권도 없다는 사실이다.

이 아이는 어떤 책에서도 감동을 받은 적이 없었다고 했다. 그러니까

이 아이를 감동시킨 책이 세상에 한 권도 없었던 셈이다. 《나폴리의 집 없는 아이》《빨간 머리 앤》《톰 아저씨의 오두막》《심청전》《몽실언니》를 읽었지만 눈물이 나거나 가슴이 아프지는 않았다고 한다. 《심청전》을 읽었을 때는 치마를 뒤집어쓰고 인당수에 빠져 죽는 장면에서 너무 재미있어 손뼉을 치며 웃었다고 한다. "무엇이 그리 우스웠냐?"고 물었더니 "치마를 뒤집어쓰고 뛰어드는 심청이의 팬티 때문"이란다.

한국독서교육개발원의 '독서 능력 진단지'로 아이의 독서 능력을 진단해 본 결과 상상력이 매우 낮은 것이 발견되었다. 추리력도 낮고, 창의력도 낮았다. 이 아이는 낮은 상상력 때문에 주인공과 동일시가 일어나지 않았던 것임을 쉽게 짐작할 수 있었다.

주인공과 동일시가 일어나지 않는 아이들의 읽기 방법에는 두 가지 공통점이 있다. 한 가지는 대충대충 읽거나, 책장을 후루룩후루룩 넘기는 아이들인데, 이런 아이들은 책에서 줄거리만 읽기 때문에 주인공과 동일시를 경험할 수 없어서 감동을 경험하지 못한다.

다른 하나는 의심하며 읽는 아이, 논리적으로 분석하며 읽는 아이들이다. 이런 아이들은 대체로 상상력의 시대인 초등학교 1~2학년에 논리성을 강조하는 논술 교육을 집중적으로 받은 경우가 많다. 모든 글을 논리적으로 따지는 교육을 받고 그런 시선으로 책을 읽으니 무슨 감동을 받을 것인가?

읽다가 가슴이 '찡' 하는 글이나 눈물이 '핑' 도는 글을 만나면 사람들은 좋은 글을 읽었다고 말한다. 이런 감동은 백일장이나 논술 고사에서 잘 쓴 글을 고를 때의 중요한 기준이 되기도 한다.

"작가란 자신이 갖지 않은 것을 독자에게 줄 수는 없다."는 말이 있다. 이 말은 전문 작가에게만 한정되지 않는다. 글을 쓰게 되는 모든 사람에게 적용되는 말이다. 책 속에 빠져서 읽을 때에 경험한 감동이 글 속으로 들어가 다른 사람을 감동시키는 원동력이 된다.

북키박사의 한마디

우리 아이의 감동지수는?

1 | 자녀가 눈물을 흘리며 읽었다는 책을 알아보세요.
눈물을 흘리며 읽은 책이 많으면 동정심이 많은 아이입니다.

2 | 자녀가 분개하며 읽었다는 책을 알아보세요.
분개한 책이 여러 권이라면 정의감이 강한 아이입니다. 동정심이 많고 정의감이 강한 아이는 감동적인 글을 쓸 수 있습니다.

3 | 자녀가 읽다가 집어치운 책을 알아보세요.
읽다가 그만둔 책이 많다면 독서 집중력이 약한 어린이입니다.
물론 독서에서 감동을 경험하기도 어렵습니다.
그냥 두면 대충대충 독자, 건성건성 독자가 됩니다. 흥미와 수준에 맞는 책을 찾아보세요.

줄거리만 읽으면 줄거리만 나온다

우리 아이는 책도 많이 읽고 글도 열심히 써요. 일기도 6년 동안 하루도 빼놓지 않고 쓰는 아이랍니다. 그런데 글쓰기 대회에 나갈 작품에 뽑히려고 열심히 쓰지만 한 번도 뽑힌 적이 없어요. 선생님, 우리 아이는 소질이 없을까요? 왜 글을 못 쓰죠? 어떻게 하면 글을 잘 쓸 수 있을까요?

(경기도 성남시 분당에서 속타는 엄마)

이렇게 해서 나의 연구실을 방문하게 된 어머니와 딸이 내놓은 글 보퉁이를 받아 읽어 보았다. 누가 봐도 열심히 쓴 글이었지만 잘 쓴 글은 아니었다. 세상을 보는 날카로운 시각이 없었다. 누구나 생각하는 상식적인 생각을 적어 놓은 글뿐이었다.

"선생님. 이것 좀 읽어 보세요."

아이가 특별히 추천하는 글이 있었다. 제목이 '말의 목을 친 김유신'이었다.

"이 제목은 누가 지었니?"

"교장 선생님이요. 독서 감상문 대회에는 꼭 교장 선생님이 제목을 내시거든요."

말의 목을 친 김유신

김유신은 신라의 장수로 김춘추의 동생과 결혼했다. 김유신이 아직 공부하는 15세 도령이었을 때 글방에서 집으로 오다가 천관이라는 기생이 있는 술집에서 술을 먹고 오는 버릇이 있었다. 그래서 어느 날 어머니에게 꾸중을 들었다. 김유신은 어머니 앞에서 다시는 기생집에 가지 않겠다고 약속했다.

그런 후 어느 날 글방에서 집으로 가던 도중에 너무나 피곤하여 말 위에서 졸게 되었다. 그런데 졸다가 깨어 보니 자기가 기생집 앞에 있고, 천관이 뛰어나와 웃고 있었다. 그때 김유신은 허리에 차고 있던 칼을 뽑아 말의 목을 쳤다.

"에잇! 주인의 마음도 헤아리지 못하는 못난 것, 대장부의 뜻을 모르다니!"

그리고 그 길로 집으로 왔다. 그리고 공부를 열심히 해서 훌륭한 인물이 되었다.

어디서 본 듯한 글이 아닌가? 교과서를 그대로 옮겨 놓은 듯한 글이다. 이 글 속에는 이 학생의 생각이 조금도 들어 있지 않다. 그리고 보니 그동안 자신이 열심히 쓴 것은 자기 생각이 아니라 읽은 책을 그대로 기억하여 적는 작업이었던 것이다.

먼저 이 학생은 이 제목을 내준 출제자의 의도를 파악하지 못했다. '말의 목을 친 김유신'이란 제목 속에 도사리고 있는 의도를 알려고도 하지 않았다. 이런 글쓰기 태도는 심사자들의 시선을 끌지 못한다. '말의 목을 친 김유신'이라는 제목 속에는 말의 목을 친 사실에 대한 너의 생각을 쓰라는 주문이 들어 있는데, 이 학생은 그 주문을 읽어 내지 못했다.

두번째로 이 학생은 비판적인 사고력을 보여 주지 못했다. '말의 목을 친 김유신'이 훌륭하다는 것은 이제까지 우리가 알고 있는 상식이다. 출제자의 의도는 '이 상식을 너는 어떻게 생각하느냐'이다. 그런데 이 학생은 그것을 무시했다. 그리고 자신이 알고 있는 상식만을 열심히 썼다.

내 생각을 넣어야 좋은 글

책의 내용을 묻든가 상식을 묻기 위해 독서 감상문 대회가 열리지는 않는다. 이 제목을 내준 출제자는 아마도 '주인의 생각을 모른다고 말을 죽이는 일은 과연 사내 대장부로서 훌륭한 일인가'를 비판하기를 원했을 것이다. 그리고 김유신이 말의 목을 친 것은 '용감한 짓이냐

‘비겁한 짓이냐’를 판단하기를 바란 것이리라. 그런데 이 학생은 아무런 비판도, 판단도 없이 무조건 아는 지식을 써 놓은 것이다.

이런 일방적인 글쓰기의 태도가 보잘것없는 글을 만드는 원인이 된다. 글에는 생각이 들어 있어야 한다. 비판적인 생각, 독창적인 생각이 들어가면 더욱 좋은 글이 된다.

비판적 사고력은 질문을 통해 길러진다. 먼저 책을 읽으며 ‘왜 그랬을까, 다르게 행동할 수는 없었을까’를 생각해 본다. 그리고 그 이유를 스스로 생각해 본다. ‘말의 목을 친 김유신’의 경우에는 ‘말의 목을 왜 쳤을까?’를 생각하면 몇 가지 이유가 떠오른다. 어머니 말씀을 잘 듣기 위해서, 어머니를 사랑한다는 것을 증명하기 위해서 등일 것이다.

김유신은 자신이 효자임을 증명하기 위해서 말을 죽여야 했을까? 말의 죄는 무엇인가? 주인을 태우고 늘 가던 기생집으로 간 것이 말의 잘못인가? 말의 목을 친 것은 자신의 잘못을 말에게 떠넘긴 행동이 아닐까? 정말 김유신은 사나이 대장부다운가? 비겁한 행동은 아닐까? 이런 질문들이 머릿속에서 일어났다면 줄거리만 써 놓는 글은 절대로 쓰지 않았을 것이다.

좋은 글은 자신의 생각이 담겨 있는 글이다. 자신의 독특하고 아름다운 생각이 오롯이 담겨 있을 때 좋은 글로 대접받게 된다.

붕어빵 글쓰기에 습관이 되어서

수능이 끝나고 나면 은밀한 상담을 원하는 고3 학부모들이 있다. 공부는 잘하는데 글쓰기에 자신이 없는 학생의 부모님들이다. 소위 상위권 학생들의 부모님이다. 남이 들으면 걱정도 팔자라고 하겠지만 이분들의 이야기를 들어 보면 그 고민 또한 만만치 않다. 남들은 공부 잘해서 좋겠다고 하지만 글쓰기에 자신이 없고 보니 어떤 학교를 지망할지 눈앞이 캄캄해진다고 한다. 소위 명문대학에 진학을 앞 둔 고3 학부모의 하소연을 들어보자. "공부 성적이 나쁘면 점수대로 지원하면 되지요. 그런데 글쓰기는 수능처럼 국가가 인정해 주는 점수가 없으니 무엇을 기준 삼아 지원을 하면 좋을지 모르겠어요."

(어디에서 속타는 엄마)

그렇다. 학과 공부는 국가가 공인하는 점수가 있다. 그에 맞추어 지원하면 된다. 그러나 글쓰기 능력을 인정해 주는 국가 공인 점수는 아직 없다. 그러다 보니 논술로 대학을 가는 마당에 온전히 자신의 판단으로 학교를 지원하려니 얼마나 두렵고 떨릴 것인가?

이런 학생들을 만나 본 결과 공통 점 몇 개를 찾아냈다. 그 중에 가장 많은 경우가 '잘 쓴 글과 못 쓴 글을 구분하지 못하는' 것이었다. 테스트를 위해 잘 쓴 논술문과 못 쓴 논술문을 주고 어느 식으로 쓰겠느냐고 하면 못 쓴 글을 선택한다. 형식은 잘 짜여 있지만 내용이 어디선가 본 듯한 글, 알고 있는 지식은 많은데 창의적인 아이디어가 보이지 않는 글을 좋은 글이라고 선택한다. 즉, 이른바 붕어빵 논술, 국화빵 논술, 족집게 논술로 통하는 학원식 논술을 잘된 논술이라고 선택하는 학생들이 많다.

이 학생들은 재능 이전에 판단부터 잘못하고 있다. 판단이 잘못되면 그 다음은 다 잘못된다. "아는 만큼 보인다."는 말이 있다. 좋은 글이 어떤 글인지 모르는데 어떻게 좋은 글을 쓸 수 있겠는가.

이런 학생들의 원인을 알아본 결과 좋은 글을 읽어 본 경험이 거의 없었다. 어려서부터 교과서와 참고서만 주로 읽고 스트레스 해소한다고 만화만 읽은 학생들이었다. 자신이 써야 할 좋은 글의 모델을 충분히 알지 못하는 상태에서 하는 글쓰기란 어떠 했을까? 시각 장애인이 눈을 가리고 외나무다리를 건너는 격이 아니었을까?

어린 시절에 위인전을 읽어야 하는 이유가 좋은 인간 모델을 찾기 위해서이듯 좋은 책은 바로 좋은 글의 모델을 보여 준다.

자녀가 좋은 문장을 쓰게 되기를 희망하는 부모가 할 수 있는 가장 현명한 일은 좋은 문장으로 이루어진 명작을 읽히는 일이다. 위대한 저자들은 위대한 문장 스타일을 가지고 있다. 그 책의 저자들이 내 자녀의 문장 스타일을 형성해 줄 것이다.

2006년 주부생활 2월호에는 국제 수능(IB)에서 만점을 맞고 예일대생이 된 박승아의 이야기가 나왔다. 박승아는 글을 잘 쓰기 위해서 책을 읽다가 좋은 문장이나 내용을 보면 공책에 베껴 두었다가 시간이 날 때 다시 읽어 보기도 하고 외우기도 했다고 한다.

학생들에게 명문장으로 이루어진 책이나 논설문을 읽게 하면 급속한 진전을 보이게 된다. 가리고 있던 눈을 풀고 다리를 건너는 사람처럼 씩씩하게 글을 쓰게 된다.

북키박사의 한마디

혹시 우리 아이가 글쓰기 장애? 그렇다면 이렇게 해보세요

1 | 글쓰기가 싫었던 경우를 적어 본다. 화풀이도 된다.

2 | 그 중에서 가장 싫었던 경우는 피하도록 한다. 물론이고말고.

3 | 글쓰기가 신났던 경우를 적어 본다. 가뭄에 콩 나기지만 한번 해보자.

4 | 좋아하는 주제로 써 보게 한다. 솔솔 재미가 생긴다.

5 | 완성된 글은 그 나름대로 하나의 우주이다. 칭찬해 주자.

6 | 아이들의 글을 보여 주고 잘못된 부분을 찾아보게 한다. 다른 사람도 잘못 쓴다
는 걸 알려 주자.

7 | 다른 아이의 글을 고쳐 보게 한다. 슬슬 자신감이 생긴다.

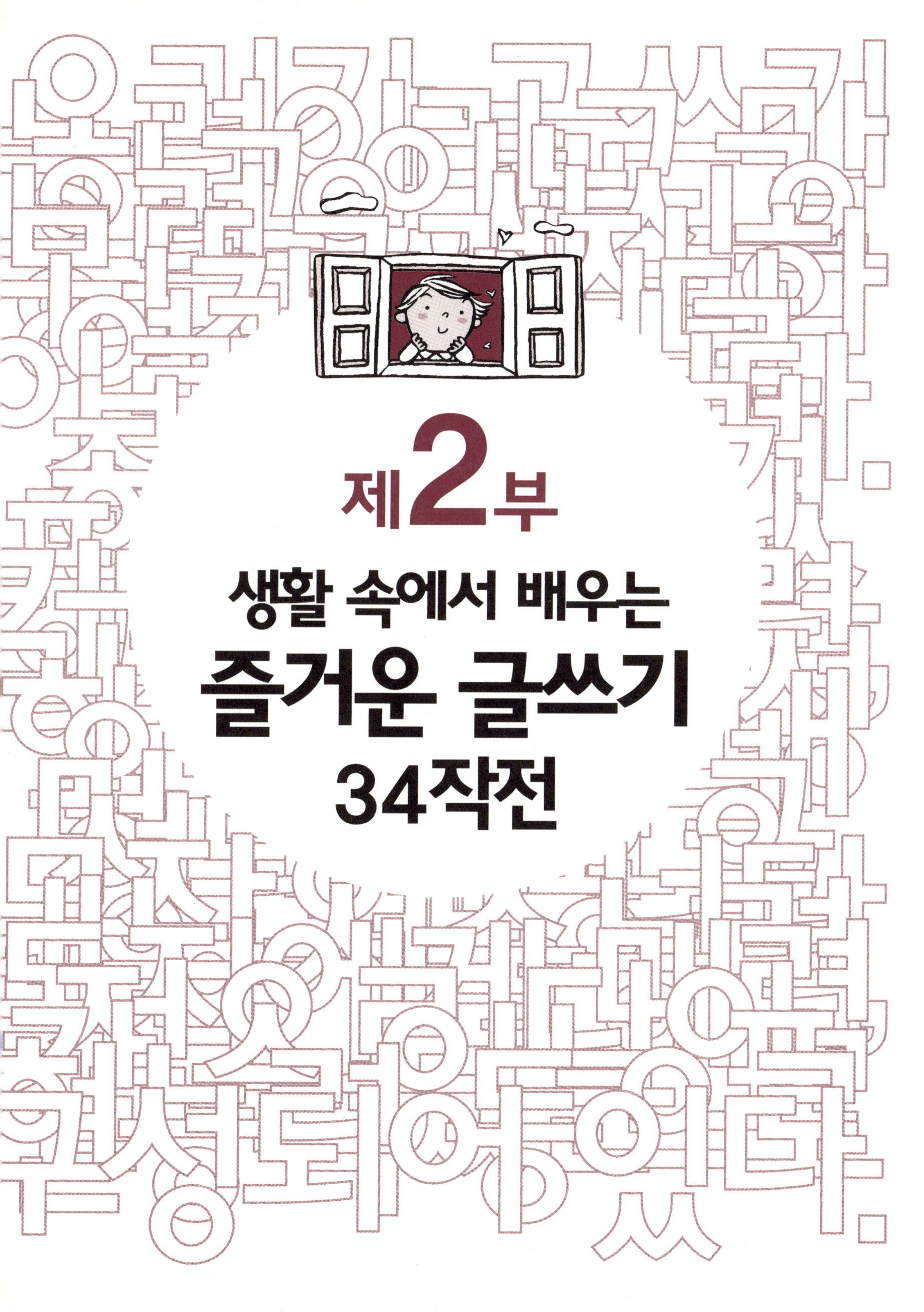

제2부

생활 속에서 배우는
즐거운 글쓰기
34작전

가정에서 길러 주는
배경 지식과 토론 능력

아이에게 자전거 타기를 가르칠 때 엄마는 옆에서 페달 밟는 법, 핸들 잡는 법, 멈추는 법을 세심하게 일러 준다. 그러면 아이들은 알았다고 고개를 끄덕이며 자전거 위에 올라앉는다. 그러나 곧바로 자전거를 타고 달리는 아이는 없다. 넘어지고, 쓰러지고, 무릎이 깨지고, 피가 나고, 울고불고 야단이 난 후에야 달리게 된다.

그렇게 자세히 가르쳐 주었는데 왜 안 되는 것일까? 그것은 자전거 타기가 머리로 하는 학습이 아니라 몸으로 하는 학습이기 때문이다. 먼저 몸이 자전거를 탈 수 있게 된 후에라야 앞으로 가기, 방향 꺾기, 빨리 달리기 등을 배울 수 있게 된다.

글쓰기도 자전거 타기와 비슷한 과정을 거친다. 먼저 아이가 글을 쓰는 데 익숙해져야 한다. 글을 쓸 때는 이렇게 저렇게 쓰는 것이라는 이론을 아무리 외워도 글이 나오지 않는다. 종이와 펜을 들면, 혹은 컴퓨터 앞에 앉으면 자연스럽게 글이 써지는 습관이 형성되어야 한다.

글쓰기라면 학원에서 배우는 것쯤으로 생각하는 사람들을 자주 만나게 된다. 그런 분들의 불평 중에서 공통되는 점을 추려 보면 "아무리 다녀도 실력이 늘지 않는다."는 것이다. 혹은 "한두 달은 반짝 느는 것 같았는데 그후로는 통 늘지 않는다."고 한다. 이런 부모들은 가정에서 글쓰기 습관을 기르지 못한 아이는 학원에 다녀도 글쓰기 실력이 늘지 않는다는 사실을 기억할 필요가 있다. 글쓰기도 집 짓기처럼 기초가 튼튼하지 않으면 높이 올라갈 수 없기 때문이다.

생활이 빠진 글쓰기 교육은 가짜

"글쓰기는 언제부터 시작해야 좋을까요?" 이런 질문을 받을 때마다 나는 "빠르면 빠를수록 좋다."고 대답한다. 말귀만 알아듣는다면 글쓰기 교육을 진행할 수 있다. 글쓰기 교육이란 종이 위에 문자로 적는 좁은 의미가 아니라 배경 지식과 토론 능력을 기르고, 글쓰기 열정을 기르고, 글쓰기 습관을 만드는 교육이기 때문이다.

글쓰기 교육은 생활 속에서 배우는 것이 가장 바람직하다. 하루의 일과에서 습관적으로 글쓰기를 하고, 종이만 보면 쓰고 싶은 글쓰기 욕망이 생기고, 글을 쓰면 공연히 즐거워지는 생활을 만드는 것이다. 즉 글쓰기 체질을 만들어 주는 것이다.

생활 속에서 글쓰기를 배우는 방법은 크게 두 가지로 나누어 볼 수 있다. 가정에서 배우는 글쓰기와 책 속에서 배우는 글쓰기이다. 이 단원에서는 생활 속에서 배우는 글쓰기의 첫 단계인 가정에서 길러 주는 글쓰기 기초 체력을 소개하려고 한다.

금순이도 훌륭한 글쓰기 선생님

TV에서 〈굳세어라 금순아〉가 방영 중이다. 금순이의 애인 구재희의 어머니가 금순이에게 자기 아들을 만나지 말라고 경고한다. 이유는 금순이가 남편과 사별한 싱글맘이라는 사실 때문이다. 고개를 푹 숙이는 금순의 가련한 모습. 재희 어머니의 기세등등한 모습이 클로즈업 된다.시청자는 금순이가 행복해지기를 바라면서 재희 어머니에게 눈을 흘긴다.

"엄마, 저 아줌마 나쁜 사람이지?"

"어?"

나는 중학교 1학년인 딸의 질문에 대답을 못하고 우물쭈물했다. 재희 어머니가 나쁜 사람인가, 아닌가? 만약에 내가 재희 어머니라면 나는 쌍수를 들어 환영할 수 있을까?

시청자 페이지에서 발견한 한 주부의 글이다. TV를 볼 때 이런 경우가 종종 발생한다. 이때에 글쓰기 교육을 제대로 하는 부모라면 그냥 지나치지 않아야 한다.

"너는 재희 어머니가 나쁘다고 생각하니?"

"그럼요, 나쁘지요."

"왜 나쁘다고 생각하지? 이유를 댈 수 있겠니?"

"음, 금순이가 너무 불쌍하잖아요? 금순이가 자살하면 어떻게 해요?"

"불쌍하기도 하고 걱정도 되지. 그러나 무엇을 판단할 때 우리는 그런 감상적인 이유 말고 이성적인 이유를 댈 수 있어야 하거든. 구재희 어머니가 나쁜 사람이라는 이유를 더 생각해 보렴."

"음, 우선 인격 모독이라고 생각해요. 사람 위에 사람 없고 사람 밑에 사람 없다는데, 너무 하잖아요? 그럼 엄마는 저 아줌마가 나쁘지 않다고 생각하세요?"

"글쎄, 우선 구재희의 어머니 입장을 생각해 보면 이해가 가기도 해. 미장원을 하면서 아들 하나 데리고 갖은 고생을 해서 키웠는데, 처녀와 결혼하는 것이 좋겠다는 생각을 하는 것은 당연하지 않을까?"

"그럼 엄마도 그럴 수 있다는 건가요?"

"글쎄, 나는 구재희 엄마처럼 무안을 주지는 않겠지만, 반대는 할 것 같아."

"우와! 우리 엄마 이제 보니까 아주 보수적이군요?"

"보수? 너 혹시 보수를 무조건 나쁘다고 생각하는 건 아니겠지?"

"나쁜 거죠. 개혁의 반대니까."

"세상에 보수가 없고 개혁만 있다면 세상은 어떻게 될까?"

"한쪽으로 치우치겠죠? 그러면 어른들은 불편하고 …… 세상에 아이들과 젊은이만 사는 건 아니니까 …… 헤헤헤."

모녀의 대화가 이렇게 이어진다면 딸은 학교나 학원에서 교과서와 참고서를 통해서는 배울 수 없는 생생한 글쓰기 교육을 받고 있는 중이다. 이렇게 생활 속에서 일어나는 갖가지 상황과 맞닥뜨릴 때 배우는 배경 지식과 토론 능력은 학교나 학원 교육에 비할 바가 아니다. 이 어머니는 드라마를 통하여 중학교 1학년인 딸의 글쓰기 기초 체력을 단단히 길러 준 셈이다.

TV는 토론 상자

TV를 바보상자라고 한다. 그러나 TV는 잘 이용하기만 하면 토론 상자가 될 수도 있다. 다른 곳에서는 가르쳐 주지 못하는 세상의 흘러가는 모습을 빠르게 알려 주는 매우 똑똑한 토론 선생님이다. TV 드라마는 현대 사회의 변화하는 모습을 가장 민첩하게 반영한다. 진실과 전통이 된 것만을 적어 놓은 교과서와 참고서로서는 도저히 따라갈 수 없는 변화의 모습을 TV는 생생하게 담아 낸다.

그 중에서 가장 자주 반영되는 내용이 결혼과 가족의 형태이다. 친자가 아닌 입양 자녀 문제, 혈연으로 묶인 가족이 아닌 한 집에 모여 사는 가족의 모습, 편부 편모 가족의 결합. 이런 모습은 한국 가족의 변화를 예고해 주고 있다. 이런 변화가 교과서나 참고서에까지 등재되려면 아마도 수십 년은 걸릴 것이다.

TV 프로그램들은 빠르게 변화하는 21세기의 주인공인 오늘의 아이들에게 생각 거리를 제공한다. 과거 전통 사회의 가족 형태가 어떻게 변해 가고 있는가에 대한 생각하기이다. 미래의 가족 형태는 어떻게 변할 것인가? 어떻게 되는 것이 좋을까? 이런 변화의 장단점은 무엇인가? 이런 생각을 한다는 것이 바로 세상 읽기이며 글쓰기 공부의 기초이다.

글쓰기란 지식을 쏟아 놓는 것이 아니라 그 지식을 이용하여 삶을 요리하는 기술이다. 삶을 요리하는 능력, 그것이 글쓰기의 기초 체력으로 자리 잡는다.

북키박사의 한마디

- 〈한국인의 독서실태〉(2004.12. 문화관광부, 출판문화연구소)에 보면 한국 어린이는 하루에 3시간씩 TV를 시청합니다. 1년이면 1095시간이고, 7살에서 13살까지 6년 동안에는 6570시간을 TV 앞에 앉아 있게 됩니다. 우리 아이들이 초등학교 시절에 6570시간 동안이나 TV 앞에 앉아 있다니!

- 한편 미국의 2003년 통계에 의하면 어린이가 사물을 식별하는 연령인 3~4세에서 초등학교 입학까지 4년 동안 TV 시청 시간이 초등학교에서 대학을 졸업하는 동안 교실에 앉아 있는 시간보다 길다는 통계가 나왔습니다. 미국 엄마들도 TV 우습게 보다간 큰코다친다고 야단이랍니다.

유혹 속에 감추어진 진실 캐기

아기는 7개월에 말을 배우기 시작했는데 엄마, 아빠, 코카콜라, 언니, 하무니(할머니)의 순서로 말을 배웠다. 말 배우는 아기가 엄마, 아빠 다음으로 코카콜라를 한다는 것은 이상한 일이지만, 그 당시 코카콜라가 얼마나 TV광고를 해댔는지를 짐작할 수 있게 한다.

그런데 광고의 힘은 그 다음에 나타났다. 아이가 세 살 때 동네 구멍가게에 갔는데 코카콜라를 보자마자 가리키며 사달라고 조르는 것이다. 이가 상해서 안 된다고 하자 울고불고 야단이다. 어찌나 요란하고 서럽게 울어대는지 안 사 주고 배길 도리가 없었다. 지금 대학원생인 그 아이는 코카콜라 마니아이다.

위의 이야기는 나의 둘째 아들 이야기이다. 이렇게 광고는 갓난아기 때부터 생각과 행동을 지배하기 시작한다. 〈방송연구〉(1998.겨울호)에 의하면 아이들이 구매 요구를 거절당했을 경우에 65%의 어린이가 불행감을 느끼고, 48%의 어린이가 부모와 불화가 생긴다고 한다.

사람은 광고에 나온 물건을 사지 못하면 TV에서 그 물건을 가지고 있는 사람에 대해 상대적 빈곤감을 느끼게 되고, 경제적 불만이 쌓여 결국은 그 물건을 사게 된다고 한다. 이렇게 우리의 생활과 정신에 커다란 영향을 끼치고 있는 광고 속에는 물건을 팔고자 하는 상업적인 마음이 들어 있다.

'소비하라! 사라! 이래도 안 살래?'

지금도 광고는 끊임없이 속삭이고, 달래고, 유혹한다.

광고에서 배우는 글쓰기

그러나 이런 광고도 좋은 글쓰기 학습 자료가 된다.

첫째, 광고는 어휘 공부의 보고이다. 광고에서 선전하는 음료수를 한 병 사서 마셔 보게 한 다음 그 맛을 글로 표현해 보라고 한다. 아이들이 글로 표현한 맛이 광고에서 선전하는 그 맛과 같을까, 다를까? 이때 아이들마다 표현하는 말이 다르다.

예를 들면 콜라의 경우 '쌉싸름하고 달콤한 맛', '씁스름하고 들큰한 맛', '톡 쏘는 깔끔한 맛', '달콤 쌉싸름한 맛' 등등 여러 가지 독창적인 말로 맛을 표현할 수 있다. 이런 활동은 광고 속의 맛을 비판하기보다는 내가 느끼는 맛에 대한 어휘를 늘려 가는 것이다. 음료수뿐 아니라 장난감 광고, 피자 광고, 냉장고 광고, 아파트 광고도 이런 식으로 지도하면 어휘 사용량을 늘려 갈 수 있다.

둘째, 광고는 이미지를 문장으로 만들 기회를 제공한다. 광고에는 상품에 대한 설명 없이 이미지만 등장하는 광고들이 많다. 예들 들면 농구

화의 경우, 제품에 대한 설명은 없이 미국 프로 농구 선수들의 경기 장면이 빠르고 숨가쁘게 지나간다. 이런 광고를 보고 무엇을 이야기하는 광고인지 해석하고, 글로 써 보게 하면 문장 만들기를 연습할 수 있다.

셋째, 공익 광고와 상업 광고의 내용과 호소하는 방법의 차이를 발견해보는 방법도 재미있다. 여기서 분석력과 비판력이 길러진다. 하루에도 수십 개씩 집안으로 쳐들어오는 광고. 광고가 유혹하는 대로 끌려가면 바보가 되고, 활용하면 비판력과 판단력을 기를 수 있는 좋은 자료가 된다.

넷째, 광고 카피 만들어 보기이다. 가끔 무슨 이야기인지 모호하거나 천한 표현이 나오는 광고가 있다. 이때 아이들에게 더 멋진 카피를 만들어 보게 하는 것도 재미있다.

이렇게 아이들에게 생각해 보고 글로 써 보게 하면 광고를 할 때 멍하니 수동적으로 보는 습관쯤은 거뜬히 사라진다.

북키박사의 한마디

광고의 허리케인을 아세요?

1시간짜리 프로그램에 15초 광고가 평균 15개 이상 나간다. 어린이의 경우 하루 최소 시청 시간 2시간으로 치면 45개~50개의 광고를 보고 한 달이면 1350개~1500개의 광고를 시청한다. 이렇게 아이들의 혼을 쏙 빼놓는 광고의 허리케인 속에서 혼을 빼앗기지 않게 하려면 광고 보는 법을 단단히 교육해야 한다. 광고에 당하지만 말고 이용하는 아이로 길러야 한다.

판단을 요구하는 세상

뉴스를 알려 드리겠습니다. 어린이들이 먹는 유제품에 당분 허용치의 80배가 넘는 제품들이 유통되고 있습니다. 이 제품들은 대부분 유명회사의 제품들로 용기에 '무설탕 첨가제' 라는 표시가 된 제품이라 더욱 화제가 되고 있습니다. 보건복지부에 고발된 내용에 따르면 어린이용 우유에 무설탕이라는 표시를 한 제품 중, 발암 성분일 가능성이 큰 설탕 대용 감미료를 당분 허용치보다 80배 높게 사용하고 있다는 보고입니다. 이들은 용기에는 무설탕이라고 표시했으나, 이는 설탕을 넣지 않았다는 의미라고 고발을 당한 유명회사 간부가 말해서 소비자를 놀라게 하고 있습니다.

2005년 12월 23일, 매스컴은 일제히 이런 뉴스를 쏟아 냈다. 이런 뉴스를 아이들과 함께 들었을 때, 어른들은 어떤 반응을 하는가?

"세상에 세상에, 아무리 돈이 좋대도 아이들 먹는 걸 가지고 장난을 치다니!"

이런 반응을 보이며 화를 낸다면 남는 게 무엇일가? 이렇게 아이 앞에서 분풀이 멘트나 쏟아 낸다면 남는 것도 이득도 없다. 이때 현명한 부모는 다르게 반응해야 한다.

"수진아, 유명 회사가 왜 '무설탕'이란 표시를 하고 허용치보다 80배나 강한 감미료를 넣었을까?"

"달아야 사 먹으니까 그랬지."

"그래? 그럼 소비자들은 무설탕이라고 써 있는 우유가 달면 이상하다는 생각을 왜 안 했을까?"

"우유 갑을 안 읽어 보니까 그렇겠지 뭐."

"그래? 그럼 소비자들의 잘못도 있는 거잖아?"

"엄마, 정말 이제는 먹을 때 먼저 읽어 봐야겠네. 무설탕인데 달다면 의심해 봐야 하는데, 그동안 아무 말도 안 하니까 회사들이 그런 거잖아?"

아이와 이런 이야기를 주고받는다면 그동안 유해한 감미료를 먹어 온 손해를 조금은 만회할 수 있게 된다.

뉴스 듣기와 비판력

아이가 초등학교 고학년이라면 이런 대화를 나눌 수도 있다.

"그런데 누가 '무설탕'이라고 써야겠다고 생각했을까? 사장님?"

"그렇게 큰 회사에서 설마 사장님이 그런 문구까지 쓸려구? 직원이 썼겠지요."

"그런데 직원은 그게 잘못이라는 걸 모르고 했을까?"

“알고 했겠지요, 사장님에게 잘 보이려고. 우유가 잘 팔려서 칭찬받으려고요.”

“그러고 보니 칭찬받고 싶은 직원이 저지른 잘못이겠구나. 그런데 그 직원은 지금 어떻게 되었을까? 사장님이 혼내고 사표를 받았을까?”

“그래도 회사를 위해 했는데, 쫓겨난다면 억울하잖아?”

“그렇지만 회사를 살찌운 대가로 우리나라 어린이 건강을 해쳤는데? 그리고 지금은 회사 이미지에 먹칠을 했는데?”

이야기가 이쯤 진행되면 이 어머니는 훌륭한 토론 선생님이며 글쓰기 선생님이다. 글쓰기란 우리의 삶 속에서 문제점을 발견하고 그 문제를 해결하기 위하여 토론을 하고 방안을 찾아 제시하는 글이기 때문이다. 어린 시절부터 이런 가정에서 자란 아이들은 비판적 사고력을 충분히 기르게 되어 일기, 독서 감상문, 기행문은 물론 논술문 쓰기도 즐거워진다.

북키박사의 한마디

1 | 신문 기자 노릇 하기 : TV 뉴스를 듣고 언제, 어디서, 누가, 왜, 무엇을, 어떻게 했는지 육하원칙에 따른 신문 기사를 써 보게 한다. 들은 내용을 글로 쓰기는 듣기 훈련의 일종인데 문장 훈련으로도 좋다.

2 | 수사반장 게임하기 : TV 뉴스를 듣고 사건이 일어나기 전에 어떤 일이 있었을지 상상하고 추리하고 그 내용을 글로 써 둔다. 그리고 사건이 해결되었을 때 자신이 쓴 것과 얼마나 다른지를 알아본다. 추리 능력을 기를 수 있다.

나의 글쓰기 정원 가꾸기

> 엄지 박사님. 너무너무 기뻐요. 선생님이 제 홈페이지에 방문해 주실 줄은 몰랐어요. 친구들에게 자랑을 했더니 아무도 믿어 주지를 않아요. 그래서 쉬는 시간에 도서관에 가서 선생님이 제 홈피에 남겨 주신 글을 보여 주었어요. 모두들 "와아" 하며 부러워하는 거 있죠? 사실은 저도 선생님이 방문해 주실 줄은 몰랐거든요. 그냥 한번 보내 본 건데. 선생님 정말 고맙습니다. 꾸벅!
>
> (유진 올림)

온라인 독서학교 엄지북 회원인 4학년 유진이 보내온 이메일이다. 홈페이지를 만들었노라는 메일을 받고 방문해서 소감을 적으며 글쓰기 습관이 아이들을 얼마나 당당하게 하는지를 생생히 알게 되었다.

유진이는 2학년 때 글쓰기를 너무 싫어한다고 어머니가 가입시킨 아이다. 처음에는 1주일에 한 번 정도 들어와 글도 쓰지 않고 가더니 차츰 또래 친구들의 글을 보며 전국의 다른 친구들과 댓글로 만나곤 하기 시작했다. 그러더니 언제부터인지 스스로 독후감이나 동시를 써서 글쓰기난에 올리곤 하더니, 이제는 홈페이지까지 만들어 운영하게 되었다.

많은 사람들이 웹에 자기 홈페이지를 만들기 시작했다. 유명 인사서부터 초등학생까지 자신의 홈페이지를 만들고 있다. 홈페이지의 종류도 여러 가지다. 그 목적에 따라서 배우들의 '인기 관리용', 유명 인사들의 '지식 사회 환원용', 이런저런 이야기를 나누는 '사랑방형', 전문 정보를 교환하기 위하여 만들어 놓은 '정보 교환용' 홈페이지가 있다. 또 외국에 살고 있는 자녀가 한국에 있는 가족들에게 자신들의 근황을 편지 대신 올리는 '소식 전달용' 홈페이지도 보았다.

홈페이지는 인터넷이라는 신대륙에다 자신이 누구이며 어떤 관심사를 가지고 있는지를 표현하면서 자신의 정체성을 형성해 나가는 방법이다. 가족 홈페이지나 개인 홈페이지를 통하여 잘 다듬어진 자기 연출의 세계를 보여 줄 수 있다. 그 중에서도 가장 큰 성과는 매일 글을 쓰는 아이로 만드는 일이다.

인터넷 속의 나의 집

홈페이지를 가진 아이들을 보면 매우 부지런하다. 마치 처음으로 자기 집을 갖게 된 주부가 집 꾸미는 데 열을 올리듯이, 좋은 글을 싣고 좋은 사진도 싣느라고 바쁘다. 남의 글도 올리고 자기 글도 싣는다. 이러다 보니 자연히 좋은 글을 찾아 헤매게 되고 좀 더 멋진 자기 모습을 보이러고 정성들여 글을 쓴다. 홈페이지를 가꾸는 아이들의 특징 중에 하나는 품위 있는 글을 쓰게 된다는 점이다. 이런 일은 교육으로는 매우 시간이 걸리는 일인데 홈페이지를 만들면 단시간에 바뀌게 된다. 위의 유진이의 경우도 처음에는 욕이나 상스런 말을 재미로 쓰는 아이였는데 홈페이지를 갖게 된 이후에는 그런 말을 전혀 쓰지 않는다.

누구나 자기 집 마룻바닥에는 침을 뱉지 않듯이 자신의 홈페이지는 최상의 아름다운 언어로 치장한다. 누가 들어와 욕을 써 놓고 가면 그 상스런 말 때문에 전전긍긍하기도 한다.

이렇게 자신만의 홈페이지 운영은 인터넷에 내 땅을 갖는다는 의미를 넘어 매일 글을 쓸 기회를 만드는 것이다. 자기 홈페이지를 단장하는 일은 글쓰기의 연속이다. 편지를 쓰고 글을 올린 사람들에게 인사글을 올리고 더 좋은 내용을 올리기 위해 좋은 글을 찾아 올리고 하는 일은 엄청난 글쓰기 학습이 된다.

운동도 매일 해야 좋은 것처럼 글쓰기를 매일 할 수 있는 장치에 홈페이지만큼 좋은 것도 드물다.

아바타와 채팅
변신의 욕망을 글쓰기 에너지로!

우리 아이는 아바타 꾸미는 데 용돈을 몽땅 씁니다. 옷을 사서 갈아입히고 다른 아이의 아바타가 새 옷을 입고 있으면 참지를 못합니다. 제 용돈을 모두 털어 아바타에게 바칩니다. 그러고는 돈이 없어 쩔쩔맵니다. 사이버 세계에서 소비를 절제하지 못하는 것 같습니다. 아바타를 그렇게 아끼는 이유는 무엇일까요? 동생이 없어서 그럴까요? 너무 걱정이 되어 상담을 드립니다.

(아바타 때문에 속상한 엄마)

지금 아바타라는 말이 유행이다. 어느 인터넷 통신 회사에서 자신의 분신을 만들게 하고 이를 아바타라고 부르게 된 다음부터다. 이런 아바타는 사이버 세계에서 활동하는 또 다른 자아인 셈이다. 아이들이 아바타 꾸미는 데 과소비를 하는 실태는 가정만의 문제가 아니라 사회적 문제로 떠오르고 있다. 현실에서는 경제적인 아이가 사이버 세계에서는 절제를 모른다는 연구들도 나오고 있다. 그러나 아바타가 아이들의 분신이라는 것을 인식하게 되면 쉽게 아이들을 이해하게 된다. 우리가 자녀를 분신으로 생각해서 자신은 먹지도 입지도 않으면서 옷도 사 입히고 공부도 시키는 마음과 같다. 아이들은 아바타를 분신으로 생각해서 먹지도 않고 쓰지도 않고 치장에 여념이 없는 것이다.

아바타 꾸미기와 비슷한 심리에 채팅의 심리가 있다. 채팅은 자신을 가장(假裝)하는 놀이다. 자신을 보다 멋진 사람으로 가장하여 다른 사람과 이야기를 나눈다. 아이들이 채팅에 빠지게 되는 이유는 채팅에서 얻게 되는 '가장의 충족' 때문이다.

채팅은 불편한 예절이나 격식 없이 상대방과 이야기를 나눌 수 있고, 자신을 가장할 수 있다는 점 때문에 열등감이 있는 아이들이 더 잘 빠지게 된다. 남 앞에서 당당하기가 쉽지 않은 아이들일수록 자신을 가장할 수 있고, 자신을 아름답게 꾸밀 수 있는 채팅이 즐겁다. 채팅에서는 왕자도 될 수 있고, 우등생도 될 수 있으니 얼마나 멋진 일인가. 그래서 채팅은 현실에 불만이 많은 사람일수록 빠져 들게 된다. 친구가 없는 아이들이 더 빠져든다.

아바타 에너지를 글쓰기 에너지로

이런 변신의 욕망인 아바타와 채팅의 에너지를 글쓰기로 이동시킬 수 있는 방법이 있다. 약화된 자아를 강화시켜 주는 글쓰기의 방법이다. 자신에 대한 불만을 다른 식으로 표현하도록 도와주는 일이다. 미국의 심리학자 칼 로저스는 그의 임상학적 연구를 통해 대화 형식의 글쓰기가 인간의 심신을 안정시켜 준다는 발표를 한 적이 있다. 대화를 통한 글쓰기의 치료 효과란 채팅이 아닌 가상의 대상을 정해 놓고 글을 쓰는 것을 말한다. 예를 들면 《안네의 일기》를 쓴 안네 프랑크가 한 방법이다.

이 방법의 장점은 채팅이 일으키는 부작용이 없다는 점이다. 얼굴 없는 상대방이 아이를 유혹할 수도 있고, 아이의 시간을 빼앗을 수도 있는데 비하여 상대를 정해 놓고 글을 쓰는 것은 다소 생동감은 떨어질지는 몰라도 더 깊은 대화를 나눌 수 있다. 그리고 그렇게 글을 써 가다 보면 글쓰기 실력이 엄청 늘게 된다. 특히 긴 글을 쓰지 못하는 아이들에게 이 방법을 적용하면 오래지 않아 긴 글을 척척 써 낼 수 있는 지구력과 문장력이 생긴다.

북키박사의 한마디

채팅은 하나의 놀이. 옛날 소꿉장난을 할 때 엄마가 되고 아빠가 되고 의사도 되고 선생님도 되지만 소꿉놀이가 끝나면 이것은 다 무효이다. 채팅도 그와 똑같다. 그래서 첫째, 채팅에서 만난 친구는 계속 채팅에서만 만날 것. 둘째, 학교 이름이나 집 주소, 비밀 번호를 가르쳐 주지 말 것.

퇴근을 하여 집에 갔더니 유치원 다니는 아들이 공책과 볼펜을 들고 근심스런 얼굴로 대문 앞에 서 있다.

"엄마, 할머니 아퍼."

"많이 아프시니?"

아이를 앞세우고 대문으로 들어서며 나는 할머니를 생각하는 아이의 마음에 가슴이 뭉클했다. 그런데 아이는 현관으로 들어서는 나에게 들고 있던 공책과 볼펜을 내밀며 은밀히 속삭인다.

"엄마, 할머니한테 된장, 고추장 담그는 법 빨리 가르쳐 달라고 해서 적어요."

오래전에 있었던 큰아들과 나의 대화이다. 된장, 고추장 못 담는 엄마 때문에 걱정이 된 모양이다. 이 사건 이후로 나에게는 요리를 하고 나면 적어 두는 버릇이 생겼다. 그런데 글로 기록하는 위력은 대단했다. 기록하고부터는 한번 했던 요리 방법은 잊어버리는 법이 없다. 그리고 다음번에 할 때는 다른 방법을 더 가미하여 창의적인 요리도 할 수 있게 되었다. 비록 아들의 충고로 시작된 기록이지만 요리 솜씨뿐 아니라 연구에도 큰 도움이 되었다.

그후, 나는 부엌에서 요리를 할 때면 아이들을 참가시켰다. 엄마가 무엇을 넣는지 공책에 적게 한다. 그 사건이 있기 전까지는 아이들이 부엌에 들어오는 것을 싫어했다. 가서 공부나 하라며 쫓아냈었다. 그런데 아이를 부엌으로 끌어들이고부터 아이들이 글쓰기를 즐거워할 뿐 아니라 어휘력과 표현력이 향상된다는 것도 알게 되었다. 글쓰기 체질을 만드는 데는 과외 선생이나 족집게 학원보다 엄마의 역할이 더 중요하다. 이렇게 엄마와 아이가 부엌에서 만날 때 자연스럽게 글쓰기 체질이 형성된다.

버섯덮밥 만들기

1 | 재료(4인분): 느타리버섯 두 줌, 팽이버섯 두 줌, 표고버섯 4개, 양파 1/2개, 당근 1/2개, 고추 2개,
2 | 양념장: 간장 3스푼, 물 3스푼, 맛술 2스푼, 물엿 1스푼, 설탕 1/2스푼
3 | 녹말 물: 녹말 1스푼, 물 1스푼
4 | 요리법: 양파와 당근을 채 썰어서 준비한다.
준비한 양념장을 냄비에 넣고 은근한 불에 끓이다가 버섯과 양파, 당근을 넣고 은근한 불에 조린다. 불이 세면 요리가 탄다.
어느 정도 조리다가 청양고추와 녹말 물을 부어서 섞은 뒤, 밥 위에 얹으면 완성된다.
5 | 우묵한 접시에 담아 상에 올려놓는다.

준비 단계가 끝나면 아이와 함께 요리를 한다. 재료를 만져 보고 그 감촉을 이야기해 보기도 한다. 오이를 만질 때 '따끔따끔' 하다는 어휘를 배울 수 있다. 이런 어휘는 그냥 사전을 찾아 가르쳐 주면 머리에 들어가지 않는다. 직접 손으로 만져 볼 때 '따끔따끔'의 의미가 확실해진다. 이런 어휘들은 나중에 글의 맛을 내는 역할을 톡톡히 해낸다.

부엌은 표현력 연습장

그 다음 단계는 여러 가지 표현법을 익히는 단계이다. 당근·피망·가지·오렌지 등의 색깔을 표현할 수도 있다. 맛·모양·촉감을 표현할 수도 있다. 재료의 특성을 말로 표현하다 보면 평소에는 잘 몰랐던 새로운 사실도 알게 된다. 음식 만드는 과정에서 재료를 만지면서 느끼는 감각이나 음식 끓는 냄새, 끓는 소리는 훌륭한 표현력 공부가 된다.

예를 들어 팥죽을 끓이고 나면 새알 수제비 모양을 글로 쓰기도 하고 끓는 모양을 글로 쓰기도 한다. '보글보글', '부글부글', '뽀글뽀글', '부그르르', '뽀그르르' 등 많은 표현이 나온다. 이런 소리들을 정확하게 표현해 보는 것이 큰 수확이다. 이때 덤으로 글쓰기의 재미도 따라온다. 형제나 자매가 있을 때는 함께하면 더 재미있다. 같은 소리를 듣고도 서로 다르게 표현하고 같은 요리의 맛도 서로 다르게 표현하므로 서로 배우게 된다.

그러나 요리하기에서 얻을 수 있는 최대의 보물은 창의력이다. 요리는 여러 가지 재료를 가지고 맛을 창조하는 예술이다. 같은 된장찌개를 끓여도 맛은 항상 다르다. 재료의 종류, 양, 시간에 따라 매번 다른 맛을 내게 된다. 그래서 나는 "요리 만들기는 글쓰기와 같다."고 경탄하곤 한다.

그런데 아이들은 어른보다 더 창의적으로 요리한다. 한번 해보라고 하면 어머니가 하는 대로 하지 않고 자기 멋대로 한다. 이 멋대로가 아이들의 특징이다. 이때 칭찬을 하면 아이들의 창의력이 자극을 받게 되어 더욱 활발해진다. 프랑스 속담에 '요리 잘하는 사람은 창의적'이라는 말이 있다. 그렇다. 요리는 분명 '창의적인 예술'이다.

북키박사의 한마디

난타, 부엌에서 나온 예술

한국이 만든 세계적인 뮤지컬 '난타'는 부엌에서 나는 소리와 행동으로 만든 작품이다. 도마질 소리의 질서감, 빠른 템포, 행위에다 한국의 전통 가락인 사물놀이 리듬을 곁들인 난타의 리듬은 정말 신나고 흥겨운 가락이다. 요리하면서 나는 일상에서의 소리를 예술로 형상화한 좋은 예이다.

자신을 위로하는 약이 되는 글쓰기

우리 엄마는 마녀다. 화가 나면 소리를 빽빽 지르고 자기 머리를 쥐어뜯는다. 오늘도 그런 날이다. 자기는 잘하는 게 하나도 없으면서 나보고는 공부 못한다고 야단이다. 흥! 누군 하기 싫어서 안 하나?
내가 25살이 되면 패션모델이 되어서 구경 온 엄마를 무대 위에서 지그시 노려볼 것이다. 그럼 엄마는 무대 아래에서 후회하겠지. '애구, 옛날에 저 애한테 좀 더 잘해 줄 걸.' 하고 후회할 것이다. 그리고 나는 엄마에게 용돈도 조금만 주겠다. 엄마는 한숨을 쉬면서 "혜정아, 용돈 쪼끔만 더 줄 수 없겠니?"라고 하겠지만 국물도 없다. 호호호 후후후.

정신이 좀 이상한 아이가 쓴 글 같은가. 아니, 아주 못된 아이가 쓴 글 같기도 한가. 그러나 아주 정상적인 아이의 글이다. 초등학교 4학년. 아버지 어머니가 둘 다 중학교 교사다. 학교 성적은 상위권이고 친구 간에 말다툼이 생기면 눈물부터 흘리는 소극적인 소녀다. 평소에는 아주 명랑하고 밝은 소녀다. 독서학교 엄지북(umjibook.co.kr)의 오래된 회원인데 아이는 가족이나 선생님에게 꾸중 들은 날이면 이런 글로 분풀이를 한다. 어떤 날은 자신을 놀린 친구를 바보같이 묘사해 놓고 후련해하기도 한다.

언제부터인가 우리는 부모에게 꾸중 듣고는 아파트 베란다에서 뛰어내린 아이들의 이야기를 자주 듣는 처지가 되었다. 그런 소식을 들을 때마다 부모들은 걱정으로 얼굴이 어두워진다. 어떤 어머니들은 그래서 아이들이 잘못해도 야단을 칠 수 없노라고 하소연하기도 한다.

자살하는 아이들을 볼 때마다 글쓰기를 통한 분풀이 방식을 가르쳐 주지 못한 것을 아쉬워하게 된다. 글쓰기는 꼭 독서 감상문만 쓰고 훌륭한 사람이 되겠다고 다짐하는 내용만 쓰는 것은 아니다. 글쓰기라는 형식을 통하여 자신을 위로하는 약을 만드는 치료적 글쓰기도 중요하다.

위의 초등학교 4학년 소녀는 치료적 글쓰기를 훌륭히 실행하고 있는 매우 현명한 아이다. 부모에게 꾸중을 듣고는 엄마를 욕하는 글을 쓸 뿐, 자살 같은 것을 하지는 않기 때문이다.

약이 되는 글쓰기

자기 조절 방법 중에 강박증을 다른 것으로 환치하는 방법이 있다. 환치의 방법 중에 노래 부르기, 운동하기, 글쓰기가 꼽힌다. 화가 날 때 글을 쓰는 일은 쉬운 일이 아니다. 왜냐하면 글을 쓰려면 조용히 앉아서 펜을 들거나 컴퓨터 앞에 앉아야 하는데, 이런 행동들이 화난 상태에서는 실천하기가 쉽지 않기 때문이다. 그러나 화난 상태에서 글을 쓰면 놀랍게도 생생한 표현이 나타난다는 실험 결과들이 있다. 특히 작가의 경우, 자신의 강박증을 써서 크게 성공한 경우가 많다. 그만큼 강박증은 자신의 내부 감정을 생생하게 쓸 수 있는 에너지를 제공한다.

생각해 보면 우리 중 대다수는 이미 글쓰기를 통하여 치료 효과를 경험한 사실이 있다. 억울한 일을 일기장에 고백하고 나면 마음이 후련하던 기억을 가지고 있다. 또 부글부글 끓던 마음이 종이에 써 놓고 나면 쉽게 잊혀졌던 기억도 가지고 있다. 쓰고 나면 상처받은 마음에 딱지가 앉게 된다. 글로 쓰지 않고 그대로 둔 것보다 잊는 시간이 빨라 치유의 시간이 빨라지기도 한다.

북키박사의 한마디

화났을 때 읽으면 좋을 책들

1 | 외모 콤플렉스인가요?　전래동화 《미녀와 야수》/ 크뢰스비의 《팀 탈러의 백만 불짜리 웃음》/ 린드 그렌의 《삐삐롱스타킹》

2 | 친구와 다투나요?　헤세의 《나비》/ 야시마타로의 《까마귀 소년》/ 윤석중의 동시 《녹은 눈》/ 신형건의 동시 《빈 깡통》/ 스타이커의 《아모스와 보리스》

3 | 겁쟁이인가요?　실러의 《윌리엄 텔》/ 마리오드의 《용감한 꼬마해적》

4 | 불평쟁이인가요?　알퐁스 도데의 《파리 방랑자》/ 바스콘셀로스의 《나의 라임 오렌지 나무》

식탁 문화는 가정 문화의 수준

전국 규모의 글쓰기 대회에서 초등학교 1학년 학생이 초중고 전체에서 대상을 받게 되었다. 예선을 통과하여 올라온 이 아이의 글을 읽었을 때 심사 위원들은 의심을 했다.

"초등학교 1학년이 이렇게 쓸 수 있을까요?"

그러나 단어 선택이나 문장, 글 속에 들어 있는 앙증맞은 표현은 영락없는 초등학교 1학년의 마음이었다. 그래서 심사 위원들은 대상을 정해 놓고 이 아이의 실력인지 확인하기로 했다.

그 확인 작업은 여성 심사 위원인 내가 맡게 되었다. 아무 소식도 없이 형사처럼 그 아이 지혜네 집을 찾아갔다.

지혜네 집에서는 2년 전부터 일주일에 한 번씩 식탁 토론회가 열린다. 신문기자인 아빠, 동네 피아노 선생인 엄마, 5학년인 지혜 오빠, 1학년 지혜가 그 회원이다. 주제는 일주일 전에 정해진다. 어느 날은 책을 읽고 토론하고, 어느 날은 그림책을 보고 토론하고, 어느 날은 시사 문제를 놓고 토론하고, 어느 날은 길 잃은 고양이를 집에 들일 것인가 말 것인가를 놓고 토론할 때도 있다.

지혜의 글쓰기 공책을 보니 어느 날은 《장발장》을 읽고 토론이 벌어 졌다. 엄마는 어린 조카의 배고픔을 해결해 주기 위해 빵을 훔친 장발 장을 감옥에 넣은 것이 또 하나의 잘못을 만들었다고 말한다. 왜냐하면 의탁할 곳 없는 조카가 삐뚜로 자랄 것이기 때문이다.

아버지는 정황 참작은 되지만 그렇게 되면 사회 질서가 무너지기 때 문에 감옥에 가야 한다고 주장한다. 소수의 희생이 다수를 구한다면 그 것이 정의라는 논리다.

지혜는 신부가 장발장이 훔친 은촛대와 은그릇을 자신이 주었다고 거짓말하는 것이 과연 옳은 일인가를 제기하고, 오빠는 신부님이 잘한 일이라고 한다. 왜냐하면 신부님이 거짓말을 하지 않았다면 장발장은 다시 감옥으로 갈 수밖에 없으니까.

지혜의 오빠는 알고 보니 3년 전에 이 대회에서 대상을 받은 학생이 었고 학교에서는 항상 일등을 놓치지 않는 수재였다. 두 남매는 과외나 학원 수강을 한 적이 없지만 교과서를 보면 머릿속으로 중요한 내용들 이 쏙쏙 들어와 주는 바람에 항상 공부가 쉽다고 말한다.

이 가족을 뒤로 하고 나오면서 나는 우리나라 교육이 어떻게 나아가 야 하는지의 청사진을 본 것 같았다. 식탁은 밥만 먹는 곳이 아니었다. 식탁은 토론을 배우는 곳이었다.

생활 속으로 뛰어든 컴퓨터 글쓰기

준수야, 오늘 학교 가는 네 모습을 우연히 보게 되었는데 너는 돌멩이를 툭 툭 차며 걸어가더구나. 친구가 말을 걸어도 대답도 안 하고. 뭐 속상한 일 있 니? 우리 아들 혹시, 숙제를 안 했나? (걱정되는 아빠가)

아빠의 추리력은 맞지 않았어요. 숙제 때문이 아니라 아바타 때문이에요. 아바타 옷이 초라해서 새 옷을 사 입히고 싶은데 돈이 떨어졌지 뭐예요? 엄 마에게 부탁해 보았지만, 끄떡도 안 하세요. 이달 말까지는 한 푼도 줄 수 없 대요. 아빠, 내가 추리해 볼까요? 아빠는 초등학교 때 숙제를 안 해 간 적이 많았지요? 후후 맞지요? 사람은 누구나 자기 경험에 의하여 다른 사람을 판 단한다는 것쯤 저도 알아요. 후후. (명탐정 셜록 준수)

　　회사원 아빠와 초등학생 아들의 이메일 대화다. 아빠는 회사에서 점 심시간에 쓴 글이고 아들은 학교에서 돌아온 오후에 쓴 답글이다. 아버 지는 회사가 끝난 다음에 퇴근하여 아이에게 물어볼 수도 있고 아이는 메일을 본 즉시 전화를 걸어 대답할 수도 있다. 그러나 이 부자는 이렇 게 이메일로 대화한다. 그런데 아들과의 이메일 대화를 시도한 아빠에게는 특별한 교육적 기대가 있었다. 글쓰기의 준비 운동이다.

이메일은 글쓰기 준비 운동

글쓰기 준비 운동은 짧은 글쓰기로 시작된다. 쪽지 편지나 이메일이 이에 해당한다. 처음부터 긴 글을 쓰도록 시키는 것은 무리이다. 무엇부터 어떻게 써야 할지, 무엇부터 시작하는 게 좋을지, 그보다 나의 생각을 어떻게 문장으로 만들지가 가장 어렵다. 머릿속이 캄캄하고 엉킨다. 이래 가지고는 글쓰기가 되지 않는다.

글쓰기 체질이 되기 위해서는 간단한 글부터 시작하는 것이 원칙이다. 한편의 글 속에 한 가지 생각만 담는 글. 이것이 쪽지 편지 혹은 이메일이다.

요즘은 이메일이 나와서 쪽지 편지 쓰기가 더욱 간편해졌다. 특히 빛의 속도로 배달되는 국제 이메일을 보면 정말 신기하다. 나의 경우도 외국에서 대학원을 다니는 아들에게 일주일에 한 번씩 이메일을 쓴다. 한국에 있을 때는 한 집에 살면서 일 년 열두 달이 가도 편지 한 장 쓴 적이 없는데, 오히려 멀리 가니 이메일 때문에 모자 관계가 더 돈독해진 듯하다.

자녀에게 이메일을 보낼 때에는 언제 보낼지가 중요하다. 첫째로 칭찬할 때 보내면 좋다. 말로 하는 칭찬보다 글로 하는 칭찬은 오래 간다. 칭찬의 효력을 오래 가게 하는 방법으로 이메일을 이용하면 좋다. 둘째는 성교육과 같이 말로 하기가 거북스러운 내용을 이메일로 보내면 좋다. 자세하게 말할 수 있어 매우 효과적이다. 셋째는 꾸중하기다. 말로 할 때는 감정이 격해져서 안 해야 할 말을 하게 되는 경우가 많다. 그러나 글로 표현하면 글은 객관성과 이성적인 면 때문에 더 좋은 결과를 낳는다. 넷째, 귀가 어두운 노인들과 이야기할 때 이메일이 좋다. 특히 멀리 계신 할머니 할아버지와 이메일을 사용하면 매우 아름다운 가족 관계가 형성된다.

자녀와 이메일을 쓸 때는 규칙을 정해도 좋다. 이쪽에서 산문으로 쓰면 답장도 산문으로 하고, 시로 된 이메일을 받으면 시로 답장 쓰기 같은 식이다.

북키박사의 한마디

이메일이나 쪽지를 보내기에 좋을 때

1 | 칭찬해 주고 싶을 때 쓴다. 말로 하면 금방 사라지지만 글로 써 보내면 보통 버리지 않고 보관해 둔다.

2 | 야단 치고 싶을 때 쓴다. 말로 하면 감정적이 되기 쉽지만 글로 쓰면 이성적인 태도를 유지할 수 있다.

3 | 거북한 이야기를 하고 싶을 때 쓴다. 특히 성교육은 말보다는 쪽지나 이메일이 더 자연스럽다.

4 | 반드시 답장이 오도록 쓴다. 답을 요구하는 질문을 넣으면 된다.

5 | 귀가 어두운 할머니, 할아버지와 이야기할 때 쪽지 편지를 쓴다.

" 엄마, 나는 형이 못 되어서 억울해요."
막내 아이의 하소연이다.
"엄마는 왜 형과 동생 편만 들어요? 왜 나만 참으라고 해요?"
둘째의 불평이다.
"엄마가 동생들 편만 들어주니까 내 말을 안 들어요."
큰애의 말이다.

삼형제를 키우는 집에서는 흔히 들을 수 있는 대화이다. 정신분석학자들은 형제끼리 싸우는 이유는 자신이 독차지해야 할 엄마의 사랑을 나누어 갖는 데 대한 불만의 표출이라고 한다.

형제간의 갈등이나 라이벌 의식은 나쁘다고만 할 수 없다. 적당한 갈등은 발전과 성취를 위한 의욕으로 승화될 수 있기 때문이다. 형제 없이 자란 아이가 의욕 면에서 덜 강하다는 연구들이 나오는 걸 보면 형제란 싸우면서 크는가 보다. 이런 갈등을 어떻게 글쓰기 교육에 이용하면 좋을까? 어느 날 친구로부터 그 열쇠를 얻었다.

그 부부는 상대방에게 불만이 생기면 글을 쓴다. 처음에는 부인이 이 방법을 제안했는데 남편이 협조를 안 했다. 그래서 그들의 싸움은 이상한 양상을 띠었다. 남편은 소리 지르고 부인은 글로 써서 주고. 손바닥도 마주쳐야 소리가 나는 법인데 부인이 안 받아 주니까 싸움은 속도가 나지 않았다. 그래서 결국은 남편이 손을 들고 서로 글로 써서 싸우게 되었다고 한다.

아들만 셋을 키우고 있는 나는 형제들끼리 싸우는 것을 보면 속이 끓어오르곤 했다. 혹시 이 아이들이 앞으로 우애가 없는 것은 아닐까? 이런 생각을 하면 덜컥 겁이 나기도 했다. 그래서 형제끼리 티격태격 싸울 때 평화롭게 해결할 수 있는 방법을 찾으려 책도 보고 묘안을 짜기에 바빴다. 그 즈음에 친구로부터 그 부부의 이야기를 듣게 되었다. 이 이야기를 듣고 나는 아이들 싸움에 적용해 보기로 했다.

네가 옳다는 이유를 써 오렴

아이들이 싸우게 되면 우선 한 아이가 엄마에게 와서 억울하다고 호소한다. 또 한 아이도 호소한다. 그러면 엄마는 두 아이에게 네가 억울한 것이 무엇이고 상대방에게 요구할 것이 무엇인지 조목조목 써 오라고 한다. 그러면 아이들은 엄마의 판단에 유리한 입지를 점거하기 위하여 머리를 짜내어 자신의 심정을 쓰기 시작한다. 머릿속을 뒤져 자기주장을 쓴다. 좀 더 나은 단어를 배열하여 더욱 호소력 있는 문장으로 엄마의 마음을 사로잡기 위하여 고치고 또 고친다. 백일장에 나가서 쓸 때보다도 더 집중하여 쓰는 것 같았다. 그런데 만약에 이때 쓰지 않는 아이가 있으면 자연스레 지는 것이다.

아이들은 이기려고 열심히 쓴다. 어떤 날은 각자 자기 방에서 두 시간 이상을 몰입하여 쓰는 것을 보았다. 특히 둘째 아이의 경우는 집중력이 없어서 늘 걱정했는데 이 싸우는 글쓰기를 시작하고부터 집중력이 생겼다. 그런 모습을 보며 나는 자주 회심의 미소를 지었다. 아이들은 일단 두 시간 이상 글쓰기 공부를 하고 있는 중이니까. 그리고 편지를 쓰다 보면 아마도 분이 풀렸는지 더 이상 싸우지도 않았다.

거짓말로 쓴 글
그래도 상상력은 자란다

초등학교 2학년 딸이 거짓말을 너무 잘합니다. 착하고 공부도 잘하고 성격도 좋은 아이입니다. 단 한 가지 거짓말 때문에 걱정입니다. 그래서 아빠와 정신과 치료를 받아 볼까 상의 중입니다. 이런 생각만 해도 눈물이 앞을 가립니다. 참고로 우리 아이가 하는 거짓말 종류를 말씀드리면 '우리 할머니는 공주마마였단다.', '우리 엄마는 처녀 때 KBS 탤런트였어.', '우리 아빠는 원래는 백만장자인데, 할아버지 사업이 망해서 지금 이 동네에 사는 거야.' 등등 쓸데없는 거짓말을 합니다.

또 어떤 때는 '학교에서 오다가 갑자기 요정이 나타나 요술 반지를 주었는데, 자고 나니까 그게 풀꽃 반지가 되었더라.' 는 거짓 일기도 써 놓곤 합니다.

(부산 동래구 ○○초등학교 수연이 엄마)

강연회가 끝나고 돌아오는 길에 쪽지 편지로 받은 상담 내용이다. 편지를 전해 주는 엄마의 얼굴이 근심으로 백지처럼 희었다.

거짓말이란 남에게 해를 끼치기 위한 새빨간 거짓말이라고 불리는 악의의 거짓말이 있고, 남을 위로하기 위해서 하는 하얀 거짓말이라고 불리는 선의의 거짓말이 있다. 그리고 피해를 볼 상대도, 이익을 볼 상대도 없는 순전히 취미로 꾸미는 작화(作話, confabulation)가 있다. 수연이의 경우는 작화로 보인다.

수연이의 작화는 이 두 가지로 구분된다. 가족에 대한 작화와 일기에 사용된 작화로 그 성질이 다르다. 엄격하게 말하면 일기에 쓴 작화는 거짓말이 아니다. 단지 공상의 산물일 뿐이다. 이런 공상의 산물은 창작의 전초 작업이다. 이렇게 볼 때 수연이의 거짓말은 심각한 상태가 아니라 오히려 넘치는 상상력의 결과로 보인다.

거짓말에서 상상력으로

아이들도 거짓말의 양면성을 알고 있다. 그래서 언제 거짓말을 하고, 언제 하지 말아야 하는지를 조절하기가 쉽지 않아 고심한다. 예를 들면 해와 달이 된 오누이에서는 오빠는 거짓말을 해서 살아나는데, 동생이 정직하게 나무를 찍고 올라오는 방법을 가르쳐 주어서 위험을 초래하게 된다.

동화에서는 거짓말을 한 오빠가 더 훌륭하다. 그러나 실제의 잣대로 보면 정직하게 말한 동생이 더 훌륭해야 한다. 이런 갈등이 어린아이들을 괴롭히게 된다. 토끼와 거북에서는 토끼가 거짓말을 해서 목숨을 구한다. 거짓말이 무조건 나쁘다고 말한다면 그것은 진실이 아니다.

'거짓말의 심리학'에서는 거짓말을 세 가지로 나눈다. 말로 한 거짓말, 생각으로만 한 거짓말, 글로 쓴 거짓말이다.

사람은 말로 한 거짓말에 대해서는 책임감을 덜 느끼는 반면에 글로 쓴 거짓말에 대해서는 책임감을 더 강하게 느낀다고 한다. 말로 한 거짓말을 책임지기 위하여 들이는 노력이 20% 정도라면 글로 쓴 거짓말을 책임지기 위해서는 80%의 노력을 쏟는다고 한다. 그래서 거짓말을 잘하는 아이들에게 그것을 글로 쓰도록 하면 거짓말의 습관과 횟수를 줄일 수 있게 된다고 한다.

어린이의 거짓말은 상상력의 소산이고, 이 상상력의 소산을 글로 마음껏 쓰게 하면 글쓰기의 자유로움과 글쓰기의 재미를 동시에 주게 된다. 그리고 덤으로 창의력까지 기르게 된다.

북키박사의 한마디

《지각대장 존》이라는 그림동화가 있다. 또다시 지각한 존에게 선생님은 왜 늦었다고 묻는다. 그러자 존은 "학교에 오는 길에 하수구에서 악어가 나왔어요. 그런데 갑자기 제 가방을 물고 늘어져서, 가방대신 장갑을 던져 주고 오는 길이에요." 라고 대답했다. 지각대장 존의 변명에 익숙했던 선생님은 '다시는 거짓말을 하지 않겠다' 는 반성문을 300번 쓰라고 한다. 이것은 글쓰기를 두렵고, 지겹게 만드는 방법이다. 어떠한 경우라도 글쓰기를 체벌로 사용하는 것은 바람직하지 않다.

부모가 길러 주는 자녀의 자신감

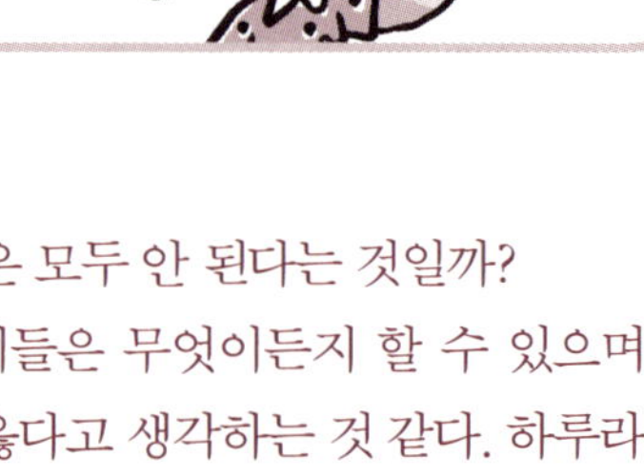

아이들은 억울하다. 왜 멋지고 재미있는 일은 모두 안 된다는 것일까? 어른들은 자기들이 하는 말은 다 맞고 자기들은 무엇이든지 할 수 있으며 모든 것을 다 알고 있고, 자기들 생각은 늘 옳다고 생각하는 것 같다. 하루라도 어른하고 바꾸어 살아 보았으면 좋겠다. 어른들이 하루라도 아이로 살아 본다면 아이로 사는 것이 어떤지 알 것이다. 그러면 세상에는 착한 어른들이 많게 될 것이다.

초등학교 5학년 어린이가 쓴 일기의 한 토막이다. 이 글을 읽노라면 어렸을 때 내 일기장을 보는 것 같아 픽 웃음이 나온다. 예전의 아이나 지금의 아이나 불평의 내용은 같다. 자기 역할보다 어른의 역할이 유리해 보인다는 점이다.

이런 일기를 보고 '그렇구나' 하고 픽 웃어 버리고 끝난다면 매우 평범한 부모이다. 역할을 바꾸어 보자고 의견을 제시해 보면 매우 의미 있는 일이 된다. 자녀에게 무언가를 가르쳐야 한다는 강박 관념에서 벗어나 거꾸로 자녀에게 가르침을 받는 부모가 돼 본 예를 들어 본다.

우리 부부는 세 아이들이 유치원이나 초등학교에 다닐 때부터 아이들한테 배운 것을 엄마 아빠에게 가르쳐 달라고 자주 요청했다. 그러면 아이들은 신이 나서 수업을 진행하곤 했다. 우리 또한 아이의 수업을 열심히 듣고 적극적으로 반응했다. 아이가 수업을 마치면 우리는 꼭 '잘 가르쳐 주어서 고맙다.'는 인사와 칭찬을 빼놓지 않았다. 가끔 고마움의 표시로 용돈을 주기도 했다.

아이들이 가르치는 재미에 푹 빠져 들었을 때부터 나는 수업 중간에 도전적인 질문을 한두 차례 던지기 시작했다. 아이들의 강의 수준을 높여 주기 위해서였다. 아이 입장에서는 대부분 설명하기 어렵거나 미처 생각지 못했던 질문들이었다.

"성조기의 별이 얼마 전까지는 50개였는데, 어째서 갑자기 51개로 바뀌었지?"

그러면 갑자기 말문이 막힌 아이는 내일까지 알아서 가르쳐 주겠다며 수업을 끝마쳤다. 그리고 다음날 학교에 가서 선생님께 질문하여 완벽하게 안 다음에야 집으로 돌아와 우리에게 답해 주곤 했다.

(김경섭, 《자녀교육의 원칙》 21세기북스)

역할 바꾸기로 문제 해결 능력을

학교에서 배운 것을 부모에게 가르쳐 달라고 하면 아이들에게는 자연스럽게 논리력과 발표력, 표현력이 길러지고 스스로에 대해 자부심을 느끼고 복습하는 효과도 있다. 학원에 가서 배우는 것보다 얼마나 확실할 것인가! "남을 가르쳐 보지 않은 사람은 그 지식을 완전히 안다고 할 수 없다."는 말을 증명하는 사례이다.

그런데 이런 가르치기의 역할 바꿔 보기는 글쓰기에 매우 좋은 기회를 제공해 준다. 위와 같이 가르치기의 역할 바꿔 보기를 하려면 교안이 있어야 한다. 완벽한 교안은 아니지만 수업의 인사는 어떻게 하고 도입은 어떻게 하고, 강의의 핵심은 무엇이고, 끝마무리는 어떻게 할 것인지의 계획을 세워야 한다. 그것을 공책에 적는다면 개요 짜기가 된다. 그리고 수업 후에 자신의 생각을 적는다면 일기가 된다.

북키박사의 한마디

아이의 적응력은 어른의 5배!

부모라면 누구나 '자신의 아이가 잘 할 수 있을까' 걱정을 하게 되지요. 하지만 우리의 아이들은 놀라울 정도로 훌륭하게 문제를 해결합니다. 그것은 아이들의 세포가 어른들 보다 5배나 더 많은 연결 고리를 가지고 있기 때문인데요. 그래서 아이들은 어른들 보다 5배 정도 강한 적응 능력을 가지고 있습니다. 아이들은 믿는 만큼 성장한다는 사실 잊지 마세요.

누구에게나 이야기가 있다

저녁이 되면 할아버지는 평상에 앉아 하모니카를 부신다. 구슬픈 곡에서 신나는 노래까지.
"내가 왜 밤이 되면 하모니카를 부는지 너 아니?"
할아버지가 손녀에게 말한다.
"내가 하모니카를 부는 건 귀뚜라미를 위로하기 위해서란다. 낮에 우리에게 좋은 음악을 들려주니까 그 보답을 하고 있는 거지. 저 곤충들도 음악을 아주 좋아한단다."

헬렌 그리프스가 지은 《할아버지의 하모니카》의 한 장면이다. 도시에 사는 손녀가 고향에서 혼자 집을 지키며 살고 있는 할아버지를 찾아가 여름 방학을 지내는 이야기를 쓴 아름다운 동화이다.
시골에는 이런 아름다움이 있다. 시골 할머니 집에 가서 옥수수나 실컷 먹고 온다면 의미가 없다. 끝없는 자연 풍경이 펼쳐져 있고, 자연이

내는 소리가 들리고, 밤에 굵은 별이 보이고, 귀뚜라미 소리가 있고, 반딧불이 있는 자연을 볼 수 있는 곳이 시골이다.

할아버지, 할머니의 어렸을 적 이야기도 들어 보고, 우리 엄마, 아빠의 추억도 들어 본다면 얼마나 좋아하실까? 나의 어머니의 경우, 팔순이 넘으면서부터는 당신의 어린 시절 이야기를 하실 때 귀찮아하지 않고 들어 주는 사람을 제일 좋아하신다. 그래서 노인에 대한 효도는 맛있는 음식이나 용돈보다 그 분의 이야기를 들어 주는 것이라고 생각한다.

손자, 손녀가 할아버지 앞에 앉아서 할아버지의 이야기를 듣는다면 할아버지는 황홀할 것이다. 손자가 쓴 할아버지 이야기를 읽는 할아버지, 할머니는 더욱 행복할 것이다.

저, 귀뚜라미가 어떻게 노래하는지 들어 보렴?
저 반딧불이 내는 빛은 어떤 색이라고 표현하면 좋을까?
옥수수 밭에 바람이 지날 때는 어떤 소리가 나니?
아침에 닭들이 우는 소리를 그대로 적어 보렴.
어떤 새가 가장 먼저 울까, 살펴보렴.

엄마 아빠가 좋은 글쓰기 선생님이라면 이런 기회를 놓치지 않을 것이다. 자연의 소리나 모양들을 가지고 글을 쓰게 해보라. 동시도 좋고 수필도 좋다. 그리고 엄마, 아빠도 한 편 쓴다. 얼마나 멋진 시골 여행인가?

혹시 부모님들이 어렸을 때 썼던 글짓기 공책이 그때까지 할아버지 댁에 보관되어 있다면, 매우 강력한 글쓰기의 동기 부여가 일어난다. 아이들은 나중에 자신의 아이들에게 제가 지은 글을 보이기 위해 얼마나 열심히 쓸 것인가?

북키박사의 한마디

아이들의 글을 버리지 마세요

- 어버이날에 받는 편지를 모아 놓으세요.
- 아이들의 일기장을 다 모아 두세요.
- 독후감도 버리지 마세요.
- 좋은 점수의 시험지, 나쁜 점수의 시험지도 모아 두세요.
- 나중에 아이의 보물이 됩니다.
- 더 중요한 것은 버리지 않는 엄마의 아이들은 글쓰기를 함부로 하지 않는다는 사실입니다.

관찰력과 감지력이 쑥쑥 자란다

나팔 꽃씨를 화분에 심었다. 화분에 흙을 곱게 고른 다음에 손가락으로 구멍을 파고 나팔꽃 씨를 5개 심었다. 흙을 꼭꼭 덮고 물을 주었다. 정말 싹을 틔울까? 마당에 화분을 놓고 방으로 들어오는데 가슴이 찡해서 자꾸만 돌아보았다. 이제 며칠 후에 싹이 나고 잎도 나겠지. 그리고 알록달록 나팔꽃이 피어나겠지. 벌써 줄을 타고 창문으로 기어오르는 나팔꽃이 보이는 것 같다. 물은 아침에 주는 것이 좋다고 한다. (충주시 삼원초등학교 3학년 정진경)

이 아이의 관찰 일기장 마지막에는 나팔꽃이 누렇게 말라 버석거리는 모습이 기록되어 있다. 이렇게 태어나서 죽기까지 자신의 일생을 몽땅 보여 주는 것은 식물밖에 없다. 식물 기르기는 이 아이에게 생명의 신비함과 아울러 삶의 허무함까지 가르쳐 주는 특별한 체험을 제공할 것이다.

사람은 누구나 눈으로 보고, 귀로 듣고, 코로 냄새를 맡는다. 그런 감각 기관을 통하여 사물을 감지하고 판단한다. 먹음직한 사과를 보면 침을 꿀꺽 삼키고, 라일락 향기가 풍겨 오면 코를 벌름거린다. 이러한 능력을 감지력이라고 한다.

감지된 내용은 그냥 멍하니 정지되어 있지는 않는다. 사과를 보고 침을 삼킨 사람은 주머니를 뒤져 사과를 사러 가고, 라일락 향기에 취한 사람은 향기를 더 많이 맡기 위해 꽃나무 한 그루를 사다가 집 안에 심기도 할 것이다. 이렇게 인간의 모든 행동은 감지력으로부터 시작된다.

우리의 인생은 강한 감지력을 필요로 한다. 어떠한 사건을 당했을 때나 어떠한 조건이 주어졌을 때, 감지력이 강한 사람은 많은 것을 감지하여 강한 반응을 보이고 깊은 생각을 하게 되어 의욕적이고 적극적인 사람이 된다. 반면에 감지력이 약한 사람은 감지된 사실이 빈약하여 반응도 약하고 행동도 약하다. 그래서 높은 감지력을 가진다는 것은 성공하는 인생의 첫 관문을 통과하는 것과 같다.

내가 기른 꽃을 보는 마음

꽃과 나무를 보면서 글을 쓰면 구체적인 표현력을 기를 수 있다. 꽃의 색깔, 꽃의 향기, 꽃의 모양을 쓸 수 있고, 잎의 생김새를 쓰게 된다. 이런 글쓰기는 글을 추상적으로 접근하지 않고 구체적으로 접근하는 좋은 습관을 길러 준다. 또 내가 물을 주지 않고 정성을 쏟지 않으면 당장 시들어 버리기도 하는 것을 보면서 사랑하는 마음이 생긴다. "내가 그 장미를 사랑하는 것은 내가 벌레를 잡아 주고 고깔을 씌워 준 장미이기 때문"이라고 말한 어린왕자의 마음이 되는 것이다. 꽃을 길러 보지 않은 아이들은 어린왕자의 그 말을 이해할 수 없을 것이다.

북키박사의 한마디

글쓰기는 이렇게 세상을 이해하는 데서부터 시작됩니다. 그래서 건조한 아파트에서만 자란 아이들은 이해심이 없고 자기 중심적이 되기 쉽습니다. 누구에겐가 사랑을 주어 보지 못했기 때문에 감지력에 이상이 생길 수 있기 때문입니다.

베란다에 꽃을 기르고 그 모습을 지켜 보면서 그것으로 글을 쓴다면 일거양득이 됩니다. 아무 의미 없이 나뒹구는 꽃씨 한 톨, 풀 한 포기에도 사랑의 마음을 가지고 싹을 틔우게 하는 경험은 고스란히 아이의 감성 속에 자리 잡게 됩니다. 그리고 그것을 기록으로 남기고 싶어집니다. 이 마음이 글쓰기 기초 체력을 만들어 냅니다.

마음의 눈으로 세상 보기

"엄마 쫑쫑이가 희준이를 따라갔어요."
"희준이는 며칠 전에 너에게 쫑쫑이를 준 그 아이 아니니?"
"응, 엄마. 그런데요, 오늘 희준이가 쫑쫑이를 다시 달라고 왔어요. 자기 엄마가 공부 열심히 하면 키워도 좋다고 했대요. 그래서 내가 그런 법이 어디 있느냐고 막 따지니까 희준이가 아무 말도 못하고 울면서 집으로 가는데…… 그런데 쫑쫑이가 희준이를 막 따라갔어요. 희준이 자식, 나쁜 자식!"
아이는 분해서 눈물이 그렁그렁하다. 불러도 불러도 옛 주인을 따라가는 쫑쫑이의 뒷모습을 보면서 내 아이는 얼마나 가슴이 아팠을까? 그래서 아이에게 말했다.
"석아, 너는 쫑쫑이를 일주일 키웠지만, 희준이는 세 달이나 키웠잖니? 그러니까 쫑쫑이는 법으로 치면 네 것이지만, 사랑의 무게로 치면 희준이 것이 되는 게 좋지 않을까?"
아이는 무언가 한참 생각하더니 내 목을 그러안으며 말한다.
"엄마, 알았어요."

오래전에 있었던 막내아들과 나의 대화이다. 예전의 아이들이나 요즘 아이들이나 동물 사랑하기는 마찬가지이다. 특히 동생이 없는 아이들에게는 동물 키우기가 더욱 의미 있다. 사랑을 쏟아 부어 줄 대상이 없는 아이들이 동물을 기르며 사랑하고 이별하는 법을 배울 수 있기 때문이다.

이 사건을 통하여 두 아이는 모두 좋은 경험을 했을 것이다.

옛 주인인 희준이는 강아지와의 이별과 재회를 통하여 사랑이 더욱 견고해졌을 것이고, 두번째 주인이었던 우리 아이는 사랑과 소유, 만남과 이별에 대한 특별한 배움을 얻었을 것이다. 일주일 동안이지만 우리 아이는 쫑쫑이와의 만남과 헤어짐을 글로 써서 큰 대회에서 상까지 받게 되었다.

만약에 쫑쫑이를 만났다가 헤어진 경험이 없었다면 우리 아이는 그런 좋은 글을 쓰지는 못했을 것이다. 글쓰기란 기술만으로 되는 것은 아니다. 자기 속에 들어 있는 경험에서 우러나온 이야기가 있어야 한다.

슬픔을 모르면 기쁨도 몰라

아이들이라면 누구나 동물을 좋아한다. 길을 가다가 강아지가 따라오면 한참 구경하고, 학교 앞에 병아리 파는 할머니가 오면 병아리 구경에 여념이 없다. 그리고 한 마리씩 사가지고 가지만 큰 닭이 되기까지 크기는 어렵다. 나의 아이들이나 다른 아이들이 병아리 키우는 걸 보았지만 커서 알을 낳았다는 소리는 아직 들어 본 적이 없다.

아이들이 직접 동물을 키워 본다는 것은 색다른 경험을 한다는 면에서 매우 유익하다. 동물은 하루가 다르게 변하기 때문에 크는 모습을 보며 생명의 경이감을 느끼게 된다. 또 먹이를 주고 물을 주고 보살피는 동안 아이들은 이기적인 마음을 청산하고 이타주의를 배우게 된다. 그러면서 감성의 문이 열린다.

언젠가 신문에서 '병아리 부화장에서 병든 병아리만 골라 초등학교 앞에서 파는 것'을 지탄하는 칼럼을 본 적이 있다. 그러나 나는 죽는 병아리라도 키워 본 아이가 안 키워 본 아이보다 더 풍부한 인생을 산다는 생각을 가지고 있다. 병아리가 죽는 것을 통하여 슬픔과 안타까움을 알게 된다면 얼마나 값진 경험인가?

엄마의 자선 봉사
세상 구경 제대로 했네!

서울 서대문구 홍제동 인왕초등학교 학부모 11명에게 올해는 사랑을 실천하면 결국 자신이 넉넉해진다는 평범한 진리를 깨달은 한해였다. 이들은 자녀가 다니는 학교의 저소득층 어린이들을 돕는 멘토(mentor)가 되어 자신의 자녀들과 이 아이들을 함께 데리고 토요일에 체험 학습을 다녔다. 또 매달 쌀을 제공하는가 하면 틈틈이 저녁 식사도 함께 하고 영화 감상도 같이 했다. 회원들은 이 아이들을 도우면서 무엇보다 놀란 것은 자신들의 자녀가 함께 변하는 데 놀랐다고 입을 모았다.

(이성주 기자, 『동아일보』 2005년 12월 30일자)

어떻게 변했을까? 아마도 작게는 밥 투정, 옷 투정, 용돈 투정하던 아이들이 더 이상 그런 투정을 하지 않게 되었을 것이고, 크게는 부모에 대한 존경심과 함께 자존감이 강화되었을 것이다. 물론 이 부모들은 이런 결과를 계산하고 그런 일을 하지는 않았지만 덤으로 이런 수확을 거두게 되었다.

다른 사람의 관점에서 보기

자선 활동은 다른 사람의 관점에서 나를 볼 기회를 제공해 준다. 평소에 가난한 아이들은 나와는 상관없던 아이들이다. 그러나 엄마가 자선을 하면서 같이 이야기를 하고, 같이 밥을 먹고, 같이 박물관 구경을 가다보니 나의 처지가 확실해진다. 이것이 부모의 자선 사업이 자녀들에게 선사하는 변화이다. 이런 변화는 글쓰기의 좋은 재료가 된다.

아이들에게 글쓰기를 하라면 눈을 감고 생각에 잠긴다. 저장된 자신의 기억 속에서 쓸 거리를 찾는 과정이다. 지금까지 읽은 책의 내용에서 어떤 자료가 나올 수도 있고, 경험에서 찾을 수도 있다. 그러나 학교와 학원 사이를 다람쥐 쳇바퀴 돌듯이 살아 온 아이들이 단조로운 일상 속에서 소재를 뒤적일 때, 생생한 경험을 통하여 세상을 본 아이들은 신선한 소재로 글쓰기를 시작한다.

또 하나는 상대방에 대한 느낌의 풍부함이다. '가난'이라는 단어, '부모의 부재'라는 상황에 대하여 느낀 바가 없기 때문에 대부분의 아이들에게 단어가 주는 의미는 매우 추상적이다. 그러나 그 아이들과 어울려 본 후의 아이들은 그런 단어에 대한 감각을 기르게 된다. 이런 감각의 풍부성은 사고력을 깊게 하고 글을 쓸 때 풍부한 생각들을 담게 된다.

공자의 '삼인행필유아사(三人行必有我師)'가 뜻하는 '세 사람이 함께 길을 가면 반드시 거기에 나의 선생이 있다.'는 말의 증명이다. 글쓰기 감각을 기르는 데 그 아이들이 내 아이의 선생이 되어 준 것이다.

이유를 세 가지 이상 써 가지고 오렴!

:17

선생님들은 언제나 자기들에게만 편리한 규칙을 만들어 학생들을 골탕 먹인다. 지각하면 안 된다, 똑바로 앉아라, 떠들지 마라, 장난치지 마라, 하루 종일 안된다! 안된다! 말아라! 그리고 마지막에는 한 뭉터기의 숙제를 덜컥 내준다. 교실은 감옥 같고, 선생님은 마귀 같다. 세상에 놀기만 하는 학교는 없을까? (앤터니 버커러지의 《제닝스는 꼴찌가 아니다》 중에서)

모든 어른은 아이였다. 그래서 누구나 위와 같은 경험을 가지고 있다. 규칙을 만드는 교장 선생님조차도 아마 그럴 것이다. 그러나 이상한 것은 아무도 도망가지 않고 학교를 졸업했다는 사실이다.

왜 그랬을까? 학교는 그 지겨운 공부만 하는 곳은 아니기 때문이다. 까짓 학교가 공부만 하는 곳이라면 얼마든지 도망갈 수가 있을 테지만,

학교에 가지 않는다면 장난꾸러기 친구들은 어디 가서 만나며, 그 신나는 장난은 어디서 해야 할까?

하지만 선생님들도 그 나름대로 괴로움이 있다. 왜냐하면 교실에는 장난칠 만반의 준비를 갖춘 개구장이들이 35명이나 있기 때문이다. 하루 종일 이 개구장이들에게 죽어라고 하기 싫어하는 공부를 시키려니, 선생님도 고민이 이만저만이 아닐 것이다. 그러니 선생님들게만 유리한 규칙을 만들 수밖에.

한 사람의 교사가 몇 명의 학생을 가르치는 것이 가장 적당할까? 교육 공학 분야에서 말하는 적정 인원은 20명~22명이다. 한 교실의 학생이 20명이 넘으면 선생님의 눈에 다 들어오지 않는다. 보아도 보이지 않는다.

그런데 우리 교실에는 35명의 학생들이 있다. 그러니 학교는 재미없는 곳, 공부 시간은 지루하기만 한 시간으로 느껴진다. 이러니 선생님이 서운하게도 나를 처다봐 주지 않으셨던 것이 어디 다 선생님 탓이겠는가?

이유를 써 가지고 오렴

"엄마, 나 내일부터 학교 안 가면 안 될까요?"

어느 날 갑자기 아이가 이런 말을 해 온다면 부모의 머릿속에는 여러 가지 생각들이 소용돌이 칠 것이다. '선생님한테 혼났나?', '시험을 망쳤나?', '말썽을 피웠나?', '왕따를 당하고 있는 건 아닐까?' 이런 망상에 갑자기 머리가 핑핑 돈다. 그러나 그렇게 걱정할 필요가 없다. 담담한 목소리로 아이에게 이렇게 말한다.

"그래? 왜 가기 싫은지 이유를 세 가지만 써 오렴. 엄마가 보고 정당하면 안 가도 된단다."

그렇게 말하면 아이는 아주 열심히 쓴다. 하루 종일 학교에 가지 않을 수만 있다면 글쓰기쯤이야 얼마든지 참을 수 있다고 생각하면서. 그러나 대다수의 아이들이 자기가 생각해도 정당해 보이는 이유 세 가지를 쓰기는 쉽지 않다. 그래서 썼다 지웠다, 썼다 지웠다 하다가 그만 포기하고 만다. 다만 엄마가 노린 것은 아이가 머리를 짜내어 이유를 세 가지 생각해 보는 그 시간이다.

'이유를 글로 쓰기'는 다른 방법에 사용해도 사고력을 높일 수 있다. 핸드폰 사달라고 할 때, 비싼 물건을 사달라고 할 때, 가족 여행에 불참하겠다고 할 때에 쓰면 좋다. 그러면 아이들은 신이 나서 이유를 찾지만, 정당한 이유를 찾지 못해서 제풀에 물러나고 만다. 이렇게 뭉뚱그려진 하나의 현상을 분석하다 보면 저절로 분석적 사고력이 향상된다.

비교·대조 능력이 자란다

"엄마 어디 가세요?"
"시장 가. 맛있는 거 많이 사올 테니 집에서 공부하고 있어."
"싫어, 나도 따라갈래요".
"집에 있으라니까."
그러나 아이는 얼른 신발을 신고 따라 나온다.
엄마는 할 수 없이 아이의 손을 잡고 시장에 간다. 아이는 앞서거니 뒤서거니 조잘대며 걸어간다.

이런 경험은 누구에게나 있다. 엄마들도 클 때는 이런 아이였고, 지금은 이런 엄마일 것이다. 왜 엄마들은 한사코 아이를 떼어 놓고 가려고 하고, 아이들은 한사코 따라가려고 하는 것일까?

아이들은 선천적으로 3~4세가 지나면 넓은 세상을 구경하고 싶어 하는데, 이런 심리를 충족시켜 주는 곳이 시장이다. 재래시장, 백화점,

대형 할인점 모두 아이들의 호기심을 유발하는 곳이다. 아이들은 시장에 가서 가정이나 학교와는 다른 세상을 배운다.

부모가 이런 시장을 데리고 다니다 보면 아이들의 어휘력이 향상되는 것을 직감하게 된다. 특히 교과서에는 나오지 않는 생생한 경제 용어들을 사용하는 것을 보게 된다. 또 비교와 대조 능력도 눈에 뜨게 향상되고, 판단력도 탄탄해진다. 그래서 시장은 글쓰기 기초 능력을 길러 주기에 딱 맞는 교실이다.

세 가지 시장 다니기

재래시장은 경제 용어와 비교 능력을 길러 준다. 재래시장에 가면 '외상', '마수거리', '본전', '현찰 거래', '밑지다', '바가지 쓰다' 등등 다양한 경제 용어들을 듣게 된다. 또 고등어 한 손, 북어 한 쾌, 김 한 톳, 배 한 접 등등 단위를 나타내는 용어들도 들을 수 있다. 이런 단어들은 특히 글쓰기에서 생생한 현장감을 준다.

또, 손님이 많은 가게와 손님이 없는 가게를 보게 되는데, 아이들은 주인의 표정, 물건의 진열 방식, 가게의 위치 등을 통하여 그 원인을 분석하기도 한다. 재래시장이 아니면 배울 수 없는 것들이다.

백화점은 아이들에게 비교 능력과 비판 능력을 길러 준다. 왜 '엘리베이터 걸'은 그렇게 인사를 잘하는 것일까? 백화점에는 왜 창문이 없는 것일까? 시계는 왜 걸어 놓지 않는 것일까? 할인 행사는 왜 일 년 열두 달 하는 것일까? 또 백화점의 물건 값과 재래시장의 물건 값을 비교해 보기도 할 것이다. 그리고 백화점 물건 값이 비싼 이유를 스스로 알아내게 된다.

　대형 할인점에 가면 아이들은 또 다른 물건 진열 방식을 보며 생각하게 된다. 왜 물건을 낱개로 팔지 않고 묶어서 팔까? 그렇게 사는 것은 고객에게 어떤 이익과 손해를 줄까? 대형 할인점의 물건 값이 싼 이유는 무엇일까?

　이렇게 재래시장, 백화점, 대형 할인점 등 생필품을 사는 장소들은 각각 아이들에게 생생한 삶의 현장을 경험시켜 글쓰기의 동인을 높여 준다. 이런 경험들이 일기 속으로 들어간다면 아이들은 일기 쓰기가 한결 쉽고 재미있을 것이다.

판단력은 문제 해결의 열쇠

(A) 톰의 엄마가 시장에서 유리컵 10개를 사온 후에 톰에게 새로 사온 컵을 정리하는 동안에 부엌에 들어오지 말라고 했다. 그리고 잠깐 자리를 비운 동안 톰이 부엌에 들어와 컵을 1개 깼다.

(B) 헬렌의 엄마는 시장에서 유리컵 10개를 사 가지고 와서 부엌문 뒤에 두었다. 그런데 헬렌이 모르고 문을 벌컥 열어서 컵 10개가 모두 깨졌다.

이때 톰과 헬렌은 누가 더 야단을 맞게 될까?

하버드대학 교수 콜버그가 '어린이 도덕성 연구'를 위하여 한 실험 중의 한 장면이다. 위의 상황을 주었을 때 미국의 어린이들 중 나이가 어릴수록 헬렌이 컵 열 개를 깼으니까 야단을 많이 맞을 거라고 응답했고, 초등학교 3학년 이상 아이들은 톰이 잘못을 했으니까 야단을 더 많이 맞을 거라고 응답했다.

한국 어린이들에게도 똑같은 실험을 해보았다. 그 결과 한국의 어린이들은 모두가 열 개를 깬 헬렌이 야단을 더 많이 맞을 것이라고 응답했다. 이 실험이 보여 주는 것은 한국의 어린이들이 미국의 어린이보다 더 물질 중심 사고를 하고 있다는 사실이다.

도덕성은 글쓰기의 중요한 변인이 된다. 아무리 현란한 글 솜씨가 있고, 삼단 논법에 맞는 논리적 전개가 가능하다고 해도, 글의 내용이 도덕적 사고를 하지 못하고 있다면 과연 잘 쓴 글로 평가될까?

논술 고사에서는 글의 도덕성보다는 논리성을 중요하게 여기는 경향이 있기는 하지만, 도덕적 잣대는 글쓴이의 인격의 잣대이므로 소홀히 하지는 않는다. 일반적으로 좋은 글은 정당하고 아름다운 가치관을 가지고 있다는 점에서 도덕적 딜레마를 주고 거기서 판단해 보는 활동은 매우 유익한 활동이다.

도덕성은 문제 해결의 열쇠

생활 속에서 어린이의 도덕성을 길러 주는 방법에는 다음과 같은 일들이 있다.

첫째, 영화를 함께 보고 이야기를 나눈다. 어떤 영화라도 좋다. 거의 모든 영화 속에는 선과 악에 대한 딜레마가 들어 있다. 영화는 그런 것들을 제시하고 해결해 나가는 과정을 다루고 있다. 〈모래시계〉 〈쉬리〉 〈죽은 시인의 사회〉 〈실미도〉 〈쉰들러 리스트〉 〈라이언 일병 구하기〉 어느 것 하나 도덕적 딜레마가 없는 내용이 없다.

둘째, 신문과 뉴스를 보면서 도덕적 딜레마를 찾아내어 생각해 보게 한다. 예를 들면 우리나라 농민들이 홍콩에 가서 시위 하는 뉴스, 정신대 할머니들의 뉴스, 고이즈미 일본 수상의 야스쿠니 신사 참배 뉴스를 보면서 무엇이 옳고 무엇이 그른지를 판단해 보게 한다. 이때 왜 옳고 그른지의 이유를 댈 수 있어야 한다.

셋째, 우리 이웃에서 일어나는 일들 중에 잘잘못을 찾아보게 한다. 예를 들면 부자로 사는 아들이 있는 독거노인이 자살해 죽은 사건, 재산 놓고 싸움을 벌이는 형제들, 사업에 실패했다고 죽는 사업가들, 재산을 외국으로 빼돌리는 사람들, 병역 기피를 위해 외국 국적을 갖는 사람들, 시민권을 위해 원정 출산을 하는 산모들. 이런 일들을 놓고 판단해보는 연습은 도덕적 성숙을 도와준다.

호라티우스가 그의 《시론》에서 "현명해지는 것이 좋은 글을 쓰는 유일한 방법이다. 그러나 좋은 글을 썼다고 현명해지는 것은 아니다."라고 한 말처럼 글에는 그것을 쓴 사람의 전 인격이 나타난다.

우리 집의 글쓰기 환경은?

우리 집에서 실천하고 있는 것에 체크해 보세요.

- ☐ TV를 보면서 아이와 이야기하지 않는다.
- ☐ 광고에 나온 것 위주로 물건을 산다.
- ☐ 뉴스에 나온 것은 다 사실이라고 믿는다.
- ☐ 아직도 가족 홈페이지가 없다.
- ☐ 아이들과 이메일을 주고받지 않는다.
- ☐ 일기 외에는 집에서 글을 쓰지 않는다.
- ☐ 토론은 학교나 학원에서만 한다.
- ☐ 아이가 식물이나 동물을 기르지 않는다.
- ☐ 아이들과 시골 여행을 하지 않는다.
- ☐ 아이와 시장이나 백화점에 다니지 않는다
- ☐ 거짓말로 글을 쓰면 혼을 낸다.
- ☐ 싸우거나 말썽을 피우면 야단을 친다.

- ✓ 표한 것이 10개 이상 : 글쓰기 환경이 매우 황폐합니다. 좀 더 관심을 가져 주세요.
- ✓ 표한 것이 8 ~ 9개 : 글쓰기 환경이 아직 황폐합니다. 더 가꿔 보세요.
- ✓ 표한 것이 6 ~ 7개 : 글쓰기 환경이 조성되었습니다. 그러나 안심은 금물!
- ✓ 표한 것이 4 ~ 5개 : 글쓰기 환경이 조성되었습니다. 더 좋은 환경을 만들어 주세요.
- ✓ 표한 것이 3개 이하 : 글쓰기 환경이 기름진 상태입니다. 글쓰기 왕의 탄생이 기대됩니다.

책 속에서 캐내는
글쓰기 사고력

독서는 입력이고 글쓰기는 출력이지만, 독서로 인해 입력되었다고 무조건 글쓰기에 도움이 되지는 않는다. 줄거리만 입력된 독서였다면 글쓰기에는 별 도움이 되지 않는다. 책의 줄거리가 다소 필요한 글은 독서 감상문뿐이다. 독서 감상문도 모두 줄거리로 채운다면 잘 쓴 글로 평가받지 못한다. 일반적으로 독서량이 많은 사람은 글을 잘 쓴다. 그러나 독서량과 글쓰기 능력이 성비례하는 것은 아니다.

하루에 열 권씩 책을 읽는 다독의 어린이들은 글쓰기를 즐거워할까? 한국독서교육개발원의 연구 결과로 볼 때 다독의 어린이들 중 70% 이상이 글쓰기를 두려워한다. 이유는 빨리 읽기로 줄거리 파악에 치중했기 때문에 사고력을 기를 기회가 없었기 때문이다. 너무 많은 독서와 너무 빨리 읽는 독서는 내용이 두뇌에 각인되기 전에 사라지고 만다. 흡사 너무 많이, 너무 빨리 먹는 음식이 소화되지 못하고 설사를 일으키는 것처럼.

책 읽기는 독해 과정과 사고 과정으로 이루어진다. 그리고 글쓰기는 사고 과정과 표현 과정으로 이루어진다. 아무리 책을 많이 읽어도 독해 과정에서 그치고 사고 수준을 거치지 못한 책 읽기는 끝내 글쓰기에 이르지 못한다. 표현이란 사고 과정에서 생겨난 여러 가지 생각이 밖으로 표출되는 과정이기 때문이다.

글쓰기 능력은 유전되지 않는다

일반적으로 과학자의 자녀는 과학을 잘하고, 음악가의 자녀는 음악을 잘하고, 수학자의 자녀는 수학을 잘하고, 국어학자의 자녀는 국어 성적이 높다. 오랫동안 그런 경향을 소질이니, 유전이니 하는 말로 설명해 왔다. 그러나 성악처럼 타고난 음성을 가져야 하는 분야나 스포츠처럼 강인한 체력을 요구하는 경우를 빼고는 특별한 능력은 후천적이라는 것이 현대 학문이 밝혀 낸 결과이다.

일반적으로 부모의 전공이나 직업은 가정의 분위기를 조성한다. 그래서 아이들은 자연스럽게 부모의 전공이나 직업에 관한 정보나 지식을 다른 아이들보다 일찍 접하게 된다. 이런 성장 배경으로 인하여 아이들은 일찍부터 부모가 관여하고 있는 분야의 스키마가 발달하게 되고, 따라서 이해도 빠르게 된다. 즉 부모의 전공 분야 스키마를 기르는 데 다른 아이들보다 스타트 라인이 앞서게 된 것뿐이다.

아이들의 매니저는 부모이다. '훌륭한 글쓰기 매니저'가 되기 위해서는 부모가 실력을 기를 필요가 있다. 실력 없는 매니저는 실력 없는 선수를 길러 낼 뿐이다. 이 단원에서는 글쓰기에 필요한 각종 사고력을 책 속에서 캐내는 방법을 소개하기로 한다.

그림책을 보며
창의력과 이야기 구성 능력을 기른다

도서관이나 서점에 가면 아이들과 어머니가 그림책을 훌훌 넘기며 글만 읽으며 지나가는 장면을 보게 된다. 2005년 8월 어느 무덥던 여름 날, 교보문고 어린이 책 코너에서 만난 젊은 어머니는 일곱 살쯤 된 딸에게 그림책 7~8권을 30분 동안에 다 읽어 주는 것을 보았다. 아이는 '응, 응' 하며 고개를 끄덕이고, 어머니는 열심히 읽어 주고 있었다. 아마도 어머니는 친구들에게 말할 것이다.

"교보문고에 가서 그림책 일곱 권을 다 읽었어."

우리나라 어린이들은 그림책을 빨리 읽는다. 한국독서교육개발원 조사에 의하면 부모와 아이들이 함께 그림책을 볼 때 걸리는 시간은 11분, 아이들 혼자서 그림책을 볼 때 걸리는 시간은 평균 9분이다. 물론 이런 읽기 방법은 그림책을 읽는 바른 방법이 아니다. 그림책은 스토리를 읽는 책이 아니라 그림 속에서 이야기를 찾아내어 이야기로 만들어 보는 책이다. 그림책에는 세 가지 형태가 있다. 전래 동화처럼 탄탄한 이야기에 그림을 곁들인 '이야기 그림책', 그림에 약간의 문장을 곁들인 '그림책', 그리고 언어의 힘을 빌리지 않고 그림으로만 이루어진 '글자 없는 그림책'이다. 이 세 가지 그림책은 어린 독자들이 글쓰기 능력을 기르기에 매우 좋은 책이다. 툭툭 건드리기만 해도 이야기가 우수수 쏟아질 것만 같은 그림들이 풍부하게 들어 있다.

글쓰기란 엄밀하게 말하면 언어의 형태를 띠지 않고 존재하는 어떤 현상이나 생각을 언어로 표현하는 활동이다. 어디선가 본 장면이나 현상을 문자로 표현하는 일, 언젠가 느낀 감정이나 감각을 문장으로 표현하는 일, 자신의 내부에서 일어나는 생각의 구름을 글로 표현하는 일이다. 글쓰기의 이런 기본적인 활동을 어린이들에게 그대로 연습시키는 책이 바로 그림책이다.

그림책 – 글과 그림의 화학 반응

글을 모르더라도 아이들은 4~5세만 되면 이야기를 만들기 시작한다. 문자를 읽을 줄 몰라도 그림만 보고 중얼거린다. 그런데 자세히 관찰해 보면 선적으로 단어만 나열하는 게 아니라 하나의 기승전결의 구조를 가진 이야기를 만들기도 한다. 너댓살이 되면 이미 창작 활동이 시작되는 것이다.

이런 창작 활동은 아이의 두뇌 발달을 자극하는 데 매우 효과적이다. 시각 이미지는 우뇌를 중심으로 발달하고, 이야기 만들기에 해당하는 언어 능력은 좌뇌를 중심으로 발달한다. 그래서 그림책을 읽으며 이야기를 만드는 일은 좌뇌와 우뇌를 모두 자극하는 총체적 두뇌 활동이 된다.

국민 평균 독해력이 높기로 이름난 덴마크의 경우, 8세(초등 2학년)가 되어서야 문자 글쓰기를 시작한다. 그 이전에는 그림을 이야기로 만드는 총체적 두뇌 활동으로 대신한다. 너무 일찍 문자를 가르치면 아이들이 단어 읽는 재미에 갇혀 버려서 시각 이미지가 주는 풍부한 상상력의 세계를 놓치기 때문이다. 어린이의 두뇌 성장은 흡사 기차 여행과 같아서 한번 지나간 역을 다시 돌아오기는 어렵다.

그동안 그림책에 대한 정의는 다양했다. '글과 그림의 행복한 결혼(러셀 Russel)', '문학과 미술의 결합(노들먼 Nodelman)', '진주는 그림이고 줄은 텍스트인데, 줄은 자체로는 아름다움의 대상은 아니지만, 목걸이는 줄이 없으면 존재하지 못한다.(바바라 쿠니 Barbara Cooney)'와 같은 정의들이다. 한편 정병규는 그림책의 글과 그림의 관계를 '화학 반응'이라고 표현했다. 그림책에서 글과 그림은 종속의 관계를 넘어 화학적인 새로운 의미를 형성한다는 이론이다.

'그림책은 화학 반응'이라는 정의가 우리가 시도하려는 글쓰기 교육의 원리를 가장 잘 설명해 준다. 그림책을 읽는 독자는 그 '화학 반응' 속에서 스스로 이야기를 만들어 머릿속에 담게 된다.

그림책이 창작의 기쁨을

독자가 담아 내는 이야기는 작가가 애초에 만들어 낸 이야기 그대로가 아니다. 문자로 된 문학에서는 80% 정도가 작가의 이야기에 의지하지만 그림책의 경우는 독자의 자유가 더 많이 보장된다. 아이들이 그림책을 읽는 것을 보면 20% 정도만 작가의 이야기에 의지할 뿐, 80%는 자신이 만든 이야기로 채워 나간다. 그래서 그림책을 읽을 때는 누구나 작가가 된 기쁨을 맛보게 된다. 이것이 그림책을 볼 때 우리가 느끼는 창작의 기쁨이며 즐거움이다.

그림책을 보며 이야기를 만드는 힘, 이것이 쌓이고 쌓이면 글쓰기 능력이 된다. 잘하는 것은 자꾸만 하고 싶고, 자꾸 하는 것은 잘하게 된다. 그래서 그림책을 보며 이야기 만들기를 많이 한 어린이는 글쓰기가 너무나 즐겁고 쉽다는 것을 알게 된다.

글자 없는 그림책은 문장의 도움을 조금도 받지 않고 시각적인 그림을 언어로 바꾸는 작업이다. 그래서 이야기 그림책이나 그림책을 읽을 때보다 더 활발한 '이야기 만들기 활동'이 일어난다. 고도의 창작 활동을 유도하는 '그림 없는 그림책'은 그래서 2~3세 아기들보다는 5~6세 어린이들에게 더 좋다.

그림책 보기에서 길러진 창의성과 이야기 만들기 능력은 고스란히 글쓰기 능력이 된다. 그림책을 많이 본 아이들 중에는 길을 걸어 가다가 어떤 장면을 보았을 때 머릿속에 금방 이야기가 떠오른다. 또 텔레비전 뉴스에서 본 장면들을 자연스럽고 쉽게 글로 옮기기도 한다. 이런 아이들은 일기 쓰기가 즐겁고 글쓰기가 즐거워진다. 반면에 그림책 읽기를 충분히 경험하지 못한 채, 언어로 된 책으로 올라온 아이들은 장면이나 현상을 글로 만들어 내는 데 어려움을 느끼게 되어 글쓰기를 두려워한다. 그림책 읽기 단계를 충분히 거쳐야 글쓰기의 기초를 튼튼하게 다질 수 있다.

북키박사의 한마디

그림책은 만인의 책

1 | 그림책은 유아용 도서가 아닙니다. 유아로부터 어른까지 누구에게나 즐거움을 줍니다. 그 즐거움의 이름은 '창작의 기쁨'

2 | 그림책을 충분히 경험하지 못한 채 초등학교 고학년이 된 어린이들에게도 그림책은 유효합니다. 창작의 기쁨이 글쓰기를 도와줍니다.

초등학생 자녀와 함께 글자 없는 그림책인 '여행 그림책'을 보고 온 가족이 함께 이야기를 만들어 보세요. 누가 더 재미있는 이야기를 만들었는지 서로 비교해 보면서 서로의 장점을 칭찬해 주세요. 이 이야기를 일기장에 쓰면 일기가 되고, 독후감 공책에 쓰면 독후감이 됩니다. 이 활동은 어린이에게 창작의 기쁨을 얻게 합니다. 그 기쁨은 자꾸만 쓰고 싶다는 생각을 유발합니다.

02

만화를 보며
어휘력과 창의력을 기른다

우리 한국에 만화 독서가 유행하게 된 것은 우연이 아니다. 어휘력과 상상력이 낮은 아이들이 읽기 편한 책인 만화를 찾기 때문이다. 아이들의 어휘력과 상상력이 낮은 건 그동안 우리 교육이 어휘력과 상상력이라는 독서 능력을 등한시한 결과이다.

각종 시험이 기억력을 중심으로 우열을 가리게 된 이후로, 어휘력이나 상상력과 같은 독서 능력은 뒷전으로 밀리게 되었다. 그 결과 모든 아이들이 책을 읽어도 빨리 읽어서 줄거리만을 추리게 되었다. 이런 교육 풍토에서는 줄거리 읽기가 중요한 독서 수단이 된다. 왜냐하면 줄거리만 알면 그것이 글로 되었든 만화로 되었든 동일한 결과를 주기 때문이다.

글과 만화는 줄거리를 전해 준다는 점은 다를 것이 없지만 글쓰기에는 매우 다른 영향을 미친다. 책에서는 "계백 장군은 번쩍이는 갑옷을 입고 늠름한 걸음걸이로 준마에 올라 적진을 향해 쏜살같이 달려갔다."고 여러 개의 단어로 표현되지만, 만화에서는 "씽—" 이라는 의성어 하나로 표현된다. 또 책에서는 "백제의 군사들이 분기탱천하여 황

산벌로 달려나갔다."로 표현될 때, 만화는 "와! 와!"로 처리된다. 또 책은 "계백 장군은 장렬하게 전사했다."로 장군의 최후를 기술하지만, 만화는 "윽—"이라는 의성어 하나로 처리한다.

이와 같이 문자 독서와 만화 독서가 아이들에게 제공하는 핵심은 다르다. 만화 독서를 할 때는 문자 독서를 할 때보다 어휘 학습의 기회가 줄어든다. 양적인 손실뿐 아니라 질적인 손실도 크다. '씽, 와와, 윽' 보다는 '늠름한 걸음, 준마, 분기탱천, 장렬한 전사' 등이 더 고급 어휘이며 독서, 글쓰기, 학교 공부에 더 필요한 도구가 된다.

상상력의 경우도 그렇다. 그리스 신화를 읽을 때 "아프로디테는 야릇한 미소를 지었습니다."라는 기술에서 아이들은 야릇한 미소를 상상하고, 스스로 지어 보기도 한다. 그러나 만화에는 야릇한 미소를 짓는 여인의 그림이 제시되기 때문에 만화를 읽을 때 아이들은 야릇한 미소를 별도로 상상할 필요가 없어진다.

그림을 보고 내용을 이해하는 데 도움을 받을 뿐, 상상의 과정은 일어나지 않는다. 만화 독서가 장기적으로 진행될 경우에는 상상할 기회가 축소된다. 따라서 상상력 향상에 문제가 발생하고 끊임없이 상상하며 읽어야 하는 문자 책 독서가 어려워진다. 즉 그림의 도움 없이는 독서가 불가능한 저급 독자로 전락하고 만다.

만화를 요리하자

우리 사회에 출판되는 만화에는 4가지가 있다. 명작이나 위인전처럼 원래의 줄거리를 만화로 만든 '재구성 만화책', 처음부터 만화로 만든 '창작 만화책', 딱딱한 학습 내용을 쉽게 배우게 하려는 '학습 만화책', 한 컷의 그림 속에 많은 이야기를 담고 있는 그림으로 '카툰이나 만평'이다.

이 네 가지를 합쳐 연간 8000종 이상의 만화책이 출간되고 있다. 이는 각종 분야의 책을 총 망라한 한국 출판 시장에서 20% 정도를 점하는 수준이며 단일 장르로는 단연 1위를 차지하고 있다. 이렇게 급속도로 팽창하는 만화 출판은 어린이 독서의 대세로 자리 잡아가고 있다. 이제 만화 독서를 피해 가기는 어렵게 되었다. 그래서 지금 만화가 독서 교육과 글쓰기 교육의 뜨거운 감자라고 걱정하는 목소리가 높다.

그러나 방법은 있다. 단점을 장점으로 만드는 방법이다. 만화의 교육적 단점은 위에서 따져 봤듯이 어휘력과 상상력을 길러 줄 기회를 박탈한다는 것이다. 그 단점을 장점으로 만들 수 있다.

만화에 보면 '씽, 휙, 으윽, 쓱싹, 후루룩, 쿵쿵, 저벅저벅' 등의 의성어가 많이 나온다. 이런 장면을 보고 그냥 넘어가게 하지 말고 그 장면을 자세하고 생생하게 이야기로 만들어 보게 한 뒤에 그 이야기를 다시 글로 써 보게 하는 방법이다. 처음부터 자료를 모으고 구상하여 쓰는 글쓰기보다 이처럼 만화 줄거리에 의지하여 쓰는 글쓰기는 한결 쉽다. 실제로 시켜 보면 아이들은 '식은 죽 먹기'라고 말한다.

이런 활동을 통하여 어린이들은 글쓰기가 쉽고 재미있는 활동이라고 느끼게 되면서 한편의 이야기를 만들었다는 기쁨과 만나게 된다. 이것이 창작의 기쁨이다. 창작의 기쁨을 맛본 아이는 더 이상 글쓰기가 두렵지 않다. 즐거운 것은 자꾸 하게 되고, 자꾸 하는 것은 잘하게 된다.

북키박사의 한마디

그림책의 그림 속에는 이야기가 들어 있습니다. 그래서 그림 한 컷을 보고도 많은 이야기를 만들 수 있답니다. 그러나 만화의 그림 한 컷 속에는 행동이 들어 있어요. 그래서 만화 한 컷을 볼 때는 정보를 얻을 수는 있지만 사고력 향상에 도움이 안 됩니다.

'만화 독서 사례 연구'를 보면 그림책 시대를 충분히 경험하지 못하고 문자 시대에 돌입한 어린이일수록 만화에 빠질 가능성이 높은 것으로 나타납니다. 이는 그림책에 대한 퇴행의 즐거움 때문인데, 어린이뿐 아니라 어른의 경우에도 만화를 보며 퇴행하는 즐거움을 만끽하는 사람들이 점점 늘고 있다고 합니다.

동요·동시를 읽으며
운율과 창의성을 배운다

가자가자 감나무 오자오자 옻나무
바람 솔솔 소나무 방귀 뽕뽕 뽕나무

우리나라 전래 동요인 '나무노래'의 일부이다. 이 동요를 들려주면 3~4세 아기들도 금방 따라한다. 이 동요를 외우게 되면 '감나무', '옻나무', '소나무', '뽕나무' 라는 어휘를 자연스레 학습하게 되고 반복되는 말에서 리듬을 익힌다. 특히 반복어가 많은 동요는 독자의 말과 감성에 리듬감을 더해준다. 언어의 기억과 인출 현상에서 볼 때, 리듬이 있는 말은 기억하기가 쉽고, 인출하기도 쉽다.

"노래를 가지지 못한 사람이 어찌 노래하며, 기쁨을 가지지 못한 사람이 어찌 웃을 수 있으랴?" 라는 릴케의 시구처럼 가슴 속에 시를 가진 사람만이 시적 언어 감각을 표현할 수 있다.

시는 말을 가지고 그림을 그린다. 이것이 시가 주는 기쁨의 하나이다. 피를 용솟음치게 하는 씩씩한 리듬을 가진 시, 경쾌하게 들리는 가락의 시, 듣고 있는 사이에 어린 마음 속에 꿈을 찾아 주는 맑고 신비한 리듬, 태고적 정서를 전해 주는 민요의 가락, 애정이 넘치는 시, 그리고 말 하나하나가 닦아 놓은 보석처럼 빛나는 의미를 가진 시어들. 이런 시를 읽을 때 머릿속에 그려지는 그림은 독자마다 다르다.

미국의 초등학교 교과서에 나오는 '시란 무엇인가?(What is Poem?)' 라는 단원의 안내문이다. 이 문구를 우리나라 부모님과 선생님들에게 읽게 하고 의견을 물어 보았다. 대부분이 "그럼 시험 볼 때 어떻게 하느냐?", "정답이 없는데 교육이 되겠느냐?" 하면서 걱정이 태산 같았다. 그렇다. 우리 식의 정답 찾기 교육을 고집한다면 이런 '시 교육'은 혼란만 가중시킬 뿐이다.

어느 해인가 수능 시험에서 정답이 2개 있는 문항이 나와서 나라가 발칵 뒤집히고 출제를 맡은 한국교육과정평가원이 지탄을 받은 적이 있다. 그 뒤처리 과정에서 밝혀진 바에 의하면 정답 2개에 모두 체크를 한 아이보다는 알고 있으면서 1개만 표시한 아이가 더 많았다고 한다.

이 문제에 대하여 창의성연구소 임선하 소장은 '한국의 시험 문제가 제대로 된 첫 케이스'라는 창의적인 발언을 한 적이 있다. 정답은 꼭 1개만 있을 필요가 없다. 정답을 2개 혹은 3개 넣어 놓고 그 중에 1개만 맞히면 1점, 2개 맞히면 2점, 3개 맞히면 3점으로 처리한다면 얼마나 변별력 있는 문제가 될 것인가?

시는 언어로 그리는 그림

위에서 본 '시의 정의'처럼 '시란 친구와 같이 읽어도 서로 다른 그림을 그리는 것'이다. 똑같은 그림을 그리는 것은 시가 아니다. 그래서 시를 많이 읽는 아이들은 시를 읽지 않는 아이들보다 덜 획일적이다. 특히 비유, 상징, 함축으로 이루어진 시를 많이 읽은 아이들은 획일적 사고에서 빨리 벗어날 수 있다.

시를 많이 외우는 사람과 그렇지 못한 사람은 말의 톤도 다르다. 일반적으로 시를 많이 외우는 사람은 부드럽고 리드미컬한 톤으로 말하고, 시를 외우지 않은 사람들은 딱딱한 톤으로 말한다. 이러한 결과는 시가 사람의 말에 리듬을 실어 준다는 증거이다.

프랑스 교육은 '시 외우기' 전통을 가지고 있다. 프랑스 초등학교 어린이들은 시를 의무적으로 외운다. 프랑스인의 말에서 리듬이 느껴지는 것은 이러한 시 교육에서 기인되었다고 말하는 언어학자들도 있다.

시를 읽는 데도 원칙이 있다. 첫째 원칙은 단숨에 읽는 것이다. 이해할 수 있든 없든 멈추지 말고 읽는다. 시의 의미는 구절이나 단어

속에 있지 않고 전체 속에 있기 때문이다.

두번째 원칙은 소리 내어 반복하여 읽는 것이다. 눈으로만 읽을 때보다 몇 배 더 즐겁고 이해가 빠르다.

북키박사의한마디

릴리언 스미스의 좋은 동시 고르는 기준

1 | 어려운 말로 된 시는 고르지 말라. 사전을 찾아 보아야만 알 수 있는 어려운 단어가 나오는 시는 '시의 기쁨'을 죽인다.

2 | 사망 광고의 시는 고르지 마라. 죽은 부모, 죽은 형제, 죽은 고양이를 그리워하는 시는 비관적인 미래관을 형성한다.

3 | 형식이 강조된 시는 고르지 마라. 형식의 강조는 의미를 옹색하게 한다. 가장 적은 말로 가장 많은 의미를 형성하는 것이 시의 위대성이다.

4 | 회고 취미의 시는 고르지 마라. 어린 시절을 그리워하는 시는 어른의 회고 취미를 만족시켜 줄 뿐이다.

5 | 이데올로기를 읊은 시는 고르지 마라. 정치적, 사회적 개혁이나 비탄을 담고 있는 시는 시가 아니다. 선전 문구이다. 그런 시인도 시인이 아니다. 선동가일 뿐이다.

6 | 이런 시들을 골라내고 나면 남는 것은 한 다발의 꽃다발 같은 서정시뿐. 자연을 노래한 서정시, 사랑을 노래한 서정시가 가장 좋은 어린이 시다.

상상력과 문제 해결력을 기른다

서양에서나 동양에서나 '전래 동화' 하면 '할머니' 가 떠오른다. 옛날부터 아이들에게 전래 동화를 들려주는 일을 할머니들이 도맡았기 때문이다. 우리나라에서도 1895년 학부에서 신식 교육을 시작하기 전까지 아이들 교육은 할머니들의 몫이었다. 할머니들이 손자, 손녀를 무릎에 앉히고 전래 동화를 이야기해 주는 일이 어린이 교육의 중요한 몫을 차지했다.

"옛날 옛날에 한 아이가 있었는데, 아버지 약을 구하러 엄동설한에 길을 떠나게 되었어. 눈이 와 설산(雪山)이 되었는데 홑겹 바지저고리를 입고서……."

할머니의 이야기가 시작되면 아이들은 주인공 아이가 얼마나 추울까를 상상하면서 제 몸을 부르르 떤다.

"노자(路資)는 떨어졌고, 배는 고프고, 그런데 해가 꼴깍 넘어가 캄캄한 산속에서 그만 길을 잃어버렸구나. 그런데 멀리서 반짝반짝하는 불빛이 보이는 거야."

그러면 아이들은 그 어둠 속에서 어떤 일이 일어날지를 상상하며 침을 꼴깍 삼킨다. 그러면서 자신의 상상이 맞을지, 어긋날지를 기다린다. 그리고 할머니의 이야기가 자신이 상상한 방향으로 흘러가면 쾌감을 느끼고, 어긋나면 배반의 아픔을 느낀다. 그러면서 다음 이야기를 기다리느라 할머니의 주름 잡힌 입만 쳐다본다. 상상력을 동원하여 이야기에 감성을 입히는 활동, 이것이 전래 동화의 매력이다.

독서나 글쓰기 교육론에서 볼 때 전래 동화는 상상력과 문제 해결력 기르기에 좋은 책이다. 전래 동화는 묘사가 별로 없고, 축약적인 구성, 추리적인 서사의 형태를 빠른 템포로 진행시키는 이야기이다. 그래서 듣거나 읽을 때 자연스럽게 상상력이 동원된다.

전래 동화는 탐색의 과정으로 되어 있다. 어디에 무엇이 있는지, 어떻게 해야 찾을 수 있는지도 모르면서 끝없이 찾아 헤매는 전래 동화의 주인공들은 세 단계의 함정을 무사히 건너야 한다. 첫번째 함정은 목마름이나 배고픔으로 상징되는 입의 욕구이고, 두번째 함정은 아름다운 미인으로 상징되는 섹스(sex)의 함정이다. 세번째 함정은 수수께끼의 형태로 나타난다. 대개 주인공이 아이디어를 내서 위기를 모면하는 식으로 진행되는데 일종의 창의적 문제 해결력 테스트인 셈이다.

전래 동화에 나타나는 이 세 가지 함정을 현대적으로 해석한다면

'물질에 대한 시험', '섹스에 대한 시험', '창의적 문제 해결력에 대한 시험'으로 볼 수 있다. 전래 동화의 주인공은 이 세 가지 시험을 통과해야만 행복의 상태에 다다른다.

전래 동화는 인생의 축소판

전래 동화의 이와 같은 구성 원리는 인생 원리의 축소판이다. 가끔 신문 지상을 장식하는 뇌물 사건, 부정 부패 사건은 첫째 함정인 물질의 함정을 뛰어넘지 못한 경우이며, 유명 인사들을 하루아침에 몰락시키는 섹스 스캔들은 두번째 함정인 성의 욕구라는 함정을 뛰어넘지 못한 경우가 된다.

이 두 함정을 통과하더라도 세번째 함정인 문제 해결력 과정에서 실패하는 경우가 많다. 변화하는 사회에 대응하기, 수시로 해야 하는 선택과 판단, 자기 주도적으로 문제를 해결해야 하는 인생길에서 성공하려면 창의적 문제 해결 능력이 있어야 한다. 이 세 개의 함정을 무사히 건너는 법을 어린 시절에 가르쳐 주는 것이 전래 동화이다.

전래 동화는 물질의 욕구를 어떻게 뛰어넘는지, 성적인 유혹을 어떻게 뛰어넘는지, 지혜의 함정에서 어떻게 창의적 아이디어를 내서 성공하게 되는지를 주인공을 통하여 암시해 준다. 전래 동화를 읽는 동안 어린이들은 작품 속에 숨겨진 이런 현실 원리와 진실을 눈치 챌 수 있다. 작은 병아리들이 북데기 속에서 알곡을 골라먹듯이, 자기도 모르는 사이에 인생을 살아가는 방법을 깨닫게 된다.

전래 동화는 수천 년 동안 구전(口傳)으로 내려온 인류 공동의 재산이다. 전래 동화 속에는 인간이 걸어 가야 할 삶의 문제와 해결 방법이 들어 있다. 어떻게 사는 것이 가장 잘 사는 방법인가의 비밀, 특히 성공된 삶을 살아가는 데 필요한 지혜가 들어 있어서 어린이 교육의 보고로 평가받고 있다.

북키박사의 한마디

전래 동화의 교육성

1 | 전래 동화는 사람이 살아가는 방법을 가르쳐 준다. 물질의 유혹을 이기는 법, 성적인 유혹을 이기는 법, 문제를 해결하는 법이 핵심이다.

2 | 전래 동화는 자연스럽게 인생의 진리를 터득하게 한다. 어린 시절에 터득된 진리는 가치관이 되었다가 판단력으로 자리 잡는다.

3 | 전래 동화는 철저하게 가족의 이야기이다. 특히 가족의 원리와 규칙을 가르쳐 주어 예의 범절이 뛰어난 아이를 만들어 준다.

4 | 전래 동화의 환상은 마법 판타지와는 구분된다. 들어가는 문이 있고, 나오는 문이 있어서 판타지 중독을 만들지 않는다.

우화를 읽으며
비유와 상징을 푸는 열쇠를 얻는다

(A) 여우가 포도를 보고 신포도라고 말한 것은 나쁘다. 왜냐하면 먹어 보지도 않고 그렇게 말했기 때문이다. 먹어 보았으면 시지 않을 수도 있는데 함부로 말한 것이다.

(B) 여우는 머리가 나쁘다. 긴 막대기로 따면 되는데, 펄쩍펄쩍 뛰기만 하면서 손이 안 닿는다고 배가 고픈데도 가 버렸다. 나는 이 우화에서 노력하면 성공할 수 있다는 것을 배웠다.

위의 두 글은 서울 D초등학교 6학년 어린이들이 이솝우화 〈신포도〉에 대한 감상을 쓴 글이다. 두 글에서 볼 때 11세, 12세 어린이들이 〈신포도〉라는 이솝우화가 말하는 비유와 상징을 해석하지 못하고 있다.

(A)어린이는 학교 성적이 중상위권이고, (B)어린이는 상위권이다. 학교 성적은 높아도 독서 능력이 낮은 경우에는 6학년이 되어도 우화를 완

전히 이해하지 못하고 있다. 우화는 원래 고도의 상징성을 가진 문학이어서 어린이들이 이해하기에는 매우 단단한 외피를 가지고 있기 때문이다.

현재 우리나라에는 우화 400여 편이 교육용 읽을거리로 사용되고 있다. 우화가 교육용 읽을거리로 애용되는 데에는 그만한 이유가 있다.

우선 짧은 형식 속에 들어 있는 단단한 주제 때문이다. 가장 짧은 시간에 가장 큰 주제를 가르쳐 줄 수 있는 문학 형식이어서 지면이 한정된 교과서나 참고서의 단골손님이 되고 있다.

우리나라에서 출간된 우화집은 3~4세용에서 어른용까지 있다. 나는 1983년부터 〈이솝우화가 한국 문학에 끼친 영향 연구(새국어교육 통권 45호)〉를 통하여 이솝우화가 유아나 초등학교 저학년 읽을거리로서 적당하지 않다고 말해왔다. 우화가 가지고 있는 고도의 상징성 때문이다. 언어발달 단계에서 볼 때 3~4세는 상징이나 함축을 이해하지 못하는 유아기이다. 유아들은 아직 구체적 조작기에 있다.

눈에 보이고 만져 볼 수 있는 구체적인 사물을 지칭하는 구체적인 언어만을 이해할 수 있는 시기이기 때문에 우화가 가지고 있는 상징이나 함축과 같은 추상적 언어는 이해하지 못한다. 상징이나 함축의 이해는 독서 능력이 정상적으로 발달한 10세 정도에 가능하다.

이솝우화의 하강 모티브

인간은 행복해지기 위해서 책을 읽는다. 그것이 희극이든 비극이든 인간은 그 속에서 자신의 행복에 필요한 알맹이를 골라 갖는다.

우리를 행복하게 하는 문학에는 인간의 불안, 고통, 갈등을 씻어 주고, 보다 행복한 세계로 인도하는 어떤 요소가 들어 있다. 이 어떤 요소를 '상승 모티브' 라고 한다.

수천 권의 어린이 책에는 상승 모티브가 있는 것도 있고 없는 것도 있다. 예를 들면 안데르센의 동화 〈미운 오리새끼〉에는 외로움, 그리움, 배고픔에 대한 해결이 작품의 후반부에 숨어 있다. 그래서 이 작품을 읽는 독자는 문제 해결과 함께 밝은 세계를 경험함으로써 기쁨과 행복감을 경험하게 된다.

그러나 이솝우화는 이와 반대 현상을 독자에게 제공한다. 많은 이솝우화의 결말은 행복한 문제 해결보다는 죽음, 파멸, 보복, 조소로 장식되어 있다. 이솝우화가 가지고 있는 이런 절망적인 결말은 독자에게 어둠과 답답함을 경험하게 한다.

즉 이솝우화에는 상승 모티브보다는 하강 모티브가 강하다. 호랑이는 천길 만길 구렁텅이 속에 빠지고, 당나귀는 솜뭉치를 지고 물속에 거꾸러지며, 게으른 암소는 도살장으로 끌려가고, 거짓말 한 아이는 늑대에게 물려 죽는다. 희망과 구원은 이야기하지 않는다. 참회할 기회도 주어지지 않는다. 철저한 절망의 세계가 기다리고 있을 뿐이다. 이러한 끝마무리는 어린이의 사고를 확산시키거나 창의적으로 이끌어가지는 못한다. 이런 하강 모티브는 어린이를 폐쇄적인 우리에 가두고 땅땅 못질을 할 뿐이다.

이러한 작품에서 독자는 카타르시스를 경험하기보다는 절망과 좌절을 맛보게 된다. 그리고 이런 하강 모티브를 계속하여 읽을 경우, 어린이는 우울한 성격, 절망적인 미래관, 보복적 사고를 갖게 될 확률이 크다.

상승 모티브가 바로 해피 엔딩을 의미하지는 않는다. 상승 모티브는 주인공의 노력 없이 얻어지는 해피 엔딩과는 거리가 멀다. 주인공의 노력으로 정신적 성장이 이루어지고 그로 인하여 독자의 성장까지 이끌어내는 작품을 상승 모티브라고 한다.

북키박사의 한마디

이솝우화는 언제 우리나라에 들어왔나?

이솝우화는 1896년 학부에서 편찬한 우리나라 최초의 신식 교과서인 《신정심상소학(新訂尋常小學)》에 처음으로 '이솝이약이'라는 이름으로 7편이 소개되었다. 그후, 110여 년 동안 교과서와 어린이용 도서에 단골이 되면서 어린이의 가치관 형성과 한국 아동문학에 막대한 영향을 끼쳐왔다. 우리나라에 최초로 소개된 우화는 〈탐심 있는 개라〉 〈조고마한 양이라〉 〈가마귀와 여호의 이야기〉 〈가마귀가 조개를 먹는 이야기〉 〈사슴이 물을 거울 삼음이라〉 〈교활한 말〉 등이 있다.

(남미영, 〈이솝우화가 한국문학에 끼친 영향 연구〉 새국어교육 45호)

상상력과 창의력을 배운다

존은 학교에 가려고 집을 나섰습니다. 한참 길을 가는데, 갑자기 하수구에서 악어가 나와 책가방을 덥석 물었습니다. 깜짝 놀란 존은 악어에게 장갑을 한 짝 던져주었고, 그제야 악어는 그의 가방을 놓아주었습니다. 그렇게 학교 도착한 존은 지각을 하고 말았습니다. 슬금슬금 교실로 들어오는 존을 보고 선생님이 말했습니다.

"존! 또 지각이구나… 그런데 장갑 한 짝은 어디다 두고 왔니?"

"학교에 오는 길에 하수구에서 악어 한 마리가 나왔어요. 근데 갑자기 제 가방을 물고 놔주질 않는 거에요! 깜짝 놀라서 장갑을 한 짝 던져주니, 그제야 놓아주더라고요. 그래서 지각을 할 수 밖에 없었어요."

"너 지금 무슨 말을 하는 거니? 이 동네 하수구에는 악어 따위는 살지 않아! 오늘 방과 후에 '다시는 거짓말을 하지 않겠습니다!' 라는 반성문을 300번 쓰도

판타지 동화 《지각대장 존》의 발단과 전개 부분이다. 선생님의 명령대로 수많은 반성문을 쓰고 난 후에야 존에게 악어가 나타나지 않는다. 300번의 반성문을 쓰는 동안 환상의 시대가 끝난 것이다. 존과 같은 아이는 예나 지금이나 그리고 앞으로도 있을 것이다.

인간의 성장은 환상 세계에서 현실 세계로 들어가는 과정을 밟는다.

자아 중심 사고기에 있는 유아들은 무엇이든지 내가 하고 싶은 대로 된다는 환상 속에서 산다. 그러다가 유치원에 들어가면서 선생님은 엄마와는 다르고, 내가 하고 싶은 대로 해주지 않는다는 것을 알게 된다. 그래서 속이 상하지만 그래도 그때까지는 아직 동물과 이야기하고, 산타 클로스가 선물을 가져다 준다고 믿기도 한다.

그러나 초등학교에 들어가면 현실과 환상 사이에 넓은 강이 나타난다. 이 갑자기 나타난 강이 바로 그림책 '지각대장 존'에 나오는 악어가 나오는 강이다. 이 강에서 악어를 만난 아이들을 도와줄 수 있는 것이 환상 동화이다. 요즘 아이들과 청소년들이 '해리포터' 시리즈에 열광하는 것은 그만큼 삶이 힘들다는 것의 반증이다.

판타지가 필요한 사람들

사람은 아이나 어른이나 힘들면 피하고 싶어한다. 그래서 영화나 텔레비전 드라마가 인기가 높다. 경제학자들은 힘든 시대에 사는 사람들일수록 환상을 꿈꾸는 강도가 강해서 판타지 산업이 번성했다는 통계치를 내놓기도 한다. 이렇게 판타지는 우리 삶에 위로를 제공한다는 점에서 인간에게 유익한 문학이다.

그러나 단점도 있다. 오랫동안 환상 속에 머물러서 현실 세계로 나오는 통로를 찾지 못한 채 그곳에 너무 오래 머무는 사람들이 있다. 특히 아이들 중에 자나깨나 판타지만 읽거나, 판타지 게임 속에 머물면서 일상생활이나 학교를 거부하는 모습을 종종 보게 되는데, 이것이 판타지의 단점이다. 이런 '판타지 읽기'를 어떻게 글쓰기의 동인으로 바꿀 수 있을까?

글쓰기는 일종의 환상 만들기이다. 일기든, 편지든, 동화든, 시든, 논설문이든, 글을 쓴다는 것은 보다 나은 삶에 대한 청사진 그리기이다. 글쓰기를 잘하려면 꿈꾸는 법이 필요하다. 이 꿈꾸는 법을 판타지가 가르쳐 준다.

판타지 동화는 인간을 부드럽고 유연하게 하는 연골과 같은 역할을 하고 미래를 꿈꾸게 한다. 미래를 꿈꾼다는 것! 이것이 바로 글쓰기의 욕망과 통한다.

북키박사의 한마디

판타지의 종류

1 | 전래 판타지 : 《나무꾼과 선녀》《심청전》《콩쥐팥쥐》《미녀와 야수》《날아다니는 양탄자》《알리바바와 40인의 도둑》

2 | 창작 판타지 : 《오세암 (정채봉)》《꽃잎을 먹는 기관차 (김요섭)》《인어공주》《지각대장 존》《이상한 나라의 앨리스》《나니아 이야기》《끝없는 이야기》《한밤중 톰의 정원에서》《사자와 형제의 모험》《닐스의 신기한 모험》

3 | 마법 판타지 : 《해리포터》《반지의 제왕》

4 | SF 판타지 : 《이티(E.T)》

판타지에 즐거움을 느끼던 아이들도 아홉 살이 되면 판타지만으로는 만족하지 못한다. 부모나 교사에게 "이거 정말로 있었던 일이에요?" 하고 질문하게 된다. 이 시기가 되면 아이들은 판타지보다는 정말로 있었던 현실에 가치를 두게 된다. 이런 어린이에게 기쁨을 주는 읽을거리는 환상과 현실이 결합된 이야기의 형태이다. 그것이 신화와 전설이다.

신화나 전설 속에는 인류의 유년기 이야기가 들어 있다. 그 당시 사람들의 사고방식, 희망, 가치관, 꿈이 들어 있다. 고대인들은 삼라만상을 자기들과 같은 생물이라고 생각하고, 자연 현상은 신비한 것이며, 인간의 힘이 감히 미치지 못하는 존재로 여겼다. 그래서 옛날 사람들은 '왜? 어째서?' 하는 자신들의 궁금증에 스스로 대답하기 위하여 신화를 만들었다. 그러므로 신화를 읽는다는 것은 인류가 맞이했던 새벽의 신비를 맛보게 하고 새로운 신화 창조에 대한 기초를 마련하게 한다. 이제까지 양탄자, 마법, 왕자, 공주의 이야기에 젖어 있던 아이들은 천지 창조, 나라의 시조, 마을의 전설 등 사람들의 이야기를 알게 됨으로써 그들의 상상력의 폭을 넓혀 간다. 시간의 화살을 타고 고대로 돌아가는 것이다.

사람만 이야기를 만든다

이야기를 만드는 행위를 통해 인간은 동물과 구별된다. 이야기에는 단순히 즐기거나 시간을 때우기 위한 수단 이상의 의미가 있다. 이야기 만들기는 인간의 특징인 환상과 꿈을 구체화하는 행동이다. 즉 인간이 만든 이야기는 그것이 개인적인 것이든 집단적인 것이든 자아 정체성과 단단히 관련되어 있다.

사람의 두뇌 속에서 이야기를 담당하는 곳은 어느 한 곳이 아니다. 좌뇌와 우뇌가 서로 협력해야 이야기가 발생한다. 아이들은 6개월 정도면 60여 개의 단어를 이해하고 한 살이 되면 수천 개의 어휘를 알게 되지만 세 살 정도가 되어야 이야기를 만들 수 있다. 물론 "응 그래", "그리고", "그래서" 하면서 간단한 스토리를 만들어 낸다. 그러나 일곱 살이 되면 진짜 아야기를 체계적으로 만들어 낸다. 도입, 절정, 결말 등으로 여러 가지 사건을 연결시킬 수도 있다. 아홉 살이 되면 이야기를 좀더 재미있게 구성할 수 있다. 듣는 사람이 무서움을 느끼거나 더 재미있도록 만들기도 한다. 옛날 이야기를 할 때 더 그럴 듯하고, 더 재미있고, 더 아슬아슬하게 꾸미는 아이들이 있다. 이야기 줄거리에 작은 이야기를 보태서 재미있게 꾸미기도 한다. 이런 아이들은 이야기 만드는 솜씨가 좋은 것이다. 이런 아이들이 쓴 글은 더 재미있고, 구성이 탄탄하다.

이렇게 이야기 만들기는 인간의 본능에 가까운 활동이다. 신화와 전설 읽기는 현실에 얽매인 어린이의 상상력을 한껏 확장시켜 잃어버린 글쓰기의 본능을 찾아주는 데 도움을 준다.

북키박사의 한마디

신화는 민족마다 내용이나 다양성이 다르다. 그리스 로마 사람들이 만들어 낸 신화는 다양함이 특징이다. 그들은 공무원 집단처럼 하는 일도 철저하게 분업으로 처리한다. 술의 신, 사랑의 신, 농사의 신, 전쟁의 신 등이다.

전설(legend)의 어원은 레제레(읽다：legera)이다. 신에 대한 이야기만 하던 사람들은 차츰 인간에 대한 관심이 커지면서 인간 중에서 잘난 사람들의 이야기를 만들어 냈다. 처음에는 종교적 활동을 하던 성인(聖人) 들이나 순교자의 행적을 말해 주는 것이었다. 이후에 잘난 사람 말고 그냥 보통 사람들의 소박한 이야기를 만들어 윤리와 교훈을 담고 있는 이야기가 생겨났다. 이것이 민담이다.

위인전을 읽으며
합리적인 문제 해결력을 기른다

환상의 시기를 떠나 합리적 사고기에 들어선 3~4학년 어린이는 허무맹랑한 이야기보다는 현실성이 있는 이야기를 좋아한다. 그래서 책을 읽으면서 "이거 진짜예요?"하고 묻게 된다. 이때의 아이들에게 진짜가 아닌 것은 가치를 잃는다. 이런 아이들에게 기쁨을 주는 문학이 역사 속에 실재했던 인물들의 이야기이다.

어린이는 역사적, 전기적 인물의 입장에 자신을 두기를 좋아한다. 어린이들은 책 속에 나오는 사람들의 멋있는 행동을 모방한다. 그들은 용감하게 싸우며 승리 쪽에 서지 않더라도 반드시 나중에는 영웅이 된다. 그들은 번뜩이는 눈빛을 가졌으며, 우리가 생각해 보지도 못한 말을 하며, 내가 겁내는 위대한 행동을 한다. 이러한 미지의 인물을 따라

가노라면 어린이들의 상상력은 무한히 확대된다.

초등학교 3~4학년이 되면 아이들은 닮고 싶은 인물을 선택한다. 그러나 특정한 한 사람을 정하는 단계는 아니다. 대부분 네다섯 명의 위인을 정해 놓고 갈등을 겪는다. 성격에 따라서는 날마다, 혹은 달마다 닮고 싶은 인물이 달라지기도 한다. 그러나 5~6학년이 되면 닮고 싶은 위인이 2~3명으로 압축된다. 이때, 잦은 변화를 지적해 주거나 한 사람으로 정하라고 종용할 필요는 없다. 다만 좋은 위인전을 많이 읽게만 하면 된다.

위인전은 분리 — 시련 — 입공 — 귀향의 4단계로 구성된다. 한 어린이가 가족을 떠나 생명의 위협을 받으며 갖가지 시련 속에서 적과 용감히 싸워 큰 공을 세우고 금의환향하는 골격을 기본으로 하는 영웅전은 아이가 어떻게 어른이 되며, 보통 사람이 어떻게 위인이 되는지를 보여 준다. 이때 처음에 어린이가 비범하면 비범할수록 영웅전의 효과는 절감된다. 반대로 보통 아이나 보통 이하의 열등한 어린이가 성공하는 이야기에서 어린이들은 기쁨을 얻는다.

한국은 신동 위인전

한국의 영웅전은 이런 면에서 큰 문제점을 가지고 있다. 한국의 영웅전은 빛나는 가문, 뛰어난 용모, 영특한 두뇌를 가진 아이가 성공하는 이야기들로 꾸며져 있다. 예외로 강감찬 장군처럼 못생긴 아이, 한석봉처럼 가난한 집 아이가 성공하는 이야기도 있긴 있으나 반드시 몰락한 양반의 자손이라는 단서가 붙는다.

이런 신동 위인전은 한국 어린이들에게 불행감을 주고 있다. 가난하거나 공부를 못하거나 못생긴 아이들에게는 좌절과 열등감을 주어 초기에 꿈을 포기하도록 강요하며, 부잣집 아이나 공부 잘하는 아이들에게도 그런 조건을 상실했을 때 모든 것을 쉽게 포기하도록 만든다.

예를 들면 부산의 한 여자 어린이는 1학년에서 5학년까지 반장을 했는데 6학년이 되어 반장에서 떨어졌다고 자결을 택해서 세상을 놀라게 한 사건이 있었다. 또 청소년들이 대학 입시에서 떨어져 자살을 하는 사건도 매년 발생한다. 우리 사회의 이런 사건들이 신동 위인전과 관계가 있는 것이 아닌가 생각하게 된다.

서구는 바보 위인전

이에 비해서 서구의 위인전은 보통 아이나 낙제생들이 성공하는 이야기가 많다. 못생기고 가난한 링컨, 안데르센, 학교 성적이 좋지 않아 학교로부터 퇴학을 당해야 했던 에디슨의 이야기는 잘 알려져 있다. 또한 담임 선생님이 학적부에다 '이 학생은 어떤 방면에서도 성공할 가망이 보이지 않음'이라고 적어야 했던 아인슈타인, 가난뱅이 카네기 등 수많은 위인들이 열등아로 그려져 있다.

우리나라 위인들이 탄생부터 신동으로 태어나는지는 확인할 길 없으나 어린이들은 자신과 비슷하거나 아니면 자기보다 못한 아이가 성공하는 이야기에서 용기를 얻는다.

책이나 문학은 인간을 성장시키고 행복에 기여해야 한다. 만일 어떤 책이 어린이들에게 열등감을 주고 그들을 좌절에 빠뜨린다면 그 책은 나쁜 책이다. 그러나 만일 어떤 책이 어린이를 성장시키고 좌절감을 치유하며 성공으로 이끌어 준다면 그 책이야말로 좋은 책이 분명하다.

위인전의 핵심은 성장의 동기 찾기

위인전을 읽을 때 줄거리 읽기에 그쳐서는 글쓰기에 별로 도움이 되지 않는다. 글쓰기에 도움이 되는 독서는 사고력을 작동하여 평범한 아이가 어떻게 위인이 되었는지의 모티브를 발견하는 읽기이다.

예를 들면 《세종대왕》을 읽을 때, 한글을 만들었다는 사실보다는 '왜 한글을 만들겠다고 생각했는지'를 읽어 내야 한다. 또 '이순신'을 읽을 때는 이순신 장군이 거북선을 만들었다는 사실보다는 '왜 거북선을 만들어야 했는지'를 알아내는 일이다.

이런 모티브는 줄거리에는 나와 있지 않다. 독자의 사고력을 동원하여 찾아내야 한다. 그리고 찾아낸 결과는 독자마다 다르다. 이 성장의 동인 찾아내기가 글쓰기에 새로운 시각을 주어 창의적인 글쓰기를 가능하게 해준다.

논리의 세계에 편입된다

“저 산 너머에는 무엇이 있을까?”
“저 바다 건너에는 어떤 나라가 있을까?”
어린이들은 자기가 모르는 것을 알고 싶어하고 찾고 싶어한다. 모든 어린이 책은 세상을 탐색한다. 그 중에서 탐색의 구조를 가진 소설이 모험 소설과 탐정 소설이다.

초등학교 고학년이 되면 이상한 것, 신기한 것을 찾아 모험을 떠나고 싶어한다. 모험을 동경한 나머지 집안에 적당한 곳을 찾아 벽장이나 창고 속에 저만의 은밀한 장소를 정해 두기도 한다.

아이들의 이러한 특징은 어른에 예속된 생활을 떠나 독립하고 싶어하는 마음의 표현이다. 이 독립의 욕망을 만족시켜 주는 이야기가 모험의 이야기이다. 이때의 이상함, 신비함은 판타지와는 구별된다. 판타지가 비현실적인 상상의 세계라면 모험물은 논리성을 갖춘 논리적인 판타지이다.

모험 소설은 낯선 세상 엿보기

모험 소설에는 4가지 종류가 있다. 첫번째 유형은 《톰 소여의 모험》 《허클베리핀의 모험》 《보물섬》과 같이 진짜로 모험을 떠나는 소년들의 이야기로 전통적인 모험 소설이다. 두번째 유형은 《율리시즈호의 밀항자》처럼 모험을 떠날 수 없는 아이들의 상상 속의 모험담으로 폐쇄된 공간 속에 사는 현대 어린이들이 주인공으로 나온다. 세번째 유형은 《드라큐라 백작》처럼 무서움을 동반한 이상한 세계를 그린 괴기 소설류인데, 성인들도 즐기는 이야기이다. 네번째 유형은 비행접시의 출현이나, 외계인의 출현을 다룬 공상 과학 소설로 어린이들의 과학적 사고력을 자극해 준다.

아이들은 너 나 할 것 없이 낯선 세계를 좋아한다. 그곳에서는 아이들이 어른보다 더 강력한 능력을 발휘하여 대단한 일을 해내고, 무시무시한 괴물을 길들이고, 자신보다 머리 두 개는 더 크고 힘도 몇 배나 센 사람 앞에서도 결코 물러서는 법이 없기 때문이다. 이런 아이는 현실에서는 있을 수 없다. 오직 이야기 속에서 주인공으로만 등장한다.

아이들은 이런 주인공을 좋아한다. 물론 닮고 싶으니까 그렇다. 그들은 힘세고, 영리하고, 유머가 있고, 대범하고, 잘생기고, 칭찬받고, 항상 최신 기술을 다룰 줄 안다. 하지만 이렇게 너무 잘나기만 하면 금방 지루해질 수도 있다. 그래서 주인공들은 처음에는 겁도 많고 약점도 많다. 그들은 어떤 난관을 이겨 내며 강하게 자라난다. 이것이 아이들을 즐겁게 하는 이야기의 패턴이다.

탐정과 추리로 논리적인 세상 엿보기

초등학교 고학년 아이들은 상상의 세계나 환상의 세계를 더 이상 궁금해 하지 않는다. 날아다니는 양탄자나 이상한 램프를 통해 보물을 얻는 주인공에 박수를 보내던 아이들은 초등학교 고학년이 되면 숨겨진 보물을 찾기 위해 갖은 지혜를 다 동원하고 용감하게 모험을 떠나는 주인공들에게 박수를 보낸다. 동화의 세계를 떠나 현실 세계에 한 발짝 들어선 것이다. 이제 그들에게 기쁨을 주는 것은 논리의 세계이다. 논리성으로 철저하게 무장된 이야기가 탐정 소설과 추리 소설이다. 탐정 소설과 추리 소설은 우연의 세계를 배재하고 필연의 세계를 어린이 앞에 보여 준다.

그러나 탐정 소설이나 추리 소설은 지나치게 금전만능 사상에 물든 인간들이 출연하고 잔인한 방법으로 그 돈을 차지하는 장면이 많이 나와 비교육적일 경우가 많다. 특히 빈번한 살인 장면으로 어린이들에게 악의 세계를 가르쳐 주고 물들게 하는데 한몫을 하기도 한다.

살인 공장을 차려놓고 살인을 서슴지 않던 '지존파' 라는 비행 청소년 그룹이 경찰 조사를 받을 때 "추리 소설을 탐독했다."는 고백을 했

던 것이 그 예이다. 그러므로 건전한 추리 소설, 건전한 탐정 소설을 찾
아 주는 것이 부모와 교사의 할 일이다.

북키박사의 한마디

모험·탐정·추리 소설 읽는 방법

소설을 읽을 때는 한꺼번에 몰두해서 읽는 것이 가장 좋다. 특히 사건들이 논리적
으로 구성되어 있는 모험·추리·탐정 소설을 읽을 때는 더욱 그렇다. 인물이 나타
나고 사건이 나타났을 때 비판하고 판단하기보다 전체적인 맥락에서 보아야 한다.
처음부터 끝까지 독파하고 나면 머릿속에 논리적인 관계가 그려진다. 이 관계 도식
이 논리적 사고를 길러 준다.

건전한 추리 소설, 탐정 소설의 조건

1 | 찾으러 가는 것이 돈이나 황금이 아니라 유물이나 편지 같은 것이다.

2 | 찾으러 가는 인물들이 좋은 목적을 가지고 출발한다.

3 | 돈을 차지하기 위해 살인하는 장면이 나오는 것은 좋지 않다.

4 | 죽는 장면이 세밀하게 묘사되지 않는다.

5 | 죽는 장면이 나오더라도, 죄를 지은 사람이 죽거나 자신의 과오로 스스로 죽게
　　되는 장면이 바람직하다. 타인이 죽이는 장면은 좋지 않다.

6 | 권선징악, 인과응보의 틀을 갖는다.

연애 소설을 읽으며
글쓰기 욕망에 불을 당긴다

중학교 1학년이 되면 독서의 양극화 현상이 일어난다. 많이 읽는 아이는 많이 읽고, 안 읽는 아이는 아주 안 읽게 되는 분기점에 도달하게 되는데, 그 시기가 중학교 1학년 2학기이다. 책으로부터 떠난 청소년들이 처음으로 빠져 드는 곳은 만화, 비디오, 오락, 게임 등인데 문제는 이런 매체들의 불건전성이다. '폭력의 우상화', '황금만능 사상의 추종', '선정적인 자극'이 아이들을 공부와 책으로부터 멀어지게 한다.

중학생 시대는 자아의식이 눈뜨게 됨으로써 자신을 다른 사람과 비교해 보고, 자신이 살아가는 길을 모색하고, 자립을 획득해 가는 시대이다. 그러나 사춘기의 시작과 장래에 대한 막연한 불안감으로 번민하는 시기이기도 하다.

중학생은 제2차 성징이 나타나는 시기이다. 몸의 급속한 성장과 함께 남학생은 점점 남성다워지고, 여학생은 여성다운 몸매로 변해 간다. 그리고 자신의 몸에 대해 알고 싶어하고, 남녀의 성차에 강한 호기심을 나타낸다. 그들은 육체뿐 아니라 정신적으로도 사춘기에 접어들어 울적한 마음을 안정시키려는 목적으로 말초적인 자극을 주는 책과 관능적인 장면이 나오는 책을 몰래 숨겨 놓고 읽기도 한다.

이러한 특성으로 인하여 중학생들이 주간지나 통속 잡지를 탐독하는 경향이 생긴다. 그런데 이런 책에 나오는 굴절된 성 지식으로 호기심을 채우는 일이 습관화되면 정상적인 독서 생활에 문제가 생긴다. 저속한 잡지에서 얻은 자극적인 성 지식을 읽기 시작한 청소년들은 건전한 문학의 책이 싱겁게 느껴진다. 술, 담배의 자극적인 맛에 습관이 된 아이들이 그 이전으로 돌아가기가 어렵듯이.

중학생에게 아름답고 슬픈 연애 소설을

아이와 어른의 징검다리 세대인 중학생에게 가장 필요한 책을 대라면 '아름답고 슬픈 연애 소설'이라고 말하고 싶다. 저속한 연애 장면이 아닌 정신적인 연애를 다룬 소설을 읽게 하여 사랑의 본질을 알려 주는 것이 중요하기 때문이다. 예를 들면 저속한 성의 문학을 즐기는 아이들에게 황순원의 《소나기》, 알퐁스 도데의 《별》, 한무숙의 《젊은 느티나무》, 앙드레 지드의 《좁은 문》을 읽게 하면 정신적인 사랑의 아름다움도 있다는 것을 알게 된다. 이때 무조건 연애 소설을 금하고 딱딱한 지식의 책을 강요하게 되면 영원히 책과 멀어질 수도 있다.

성공한 인물들에게 언제, 무슨 책을 읽고 감명받았느냐고 질문하면 많은 사람들이 중학교 때 읽은 책을 말하는데 그 책의 80% 이상이 세계문학 전집이다.

문학 책은 지식의 책에 비해 힘이 있다. 지식의 책은 필요한 정보를 주어 머리를 기쁘게 하지만 문학의 책은 감동으로 마음을 기쁘게 하고, 행동의 에너지가 된다. 이것이 문학이 갖는 힘이다.

중학생 시대는 세계 문학 전집을 독파할 가장 좋은 때이다. 초등학교 시절에는 어휘력과 문장 이해력이 부족하여 읽을 수 없었지만 중학생이 되면 가능하다. 초등학교 시절에 정상적으로 독서 생활을 한 중학생이라면 어휘력과 문장 이해력이 세계 문학 전집을 읽는 데 부족함이 없다.

우리나라 학생들의 생활 패턴을 보면 중학생 시기가 아니면 세계 문학 전집을 읽을 기회를 찾을 수 없다. 고등학교 시절에는 대학 입시 준비로 바쁘고 고등학교를 졸업하면 전공 서적 읽기와 직장 일로 바빠서 한가로이 문학 책을 읽을 기회가 없다.

나이에 따라 감동의 질과 양이 다르다. 중학생 시절에 읽은《부활》과 30세에 읽은《부활》의 감동은 다르다. 독자 심리학적 눈으로 볼 때 사춘기인 중학생 시절에는 인간의 감성이 가장 섬세하여 문학 책을 읽을 때 가장 많은 감동을 받게 된다. 같은 책이라도 20세에, 30세에 다시 읽으면 그 감동은 줄어든다.

연애소설이 글쓰기에 활력을

중학생의 독서 지도에서 세계 명작 읽기는 빼놓을 수 없고, 그 중에서도 아름다운 연애 소설을 독파하는 일이 중요하다. 이때 사랑의 이야기를 읽지 않는다면 앞으로 자신의 사랑을 관리할 능력이 없어 품위 있는 인생을 영위할 수 없게 된다.

부모님 중에는 연애 소설보다는 철학 책이나 과학 도서를 읽으면 기뻐하는 분들이 많다. 그러나 나는 연애 소설이 더 중요하다고 말하고 싶다. 어른이 되어 인생의 연애가 끝난 다음에 연애 소설을 읽는다면 망명 정부의 지폐처럼 쓸모없을 것이다. 인생의 첫사랑이 시작되기 전에 아름답고 슬픈 사랑의 이야기를 읽어야 하는 이유는 그 소설이 아름다운 인생을 준비해 주기 때문이다.

연애 소설 탐독은 글쓰기에 활력을 불어넣는다. 사랑의 심리 연구로 유명한 에리히 프롬은 그의 《사랑의 심리학》에서 "인간의 에너지 중에 가장 강력한 에너지가 사랑"이라고 말하고 있다. 연애 소설 읽기는 이런 강력한 사랑의 에너지를 글쓰기로 전염시켜 준다. 이런 에너지는 청소년들에게 연시(戀詩)를 쓰게 하고, 연애편지를 쓰게 한다. 이는 매우 훌륭한 글쓰기의 경험이다. 성장의 단계에서 꼭 한 번 넘어야 할 문턱이다.

교과서와 참고서로
다양한 설명 방법을 배운다

(A) 대한민국은 민주주의 국가이다.

(B) 민주주의란 국민에게 주권이 있는 정치 제도를 말한다.

(C) 나무는 종류가 많다. 예를 들면 상록수, 침엽수, 활엽수가 있다.

(D) 나무는 잎의 생김새에 따라 침엽수와 활엽수로 나뉜다. 침엽수에는
소나무, 전나무, 향나무가 있고, 활엽수에는 참나무, 떡갈나무, 플라타
너스가 있다.

(E) 사람의 뇌는 좌측 뇌와 우측 뇌로 구분된다. 좌측 뇌는 기억, 분석, 반복
기능을 가지고, 우측 뇌는 구별, 창조, 종합의 기능을 가진다.

(F) 법률과 도덕은 둘 다 지켜야 할 규칙이다. 그러나 법률은 안 지켰을 때
규제하는 법이 있으나 도덕은 안 지켰을 때 규제하는 법이 없다. 법률은
인위적으로 만든 것이고, 도덕은 자연적으로 형성된 것이다.

위의 글들은 모두 초등학교 교과서나 참고서에 나오는 설명문이다.
이와 같이 교과서나 참고서에서 우리에게 지식을 전달해 주는 글들은
거의가 설명문으로 되어 있다.

그래서 설명문 읽기에 서툴거나 싫어하는 경우에는 공부가 싫고 학습 결과가 시원치 않게 된다. 설명문을 잘 읽고, 잘 이해한다면 공부가 재미있다는 뜻이고, 설명문을 잘 쓴다면 서술형 시험을 잘 볼 수 있다는 의미가 된다.

설명문을 쓰는 목적은 사실ㆍ정보ㆍ지식을 정확하게 전달하기 위해서이다. 그래서 설명문에는 글쓴이의 주관적인 생각, 추측, 느낌들은 포함되지 않는다. 설명문에는 누가 보든지, 누가 생각하든지 같은 결과가 나오는 객관적인 사실들만 들어가야 한다.

설명문을 쓰는 두번째 목적은 기억하기 좋은 글의 형태를 만드는 것이다. 객관적인 지식을 독자의 두뇌 속으로 굴절 없이 전달하는 설명의 방법으로 정의, 지정, 분류, 요약, 비교와 같은 방법이 사용된다.

(A)와 같이 대상을 지적하여 설명하는 방식을 지정의 방법이라고 한다.
(B)와 같이 'A=B' 라고 설명하는 방식을 정의의 방법이라고 한다.
(C)와 같이 예를 들어 설명하는 방식을 예시의 방식이라고 한다.
(D)와 같이 분류하고 구분하여 설명해 주는 방식을 분류ㆍ구분의 방법이라고 한다.
(E)와 같이 대상의 속성을 분석하여 설명하는 것은 분석의 방법이다.
(F)와 같이 비슷한 것이나 다른 것을 들어 설명하는 방식을 비교ㆍ대조의 방식이라고 한다.

설명문이 좋아지는 방법
설명문에도 쉬운 것과 어려운 것이 있는데 이는 글 자체에 있는 것이 아니라 읽는 독자에게 원인이 있다.

읽는 이가 생활 속에서 겪은 경험이 설명문으로 나오면 쉬운 설명문이 되고, 생전 듣도 보도 못한 것에 대한 설명이 나오면 이해할 수 없어서 어렵다고 말하게 된다. 학교에서 현장 학습, 수학 여행, 과학 실험, 요리 실습 등을 이론 공부와 병행하는 이유는 쉽게 설명하기 위해서이다.

설명문을 읽기 싫어하거나 읽어도 무슨 내용인지 이해가 안 되는 아이, 기억을 해도 금방 잊는 아이들이 있는데 이는 설명문 읽기 방법에 익숙해 있지 않기 때문이다.

설명문에 재미를 붙이는 방법에서 가장 먼저 실천할 사항은 '내가 경험한 내용에 대한 설명문'을 찾아 읽는 방법이다. 그러면 '아, 설명문은 쉬운 글이구나!' 하고 재미를 붙이게 된다.

두번째는 《파브르 곤충기》 같이 설명문이면서 스토리가 있는 재미있는 설명문을 찾아 읽는 방법이다. 스토리가 있는 설명문은 그렇지 않은 설명문보다 이해하기가 쉽다. 그래서 설명문에 대한 거부감이 덜해진다.

세번째는 설명문을 읽을 때는 키워드나 중요한 내용에 밑줄을 긋는 방법이다. 밑줄 긋기는 기억하기, 인출하기에 모두 도움이 된다.

네번째는 한 문단의 글을 한 문장으로 요약하여 머릿속에 넣는 방법이다. 요약한 글은 기억하기도 좋고 꺼내기도 쉽다.

읽고 머릿속에 저장이 되면 그 글은 정복된 글이다. 그러면 다음에는 다른 글도 쉽고 재미있어진다. 그런데 어려운 글을 읽고 무슨 내용인지 이해가 안 되면 설명문 읽기가 점점 더 어려워지면서 "설명문은 어려워!"라고 말하게 된다.

북키박사의 한마디

서술형 답안 쓰는 방법

1 | 묻고 있는 바가 무엇인지 정확하게 파악한다.

2 | 서술형 시험을 보는 목적은 어떤 지식 · 사실 · 정보에 대하여 얼마나 정확하고 확실하게 알고 있는지를 알아보는 시험이므로 설명문으로 써야 한다.

3 | 설명문을 만들 때는 내 생각, 내 느낌, 내 추측, 내 예감, 내 해석 같은 주관적인 내용은 넣지 않는다.

4 | 증명된 사실, 짓, 정보를 객관적인 입장에서 쓴다.

5 | 기억하기 좋은 형식으로 쓴다. 원인과 결과별로 쓸 수도 있고, 가까운 순서대로 쓰기도 하고, 시간 순서대로 쓸 수도 있다.

6 | 글자 수가 제한된 경우에는 반드시 글자 수를 맞춘다.

신문을 읽으며
사고력의 종합 비타민을 먹는다

신문 활용 교육은 1932년부터 미국의 뉴욕 타임스가 학교 교실에 신문을 정기적으로 배포하면서 시작된 이래 전 세계적으로 확산된 독서 교육의 한 방법이다. 몇 년마다 개정되는 교과서와는 달리 신문은 날마다 새롭고 풍부한 기사들로 넘친다. 따라서 신문을 읽으면 세상 돌아가는 일을 잘 알게 되어 세상의 변화에 뒤떨어지지 않는 아이를 만드는 길이 된다.

'신문을 가르치고, 신문으로 가르치는 교육'으로 정의되는 엔아이이(NIE)는 신문의 구성 요소를 효율적으로 활용하는 교육이다. 1991년 미국 뉴욕대학교의 교수 2명은 뉴욕시의 초등학교 4~6학년 20개 학급을 대상으로 1년 동안 신문 읽기 수업을 진행한 뒤에 문장 독해 능력과 글쓰기 능력을 측정했다. 이 결과 신문 읽기 수업을 한 집단의 글쓰기 능력은 2.14에서 3.63으로 크게 향상했으나, 하지 않은 집단은 2.18에서 2.78로 약간 높아지는 데 그쳤다. 2002년 한국언론재단은 초중고 227명을 대상으로 신문 읽기 수업을 6개월 진행한 뒤에 정보 검색 능력, 창의력, 글쓰기 능력, 독해력을 조사했다. 그 결과 신문 활용 교육을 받은 아이들이 받지 않은 아이들보다 월등하게 능력이 향상되었다는 것을 알게 되었다(이태종, 『중앙일보』 NIE전문기자).

신문의 구성 요소는 기사, 논설, 사진, 시사만화, 광고 등이다. 여기서 신문의 주인공은 '기사'이다. 신문에는 매일 다양한 정보가 실린다. 개별 정보는 한 분야의 지식을 전달하는 내용이거나 여러 분야에 걸쳐서 서로 연관성을 갖기도 한다. 신문에는 다양한 영역과 표현 방법이 망라되고 있어서 여러 최신의 교과서를 한데 어울려 하는 수업과 같다.

신문 읽기는 통합적 사고력을 길러 주기에 가장 좋은 매체이다. 신문 속에는 갖가지 사건들이 들어 있다. 섹션별로 보아도 정치·경제·교육·문화·생활·역사·환경 등 인간이 사는 내용이 총 망라되어 들어 있다. 그래서 신문 읽기는 한쪽으로 치우치는 우리의 사고를 균형 잡아 주고 동시에 통합적으로 사고할 수 있도록 도와준다. 이런 이점으로 인하여 신문 읽기 교육은 세계적으로 널리 확산되고 있다.

신문 읽기 노하우(know-how)

그러나 신문 읽기에도 방법이 있다. 특히 아이들은 학교 공부도 해야 하고, 다른 책도 읽어야 하는데, 처음부터 끝까지 꼼꼼히 읽을 필요는 없다. 신문을 읽을 때는 중요한 것을 선택하고, 그것을 파고드는 방법이 좋다.

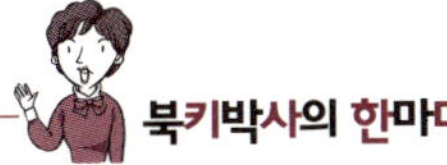

어린이들이 신문을 읽을 때 권할 만한 방법

❶ 훑어보기 : 처음부터 끝까지 다 읽을 필요는 없다. 먼저 큰 제목을 훑어본다. 그러다 흥미를 끄는 곳이 있으면 부제(副題)를 읽어 본다. 그래도 읽고 싶으면 첫 단락을 읽는다. 첫 단락 속에 육하원칙이 다 들어 있다.

❷ 사실과 의견 구분하기 : 신문은 사실만을 싣지는 않는다. 기사는 사실이고 논설과 칼럼은 의견이다. 칼럼은 필자의 의견이나 주장이 들어가며 사설은 신문사의 의견이 들어간다. 신문을 읽으며 사실과 의견을 구분하여 이해하는 것이 중요하다. 이것을 구분하지 못하면 '신문에 난 것은 다 사실'이라는 오류를 범하게 된다.

❸ 분석하기 : 신문에는 세상 이야기가 분야별로 들어 있다. 그것을 대별해 보는 작업이 필요하다. 환경 문제·인권 문제·전쟁 문제·빈부 격차 문제·종교 문제·교육 문제로 나누어 보면 세상 돌아가는 모습이 더 환히 보인다.

❹ 어휘 알기 : 제목이나 부제를 읽기 위해서는 용어를 알아야 한다. 신문용 어휘는 제한되어 있다. 조금만 노력하면 나중에는 자동으로 읽혀진다. 제목에는 기사 내용이 압축되어 있다. 그 자체로도 정보를 보고 판단하는 눈을 기를 수 있다.

❺ 기사 내용 요약하기 : 자신의 의견을 넣지 않는다. 육하원칙에 의하여 요약한다.

❻ 비판하기 : 기자가 기사를 쓴 의도와 사건이 사회에 미치는 영향을 분석한다.

❼ 토론하기 : 신문에 난 기사나 사설의 방향을 놓고 친구들과 찬반 양론으로 나누어 격식을 갖춰 토론한다.

❽ 문제 해결 방안 마련하기 : 창의적인 방법을 생각해 본다. 하나만이 아닌 다양한 방향, 다양한 방법을 마련한다.

❾ 나의 생각 쓰기 : 신문 기사나 사설 등에 대한 나의 생각을 쓴다. 이런 훈련으로 논리적인 표현과 사고의 균형 잡기를 동시에 진행한다.

위대한 판단은 역사적 사고력에서 나온다

《몽실 언니》는 역사책은 아니지만 일제 식민지와 6·25 전쟁 속에서 가련한 삶을 이어 가는 사람들의 아픔을 구체적으로 느끼고 경험하게 해 준다. 만약에 어린이들에게 우리나라 근대사를 읽으라고 한다면 이해하기가 힘들어 독서에 대한 흥미마저 잃을 것이다. 그러나 《몽실 언니》는 그 시대의 사회와 역사를 주인공 몽실이의 삶을 통해 마치 내가 경험한 일처럼 느끼게 해 준다.

역사를 다룬 소설이나 영화는 실존했던 과거의 시간 속으로 독자를 데리고 간다. 이 점이 합리성에 가치를 두는 5~6학년 이상의 어린들이나 청소년들에게 기쁨을 준다. 역사를 다룬 소설이나 드라마는 지나간 역사를 통해 역사의식을 강화하여 역사적 사고력을 길러 준다.

역사가는 6·25를 기술할 때 남북한 합쳐서 130만 명이 죽고, 270

만 명이 부상당하고, 120만 명이 실종되었으며, 포로가 30만 명, 전쟁 고아가 60만 명이 생겼다고 기술한다. 그런 기록에서 우리는 전쟁에서 죽은 수많은 전사자에 대하여 구체적인 연민도 슬픔도 느끼지 못한다. 즉 숫자적인 전쟁의 피해는 우리에게 전쟁의 악을 느끼게 하기에는 부족하다.

그러나 소설가 최인훈은 그의 소설 《광장》에서 주인공 이명진이라는 이쪽도 저쪽도 편을 들 수 없는 한 젊은이를 등장시켜 6·25가 우리 민족에게 얼마나 깊은 상처를 주었는지를 보여 준다. 이 소설을 읽는 독자는 어느 역사 책을 읽은 것보다 더 6·25전쟁의 비극을 구체적으로 경험하게 됨으로써 역사적 사고력이 확장된다.

영화 〈왕의 남자〉는 조선 제10대 왕인 연산군의 집권기를 배경으로 한 영화이다. 사실과 허구가 뒤섞여 있지만, 영화 속에는 당시의 역사적 장면이 함축적으로 표현되어 있어서 '연산군이 왜 패륜아가 되었는지'를 관객에게 설명하고 있다. 이러한 간접적인 표현은 영화를 보는 이들에게 연산군의 어머니인 폐비 윤씨 사건에 대하여 호기심을 불러일으키기에 충분하다. 이렇게 일어나는 호기심, 이것이 역사적 사고력을 확장시켜 준다.

역사를 보는 눈

역사를 다룬 문학이나 영화의 존재 가치는 과거의 세계를 오늘의 세계 속에 재현하는 데 있다. 재현된 역사를 통하여 독자들은 과거 사람들도 슬픔과 희망이 있었고, 모험할 것과 절망할 것이 있었으며, 우리들과 똑같이 생생한 삶을 살았다는 것을 알게 된다. 그리고 오래된 이들의 삶과 지금 우리의 삶이 서로 이어져 있다는 자각을 통하여 역사적 상상력이 자극을 받는다. 그리하여 어린이들은 자기 자신은 역사의 흐름 속의 한 존재이며, 사회와 국가의 한 분자임을 각성하게 된다.

아놀드 토인비(Arnold Toynbee)가 "인류에게 있어 가장 큰 비극은 지나간 역사에서 아무 교훈도 얻지 못한다는 데 있다."고 말한 것도 이런 역사의 현재성을 강조한 말이다. 역사책 읽기나 역사 소설, 역사극을 통하여 역사적 사고력을 기르려면 역사를 보는 정확한 눈이 필요하다. 정확한 눈이란 다음과 같은 사실을 알고 있을 때 가능해진다.

첫째, 역사란 역사가가 선택한 사실이다. 역사는 사실의 기록이다. 그러나 학급 일지처럼 있었던 사실을 차례대로 다 적은 것이 아니라, 역사가가 선택한 사실만 기록한 것이다. 그래서 역사에는 역사가의 가치관이 들어 있다는 점을 먼저 생각해야 한다. 역사책을 읽고 무조건 믿거나, 역사 영화를 보고 무조건 믿는 것은 역사에 대한 안목이 얕기 때문에 일어나는 실수이다. 역사를 보면서 의심의 눈을 번뜩일 때 역사적 사고력이 길러진다.

둘째, 역사란 현재에 의미를 던져 줄 때에만 가치를 갖는다. 역사를 재미로, 시간 죽이기로 읽지 않는 독자라면 누구나 과거의 사실 속에서 오늘의 의미를 발견하도록 노력해야 한다. 예를 들면 대학 시험을 보는 학생들이 기출 문제를 열심히 푸는 것은 정작 시험장에 들어가서 나오는 낯선 문제에 적응하기 위해서이다. 역사책이나 역사 드라마를 많이 본 사람은 기출 문제를 많이 푼 학생과 같다. 그래서 현실 적응 능력이 뛰어나게 된다.

역사 공부를 하고 역사 소설을 읽는 목적은 역사 지식을 암기하자는 것이 아니다. 역사적 상상력을 길러 오늘의 문제를 풀어 보자는 것이다. 역사적 통찰력으로 오늘의 나의 삶을 살찌워 보자는 것이다.

 **북키박사의 한마디**

역사적 사고력을 길러 주는 작품들

1 | 동화 : 《마지막 수업(알퐁스 도데)》《소년병과 들국화(남미영)》

2 | 소년 소설 : 《몽실 언니(권정생)》《그때 나는 열한 살이었다(현길언)》《기억 속의 들꽃(윤흥길)》《장마(윤흥길)》《전쟁 놀이(윤정모)》《잃어버린 이름(김은국)》《장 발장(빅토르 위고)》《톰 아저씨의 오두막(스토)》

3 | 소설 : 《전쟁과 평화(톨스토이)》《이반데니소비치의 하루(솔제니친)》《닥터 지바 고(보리스 파스테르나크)》《바람과 함께 사라지다(마가렛 미첼)》《광장(최인훈)》 《토지(박경리)》《장보고(최인호)》

4 | 영화 : 〈쉰들러 리스트〉〈실미도〉〈마지막 왕 푸이〉〈징기스칸〉〈알렉산더 대왕〉

5 | 드라마 : 〈모래시계〉〈장희빈〉〈대원군〉〈명성왕후〉〈불멸의 이순신〉

과학 도서 읽기
과학적 사고력이
인류의 발전을 책임져 왔다

과학적 지식과 과학적 사고를 혼동하지 마라. 과학적 지식을 많이 가지고 있다고 해서 자동적으로 과학적 사고력을 갖게 되는 것은 아니다. 지식 중심 교육을 받은 성인들이 현실에서 그 지식을 곧바로 문제 해결에 적용하지 못하는 것은 그것이 과학적 지식일뿐 과학적 사고력이 아니기 때문이다.

(김동광, '과학적 사고력 길러 주기' 한국독서교육개발원 독서 교사 강좌에서)

과학적 사고력은 무엇일까? 과학적으로 보는 생각의 방향이다. 남들이 다 그냥 보는 현상도 과학적 사고력이 있는 사람은 그 속에서 과학적 규칙을 알아낸다. 예를 들면 아득한 옛날부터 사과는 가지에서 땅으로 떨어졌지만 만유인력을 발견한 사람은 뉴턴이었고, 수많은 사람들이 목욕탕에서 목욕을 했지만 물의 부력을 발견한 사람은 아르키메데

스였다. 그리고 개는 태초부터 침을 흘려 왔을 테지만 개로부터 조건반사 원리를 알아낸 건 파블로프(Pavlov)뿐이다.

사전적인 과학 지식은 과학적 사고력과는 무관하다. 실제로 우리 주변에서 백과사전식 과학 지식을 많이 외고 있지만 실생활에서 전혀 응용하지 못하는 과학 문맹을 자주 보게 된다. 이런 이유들로 그동안의 과학 교육이 과학 지식만 가르쳐 줄 뿐 과학적 사고력을 길러 주지 못했다는 반성이 일어나고 있다.

어린이와 과학적 사고력

아이들은 자신을 둘러싼 세계에 대하여 관심이 많다. 별은 왜 반짝반짝할까, 바다는 왜 파랄까, 가을 하늘은 왜 더 높고 파랄까, 해질녘이면 왜 하늘은 붉은 색이 될까, 시골의 별은 왜 서울의 별보다 굵고 밝은 것일까, 잎은 왜 초록색일까, 무지개는 왜 일곱 가지 색깔일까, 사람은 왜 꿈을 꿀까, 사람은 왜 죽을까, 왜 밥을 먹어야 할까…… 아이들의 관심과 의문은 끝이 없다.

흔히 과학의 출발점은 자신을 둘러싼 세계에 대해 의문을 품는 데서 시작된다고 한다. 위대한 과학자들은 어린이처럼 다른 사람들은 조금도 궁금해 하지 않는 현상에 궁금증을 품고 연구한 결과 놀랄 만한 과학적 지식을 정립할 수 있었다. 그래서 "어린이는 원래부터 과학적 사고력을 가지고 있었다."고 말해지기도 한다.

정말 그렇다. 어린이들은 과학적인 사고력을 가지고 세상을 본다. 그런데 차차 성장하면서 그런 사고력은 사라지고 한줌도 안 되는 과학 지식을 얻고는 만족해 한다. 그리고 더 나아가서는 과학은 딱딱한 것이라고 싫어하게 된다. 왜 사람은 자라면서 과학적 사고력을 잃어 갈까? 그것은 과학 교육의 문제이다.

과학 교육은 다른 사람들이 증명해 놓은 지식을 외게 하는 것으로 만족해 왔다. 남의 지식을 외우는 일은 누구에게나 지겨운 일이다. 그래서 과학적 사고력을 가진 어린이들은 과학과 과학 시간에 흥미를 잃고 과학이 싫다고 말한다.

과학적 사고력 기르기

첫째, 의심 품어 보기이다. '왜?', '그와 반대였다면?', '만약에?' 라고 생각할 때 과학적 사고력은 활발하게 작동하게 된다.

둘째, 사실에 근거하여 생각하기다. 예를 들면 '사람은 왜 두 발로 걷게 되었을까?' 란 궁금증이 생겼을 때 '사람이 동물보다 똑똑하니까' 혹은 '신이 사람을 가장 사랑하시니까' 라고 생각한다면 그것은 동화적 상상력이나 종교적 상상력이지 과학적 사고력은 아니다. 과학적 사고력이란 '두 발로 걸어 보니까 지구의 중력을 덜 받아서 더 편했을 것' 혹은 '손으로 다른 일을 하려고 두 발로 걸었을 것' 이라고 생각하는 방법이다.

셋째, 과학적 사고력을 기르려면 객관적 시각을 유지해야 한다. 그동안 수많은 과학자들을 고문하고 죽인 것은 비과학적 사고의 결과였다. 예를 들면 '마녀 재판', '종교 재판'과 같은 재판들은 비과학적 사고, 주관적 사고의 결과이다.

넷째, 하나의 문제에 하나의 답만 있다는 생각을 떨쳐 버리는 일이다. 하나의 문제에 하나의 답만 생각하면 창조와 발전은 없다.

다섯째, 과학을 실생활에 적용하여 생각하면 문제가 술술 풀린다. 뉴턴도, 아르키메데스도, 파블로프도 모두 실생활에서 문제를 풀었다. 과학의 내용은 모두 자연현상이나 실생활과 연관되어 있기 때문이다.

북키박사의 한마디

과학적 사고력 기르는 방법

1 | 과학을 알아야 하는 근사한 이유 만들기 : 별은 왜 반짝일까?

2 | 과학사에 관심 갖기 : 과학이 무지를 추방했다!

3 | 의심 품어 보기 : '왜?', '그와 반대였다면?', '만약에?' 라고

4 | 사실에 근거하여 생각하기 : 과학의 기반은 사실

5 | 객관적 시각 유지하기 : '마녀 재판', '종교 재판'은 주관적 사고의 결과

6 | 하나의 문제에 하나의 답만 있다는 생각 떨쳐 버리기: 또 다른 답 찾기가 바로 과학

7 | 실생활에 적용하여 문제 풀기 : 뉴턴, 아르키메데스, 파블로프도 실생활에서 풀었다.

부자들은 경제적으로
사고할 줄 안다

(A) 3000만 원의 빚에 시달리던 엄마가 어린 세 자녀를 고층 아파트에서 떨어뜨려 죽이고 자신도 목숨을 끊은 사건이 발생했다.

(B) 모 씨는 주가를 조작하여 30억 원의 부당 이익을 챙겼다. 이로써 그는 10년 징역을 살고 있다.

(C) 1994년 미국 복권사상 최고 당첨액인 1800만 달러(약 230억 원)에 당첨되었던 재미 교포가 2001년에 결국 파산했다는 뉴스가 있었다. 원인은 과도한 기부였다.

세 사람 모두 튼튼하지 못한 경제적 사고력의 소유자라고 할 수 있다. 그들이 올바른 경제적 사고력을 가지고 있었다면 자살하거나 부당 이득으로 범죄자가 되거나 파산하지는 않았을 것이다.

누구나 인생을 잘 살고 싶어한다. 모든 부모님들은 자녀가 경제적으로 우월한 삶을 영위하기를 바란다. 이 잘 산다는 것과 불가분의 관계에 있는 것이 돈과 관련된 경제적 사고력이다. 경제적 삶에 필요한 것은 경제적 지식이 아니라 경제적 사고력이다. 경제적으로 생각하고, 경제적으로 판단하고, 결정하는 데 필요한 체계적이고 조직적인 사고력이다.

경제적 사고력은 다른 사고력과는 달리 국가·사회와 밀접한 관련이 있다. 다른 사고력의 유무는 개인적 삶만을 좌우하지만 경제적 사고력은 나라와 사회와 단단히 연관되어 있다.

1976년 미국 정부는 독립 200주년 기념사업의 하나로 《미국의 경제 체제와 그 속에서 당신의 역할은 무엇인가》라는 조그만 책자를 발간하여 국민들에게 널리 배포한 적이 있다. 왜냐하면 개인의 경제적 사고력은 자신의 경제적 삶뿐 아니라, 사회, 국가, 인류의 삶과 밀접하게 관련되기 때문이다. 예를 들면 마이크로 소프트 사의 빌 게이츠 회장이나 삼성 그룹의 이건희 회장의 경제적 사고력이 미국과 한국 국민의 삶에 직접적으로 영향을 끼치는 것과 같다.

경제적 사고력 기르는 법

인간의 경제적 사고력은 초등학교 2~3학년에 형성되기 시작하여 15세 전후에 자기 색깔을 내게 된다(1998. 한국교육개발원). 그런데 경제적 사고력을 기르는 데는 학교 수업과 같은 주입식 교육으로는 불가능하다. 경제적 사고력을 기르기 위해서는 현실 문제를 가지고 학습해야 하는데 아이들이 경제 전선에 뛰어들 수 없기 때문에 경제적 문제를 다룬 소설이나 예화 책을 읽으며 공부하는 것이 좋다.

예를 들면 《열두 살에 부자가 된 키라》를 읽는 아이들은 '돈이 필요할 때는 어떻게 해야 하는지', '적은 돈을 가지고 필요한 돈을 만드는 방법이 무엇인지'에 대한 아이디어와 문제 해결력을 배우게 된다. 경제적 사고력을 길러 주는 목적은 아이들로 하여금 경제문제에 부닥칠 때 합리적이고 현명한 의사 결정을 하도록 도와주는 데 있다.

큰 집에 살다가 작은 아파트로 이사 가게 되어 버려야 할 물건이 생겼다. 멋지고 큰 식탁은 150만 원짜리였는데 작은 아파트에 들어가지 못해서 친구의 집 창고 속에 보관하기로 했다. 이때 그 식탁을 50만 원에 사겠다는 사람이 나타났다. 그러면 당신은 어떻게 하겠는가?

이런 문제에 봉착했을 때 문제를 해결하는 방식을 보면 두 가지 타입이 나타난다.

"150만 원 주고 산 것을 어떻게 50만 원에 팔아? 두었다가 큰 집으로 이사갈 때 다시 쓰면 되는데."

"50만 원? 좀 싸긴 하지만, 그동안 식탁을 사용하고 즐긴 것을 100만 원으로 치면 50만 원만 받아도 괜찮은 거야. 창고 속에 두었다가 곰팡이라도 쓸면 50만 원도 못 받는 물건이 될지도 몰라."

당신은 이 중에 어느 형인가? 이 중에서 두번째 경우를 한계주의

(marginalism)라고 하는데, '지나간 일은 내버려 두라' 는 경제적 사고력이 들어간 용어이다. 즉 그동안 사용한 값과 소유의 기쁨을 100만 원으로 치고, 50만 원을 받고 파는 것이 현명하다는 생각이다. 이때 100만 원은 '심적 소득' 이라고 한다. 이미 즐거움을 얻은 셈이니 50만 원에라도 팔아야 한다는 것이다.

이와 같이 경제적 판단력이 제대로 되었는가를 생각하고, 확인하는 공부가 경제적 사고력 공부이다. 그리고 해결책을 제시하는 데 그것이 합리적인지를 따져 보는 능력이 경제적 사고력이다.

삶의 조건을 개선시키려는 인간의 욕망에 대하여 경제학자 애덤 스미스(Adam Smith)는 "그 욕망은 요람에서부터 늘 함께 있으며 무덤에서야 우리를 떠난다."고 말한다.

북키박사의 한마디

경제적 사고력을 기르기 위한 토론 거리

1 | 오 헨리의 《크리스마스 선물》에는 아름다운 머리카락을 팔아 남편의 시계줄을 산 아내와, 시계를 팔아 아내의 머리핀을 산 남편 이야기가 나온다. 이들은 과연 현명 한 경제 활동을 한 부부인가?

2 | 김밥 장사를 해서 평생 모은 돈을 대학에 장학금으로 바치고 가는 할머니들의 행동은 현명한 경제 활동인가? 보다 현명한 경제적 판단은 없을까?

3 | 가난한 환경 미화원이 어느 날 '로또 복권' 에 당첨되어 평생 놀아도 살 수 있는 돈이 생겼다. 이제 어떻게 하는 게 좋을까?

우리 아이 글쓰기 사고력은?

우리 아이 독서방법을 체크해 보세요.

☐ 그림책 한 권을 읽는 평균 시간은 20분 이내이다.

☐ 앉은 자리에서 만화를 2~3권씩 읽기도 한다.

☐ 외울 수 있는 동요나 동시가 1~2개 정도이다.

☐ 동화책을 읽을 때는 줄거리 위주로 읽는다.

☐ 독서 이력서에 마법 판타지가 가장 많다.

☐ 위인전을 읽을 때에는 업적 위주로 읽는다.

☐ 교과서를 읽을 때 선생님이 밑줄 치라는 것만 친다.

☐ 논설문을 읽고 주장을 요약하지 못한다.

☐ 역사 도서를 읽고 내용을 무조건 믿는다.

☐ 신문 읽기를 즐기지 않는다.

☐ 엉뚱한 질문 같은 것은 하지 않는다.

☐ 경제나 금전에 별 관심이 없다.

✓ 표한 것이 10개 이상 : 글쓰기 사고력이 매우 빈약한 상태입니다. 책 읽기의 바른 방법을 익혀 주세요.

✓ 표한 것이 8~9개 : 글쓰기 사고력이 아직 빈약합니다. 책 읽기 방법을 바꿔 보세요.

✓ 표한 것이 6~7개 : 글쓰기 사고력이 보통 정도입니다. 생각하는 시간을 늘려 주세요.

✓ 표한 것이 4~5개 : 글쓰기 사고력이 풍부합니다. 글쓰기가 즐거운 자녀가 기대됩니다.

✓ 표한 것이 3개 이하 : 글쓰기 사고력이 매우 풍부합니다. 글쓰기 왕이 기대됩니다.

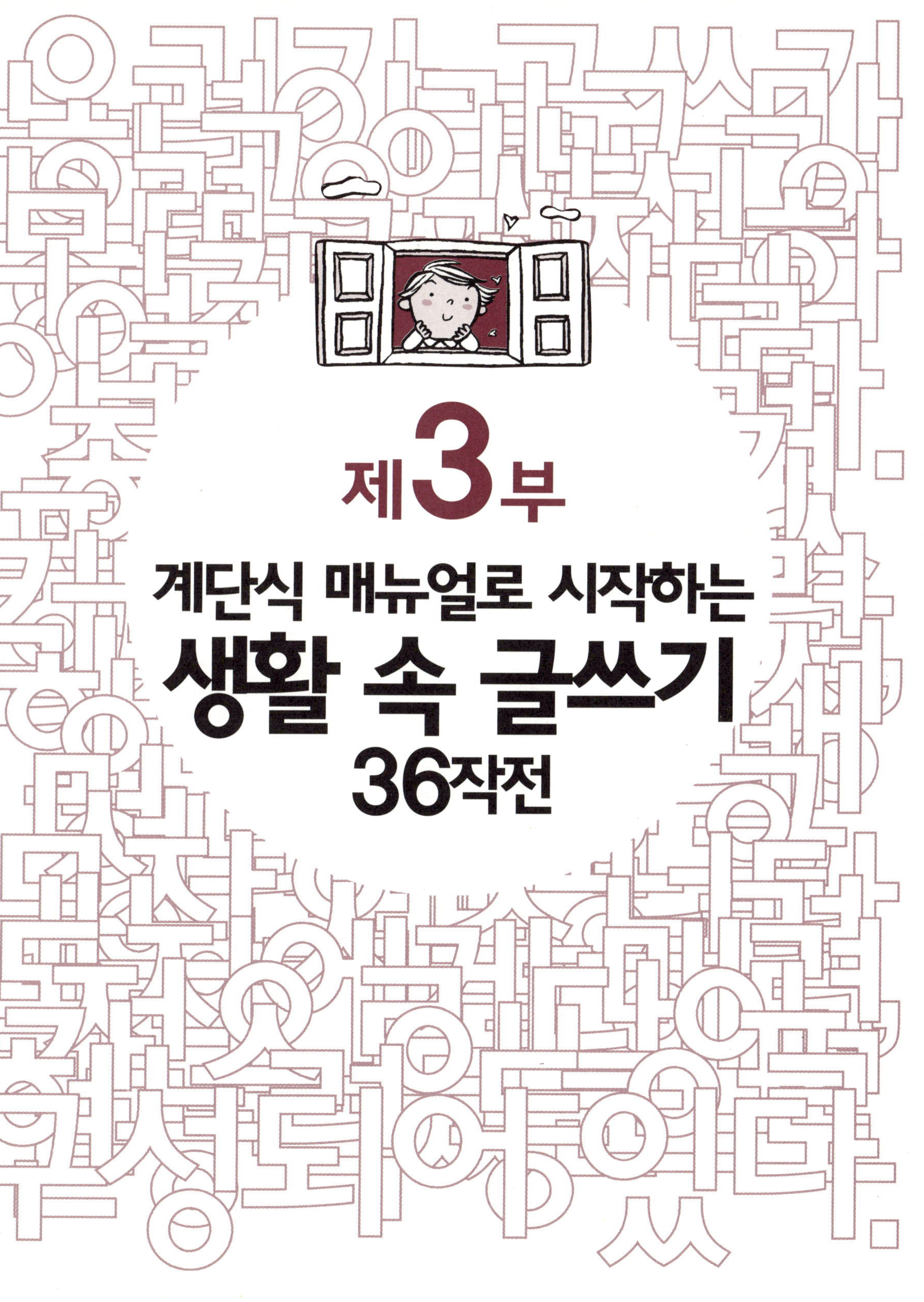

제3부

계단식 매뉴얼로 시작하는
생활 속 글쓰기
36작전

이제는 쓰고 싶다
생각 풀어내기

'시작이 반'이라는 말이 있다. 글쓰기에서는 정말 진리에 가까운 말이다. 그런데 글을 쓰려는 아이들이 가장 먼저 만나는 벽은 '글쓰기의 두려움'이다. 그 두려움이 솔솔 풀려나오려는 생각을 다시 꽁꽁 묶어 버리곤 한다. 많은 아이들이 이 단계에서 좌절하면서 '글쓰기는 고통'이라고 호소한다. 글쓰기를 좌절시키는 요소는 전통적인 것에서부터 심리적인 것까지 다양하게 존재하지만 가장 일반적인 것에는 두 가지가 있다.

미국인 성형외과 의사인 맥스웰 몰츠는 그의 저서 《사이버네틱스》에 "상상력에는 현재 상황을 바꾸는 힘이 있다."는 이론을 발표했다. "인간의 신경 조직은 실제 경험과 상상 경험을 구분하지 못한다."는 데서 출발한 그의 이론은 글쓰기에 대한 자신감을 기르는 방법으로 '상상력 동원하기'를 권한다. 대강의 개요를 제시하면 "먼저 글을 잘 써서 성공한 사람들의 이야기를 읽는다. 나도 잘 쓸 수 있다는 상상을 매일 한다.

밤에 잠들기 전에 매일 그런 상상을 한다. 21일 동안 그렇게 하면 글쓰기 체질로 바뀐다.”는 것이다. 나도 실험 집단의 아이들에게 이 ‘상상의 방법’을 적용한 적이 있다. 실험에 참가한 아이들의 75%가 상상을 하지 않은 아이들보다 ‘글쓰기의 두려움’을 쉽게 몰아낼 수 있었다.

생각 풀어내기의 즐거움

글쓰기의 두려움을 떨쳐 버리는 또 다른 방법이 있다. 생각 풀어내기이다. 글쓰기는 ‘사고 형성 기능’과 함께 ‘사고 풀어내기’ 기능도 보유하고 있다. 어떤 책을 읽고 요약하는 과정에서도 ‘어느 것을 넣을 것인가’는 사람마다 다르다. 글쓰기는 단순한 지식을 풀어내는 것이 아니라, 그 지식을 구성하고 생각을 만들어 내는 역할을 담당한다.

지금 이 책을 쓰고 있는 나는 그동안 머릿속에 실타래처럼 엉켜 있던 글쓰기에 대한 생각들이 한 가닥씩 풀려나오면서 새로운 지식 체계가 형성되는 것을 느낀다. 나는 지금 이 생각 저 생각을 얽어서 정리하기도 하고, 새로운 생각을 첨가하여 새 지식을 형성하기도 하고, 엉뚱한 것 같은 새로운 생각을 만들어 내기도 하면서 행복하게 글을 쓰고 있다.

정말이지 두려움만 제거된다면 글쓰기는 언제 어디서나 행복한 작업이다. 이 단원에서는 그 행복한 작업을 방해하는 요소들을 찾아보고, 방해 요소를 제거하는 방법을 제시하려고 한다. 읽어 가는 동안 여러분 자신이 글쓰기의 두려움을 극복하고 자녀의 유능한 멘토(mentor)가 되시기를 바란다.

좋은 필기구를 준비하라

초등학교 3학년 때 아버지가 36가지 색 크레파스 한 통을 사 오셨다. 얼큰하게 막걸리를 걸치신 아버지는 추수 곡식을 농협에 수매하고 오시다가 사셨다고 했다. 지금도 이상한 것은 아버지는 결코 아이들에게 그런 고급 물건을 사 주시는 분이 아니었는데, 그날 어쩌다 그걸 사오셨는지 모르겠다. 곡식을 팔아 주머니에 돈을 넣고 막걸리 한 잔을 걸치고 학용품 가게 앞을 지나다가 자신이 초등학교 때 그렇게도 갖고 싶던 36가지 색 크레파스를 발견하신 것일까? 아니면 그림을 잘 그린다는 내가 기특하여 충동적으로 사신 것일까? 궁금하였지만 아버지에게 물어볼 수가 없었다. 아버지 역시 아무 이야기도 없으셨다. 그후, 크레파스는 나의 보물이 되었다. 어찌나 소중하게 여겼는지 그림을 그리다가 잘못하여 크레파스가 부러지면 내 허리가 부러진 듯 몸이 오그라들었다.

어느 화가의 회상이다. 가난한 아버지가 사 주신 크레파스 한 통이 그를 화가의 길로 이끌어 주었다는 고백이다. 그렇다. 초등학교 시절의 크레파스 한 통이 화가를 만들고, 위인전 한 권이 위인을 만들기도 한다. 어린 시절에 받은 선물은 이렇게 특별한 의미를 갖게 된다.

입학 선물, 졸업 선물로 좋은 만년필이나 학용품을 사 주는 것은 동서고금을 막론하고 오래된 전통이다. 컴퓨터가 일반화되고부터는 이런 전통이 사라지고 있지만 자녀에게 즐거운 글쓰기를 선사하려는 부모들은 기억해 두어야 할 관습이다.

술술 써지는 펜을 보면 무언가 쓰고 싶어진다. 무광택의 뽀얀 종이를 보면 아무 글씨라도 써 보고 싶다. 반면에 글을 쓰려고 책상 앞에 앉았는데 펜이나 종이가 마음에 들지 않을 때는 쓰려는 의욕마저 슬며시 사라진다. 이런 글쓰기의 심리를 간파한 것일까? 요즘 문방구에는 좋은 필기구들이 넘쳐 나고 있다.

예쁜 그림을 그린 노트, 다양한 모양새의 지우개, 색색 가지 볼펜과 연필들. 지금 당장 문방구로 달려가서 가장 마음에 드는 필기구를 사 주어라. 많이 사다 놓고 보면 부자가 된 듯 흐뭇하다. 견물생심이라고 그렇게 준비해 두면 쓰고 싶은 마음이 저절로 일어난다.

화가 났을 때는 진하면서 강한 연필이 좋다. 진한 연필로 꾹꾹 눌러 쓰다 보면 어느새 화가 스르르 풀린다는 심리학 이야기를 읽은 적이 있다. 나도 몇 번 해보았는데 효과가 정말 있었다. 글을 쓸 때에 손가락과 손목에 힘을 주어야 하는 볼펜보다는 힘들이지 않고도 술술 잉크가 나오는 고급 펜이 더 좋다. 몸속의 에너지를 생각하고 표현하는 데 사용해야지 손가락에 집중시킬 필요는 없다.

목표를 확실히 한다

새 학기가 며칠 남지 않은 날 많은 아이들이 글쓰기를 배우려고 학원에 등록을 한다. 그러면 나는 첫 시간이 시작되기 전에 아이들에게 물어본다.
"왜 글쓰기를 배우려고 하지?"
"엄마가 가라고 해서요."
이렇게 대답하는 아이가 있으면 그길로 돌려보내고 싶다. 동기가 없기 때문이다. 마음에 동기가 형성되지 않은 아이들은 열심히 배우지 않는다. 열심히 배우지 않는 아이들은 선생이 아무리 열심히 지도해도 실력이 늘지 않는다. 그런 아이들은 그 시간에 차라리 영화를 보거나 축구를 하며 노는 것이 더 좋을 것이다.

한국독서교육개발원 진주교육센터 홍용도 원장의 말이다. 그렇다. 자신은 아무런 동기도 없는데 엄마가 가 보라고 해서 온 아이들에게 글쓰기를 가르치는 것은 낭비다. 글쓰기에 대한 동기 부여가 안 된 아이들은 '물가에 끌고 갔는데도 물을 먹지 않는 말'처럼 배우는 데 한계가 있다. 집에서 부모님이 글쓰기를 가르칠 때도 마찬가지다. 먼저 '왜 글을 잘 써야 하는지'를 인식하고, '글을 잘 쓰고 싶다'는 간절한 소망을 품는 것이 중요하다.

아이들에게 글쓰기에 대한 동기 부여로 가장 효과적인 방법은 글을 잘 써서 성공한 인물들의 실례를 알려 주는 일이다. 링컨은 독서광인 동시에 글쓰기 광이었다. 대통령이 된 후에도 각종 연설문 원고를 손수 썼다. 게티스버그 연설문 속에서 튀어나온 '국민을 위한 국민에 의한 국민의 정부'라는 그 유명한 문장도 그가 연설 전에 잠깐 메모한 수첩 속에서 나온 표현이라고 한다.

우리나라의 경우에도 200만 부가 팔린 베스트셀러의 저자 유홍준을 만든 건 그의 전문 지식만이 아니라 글쓰기 실력이 한몫했다는 것이 출판가의 분석이다. 글쓰는 화가 김병종, 그림 읽어 주는 여자 한젬마, 바람의 딸 한비야, 바이러스 잡은 안철수, 자기 경영 전문가 공병호, KAIST 교수 정재승, 이화여대 교수 최재천 등도 모두 글쓰기 실력이 그들의 전문성을 더 빛내 준 인물들이다.

세상을 내 편으로 만드는 기술

사실 글쓰기란 이렇게 유명해지고 돈을 많이 벌기 위한 수단만이 아니다. 어렸을 때 길러 놓은 수준 높은 글쓰기 실력은 균형 잡힌 인격체를 만드는 기초가 된다. '글쓰기의 심리학'에서는 지식과 생각은 많은데 표현 능력이 따라 주지 못할 때 인간은 좌절과 분노가 생기고 자기 비하감이 형성된다고 한다. 반면에 글쓰기 능력이 풍부한 사람은 표현이 자유로워 자기 정체성이 강화되고 자신감도 강화된다고 한다. 현실적인 행운도 있다. 어린 시절에 길러진 글쓰기 능력은 고등학교에 가서 논술 잘 쓰는 학생이 되는 지름길이며, 좋은 회사에 취직하여 기획서를 잘 쓰는 유능한 사원이 되는 방법이다.

글쓰기 기술이란 이렇게 인생의 굽이굽이에서 도약의 발판이 되어 준다. 아무리 많이 알아도 나타내는 기술이 없으면 모르는 것과 마찬가지이다. 그런 의미에서 글쓰기 기술은 '세상을 내 편으로 만드는 기술' 인 셈이다.

이런 이야기를 해주면 아이들은 고개를 끄덕이며 눈을 반짝인다. 성공하고 싶지 않은 아이란 없다. 의욕은 있는데 잘 못 쓰는 아이도 없다. 글쓰기의 목표를 확실히 갖게 하는 것! 이것이 부모의 역할이다.

글쓰기에도 워밍업이 필요하다

아침 독서 10분을 시작하고부터 매일 쓸 거리가 생긴다. 어떤 때는 아침 독서 시간에 읽은 책 이야기를 쓰고 싶어 참기가 어렵다. 오늘은 공부 시간에 쓰다가 선생님께 야단맞았다.

요즘은 무슨 생각을 하면 바로 단어가 떠오른다. 그리고 종이에 쓰면 문장이 된다. 그런데 그 문장이란 것이 그 전에는 내가 만들려고 했는데, 요즘은 그냥 써진다. 누가 내 손을 잡고 쓰는 것 같다. 아마도 내가 읽은 책들의 작가가 아닐까? 누가 내 손을 잡고 글을 써 주는 것 같다. 나는 나중에 꼭 글을 쓰는 작가가 되고 싶다. 글을 쓸 때는 정말 즐겁고 행복하다.

(서울 강남구 D중학교 2학년 윤정혜)

정혜는 1년 전까지만 해도 글쓰기가 제일 싫다던 학생이다. 아침 독서 10분을 시작하고 6개월이 지나자 참을 수 없는 글쓰기의 유혹을 느낀다고 고백한다. 이런 변화가 어떻게 가능할까? 한마디로 하면, 머릿속으로 들어간 자극이 사색을 거쳐 글로 나오려고 발버둥치는 현상이다.

독서 습관을 붙이는 데 하루 10분이면 충분하듯이 글쓰기 습관도 하루 10분이면 충분하다. 간혹 10분이 너무 짧지 않느냐는 의견들도 있다. 물론 더 오래할 수도 있다. 그러나 어면 아이도 참을 수 있는 최소의 시간이 10분이다. 실험에 의하면 30분을 쓰는 아이들보다 10분을 쓰는 아이들의 실천력이 6배가 넘는다.

10분 글쓰기는 워밍업 과정이다. 하루 10분씩 3개월만 하면 습관이 되고, 6개월이 지나면 운명이 된다. 6개월 동안 매일 10분씩 글쓰기를 실천하면 평생 동안 글을 쓸 수 있다. 쓰지 않으면 이상해질 정도로 글쓰기가 편안해진다.

그동안의 연구에서 볼 때, 정말 천성적으로 글쓰기를 싫어하는 아이란 없었다. 글쓰기가 싫은 것은 워밍업이 안 된 상태에서 글쓰기를 강요받았을 때 일어나는 현상이었다. 그래서 글만 쓰려면 머리가 지끈지끈 아파 글에 가위 눌려 하는 아이들이 있을 뿐이었다.

10분 글쓰기의 장점들

매일 10분씩 글쓰기의 좋은 점을 들면 다음과 같다.

첫째는 하루 동안 모인 생각이나 감정을 글 속에 쏟아 놓다 보면 정신이 맑아지는 치료의 경험을 할 수 있다. 특히 아무에게도 할 수 없는 이야기를 쓸 때는 시원한 느낌까지 받는다. 이때의 쓰기는 '써 내려가기' 혹은 '써 갈기기'가 더 효과적이다.

둘째는 글쓰기에 대한 두려움이 없어진다. 나 혼자 쓰는 글 속에는 아무 말이나 써도 좋고 내용이 시시해도 누가 무시하거나 핀잔을 주지도 않는다. 그래서 글쓰기가 겁나지 않는다.

셋째는 글을 쓰는 동안 생각이 꼬리에 꼬리를 물게 되어 사고력이 높아진다. 매일 글을 쓰려면 매일 생각을 하게 된다. "고기도 먹어 본 사람이 잘 먹는다."는 속담처럼 생각도 해본 사람이 안 해본 사람보다 더 잘한다.

넷째는 생각의 텃밭이 풍부해진다. 생각의 텃밭이 풍부하면 글쓰기에 사용할 자료가 풍부해진다. 신경학과 인지 과학에 의하면 "인간은 자신이 느끼지는 못하지만 하루에 5만 가지 정도의 생각을 한다."고 한다. 옛날 이야기에 '오만 가지 생각이 머릿속에 왔다갔다한다.' 는 표현이 있는데 정말 우리 조상들은 뛰어난 두뇌 과학자였던 것 같다.

이렇게 하루에 5만 가지의 생각이 일어났다 사라지는 과정에서 글쓰기를 하면 그 중 얼마라도 건질 수 있게 된다. 사랑하는 사람도 결혼이라는 끈으로 묶어 놓지 않으면 사라지는 것처럼 나의 생각도 글로 써 놓지 않으면 사라지고 만다. 10분 글쓰기를 통하여 그 생각을 영원히 나의 것으로 만들 수 있다.

북키박사의 한마디

매일 10분 글쓰기의 특징

1 | 글쓰기 습관이 든다. 3개월은 습관, 6개월은 운명

2 | 하루 동안 모인 생각이나 감정을 쓰고 나면 정신이 맑아진다.

3 | 글쓰기에 자신감이 생긴다. 혼자 쓸 때는 항상 내가 1등이다.

4 | 생각하기 습관이 든다. 매일 쓰기는 매일 생각하기를 수반하기 때문이다.

5 | 생각의 텃밭이 풍부해진다. 생각의 텃밭이 풍부하면 글쓰기에 사용할 자료가 풍부해진다.

원고지 밖으로 행군하라
생각을 꺼낼 때는 정서법이 필요 없다 

2005년 한국독서교육개발원은 초중고 학생을 대상으로 '글쓰기가 즐거운
가'에 대한 조사를 한 적이 있다. 그 결과 "고통스럽다."는 응답이 88%였
다. "어떤 고통을 느끼는가?"란 질문에 "글을 쓰려면 머리가 아프다."는 응
답이 가장 많았다. 이들 중 32%의 학생은 정말 머리가 생리적으로 쑤시고
아프다고 했다.
"왜 머리가 아픈 것일까?"
다양한 응답이 나왔지만 그 중에서 '원고지 강박증'이 있는 학생들이 의외
로 많았다. 줄친 노트나 백지에 쓸 때보다 원고지에 쓸 때에 '더 머리가 아
프고 글이 안 나온다.'는 것이다.

똑같은 질문을 어른 집단에 실시해 보았다. 학교장, 교사, 교수, 대학
생, 작가 등 다양한 집단이 참가했다. 그런데 원고지에 쓸 때 더 잘 써진
다는 집단은 없었다. 글쓰기를 직업으로 하는 작가들조차도 원고지에
쓸 때보다 흰 종이에 깨알같이 쓰거나 컴퓨터로 작업을 할 때 글이 더
술술 나온다고 응답했다.

그렇다면 초등학생들의 이런 호소는 너무나 당연하다. 줄 친 공책보다 원고지 쓰기에 부담을 느낀다면, 진작 제거해 주었어야 할 장애물이었던 것이다. 아니, 너무 늦게 발견된 장애물인 셈이다.

아이들이 글쓰기를 배우는 과정을 연구해 보면 처음에는 단어 수준의 쓰기를 하다가 차차 문장 수준의 글쓰기로 발전한다. 문장 수준의 글쓰기에 자신감이 생기는 순간부터 문단 수준의 글쓰기를 시도하게 된다. 문단 수준의 글쓰기가 시작된 아이들의 글에는 통일성이 있다. 생각을 문단 수준으로 했기 때문이다. 어떤 아이도 단어 수준의 글쓰기에서 문단 수준의 글쓰기로 건너뛰지 못한다. 반드시 문장 수준의 글쓰기를 거쳐야 한다.

낱자 수준의 글쓰기, 문장 수준의 글쓰기

원고지 쓰기란 글을 쓸 때 낱자 수준, 혹은 단어 수준으로 사고하도록 유도한다. 글을 선형(line-up)으로 진행시키기보다 칸 속에 채우는 행위이기 때문에 문장 단위로 생각하지 않고 한 글자 한 글자 낱자 단위로 진행시킨다.

이런 현상은 사고의 흐름을 토막내어 문장 수준의 글쓰기로 가는 속도를 늦추게 한다. 한글 깨치기에 들어간 1학년 학생들은 칸 공책을 쓴다. 그러나 글자 쓰기가 어느 정도 잡히면 줄 공책을 쓴다. 칸 공책이 사고의 흐름을 막기 때문이다.

생각은 시위를 떠나려는 화살과 같다. 그런데 활이 그 화살을 목적하는 곳으로 보내 주지 못한다면 얼마나 괴로울 것인가? 목표를 향하여 날아가고 싶은 화살을 잡아매어 두려는 짓은 얼마나 이상한 조화인가? 원고지 강박증은 날아가려는 생각의 화살을 칸 속에 잡고 있을 때 일어나는 증상이라고 할 수 있다.

현재 원고지를 사용하는 나라는 우리나라와 일본이다. 일제 강점기에 일본으로부터 들어온 '원고지'는 우리나라에 들어온 이후 줄곧 사용되고 있다. 1950년대까지는 학용품이 모자라던 시대라 대회용이 아니면 감히 원고지를 사용하지 못했다. 하지만 학용품이 흔해지고부터는 글쓰기라면 무조건 원고지에 써야 하는 것으로 인식해서 원고지가 널리 사용되고 있다. 학교에서도, 글짓기 대회에서도, 학원에서도 원고지에 쓰는 것을 기본으로 하고 있다. 원고지에 쓰기가 마치 글쓰기의 기본 과정처럼 습관화 현상까지 보이고 있다.

원고지 쓰기의 장점과 단점

아이들의 강박증에도 불구하고 원고지 쓰기는 장점이 있다. 학교 교사에게는 글쓰기의 분량을 명료하게 정해 주고 검사하기가 쉽다는 점이다. 그리고 학생들에게는 한자 한자 또박또박 글씨를 쓰고, 띄어쓰기를 신경 쓰게 된다는 점이다. 다시 말해 원고지 쓰기의 최대 장점은 정서법 교육이다.

그러나 원고지 쓰기의 단점은 이보다 좀 더 본질적인 데 있다. 인생의 초기인 초등학교 시절에 글쓰기를 배워야 하는 이유는 무엇인가? 아마도 자유스럽게 자신을 나타낼 수 있는 표현 능력을 기르기 위해서일 것이다. 실제로 초등학교 국어과 교육 과정에서 "자신의 생각을 자유롭게 표현 할 수 있다."는 말로 글쓰기의 목표를 정하고 있다. 그렇다. 글쓰기의 목표는 또박또박 예쁘게 글씨를 쓰는 것이 아니라 생각을 자유롭게 표현하는 표현력이다.

창조적인 활동인 글쓰기에서 가장 중요한 것은 형식이 아니라 자유다. 생각을 마음껏 펼치려면 형식의 자유도 필요하다. 원고지 쓰기와 같은 형식에 얽매이다 보면 사고는 위축되고 정형화된다. 우리가 글쓰기 교육에서 진정 도달해야 할 목표는 글씨 깨끗하게 쓰는 아이들보다는 자유롭게 자신의 생각을 펼칠 수 있는 아이들이다.

이제 이쯤에서 아이들에게 "원고지 밖으로 행군하라."고 말할 때가 된 것 같다. 그동안 우리가 아무 생각 없이 강행해 온 원고지 사용이 빈대 잡으려다 초가삼간 다 태우는 격이 되고 있다.

북키박사의 한마디

원고지를 사용하면 좋을 때

1 | 글을 완성한 후에 제출하려 할 때

2 | 원고지로 써 오라는 요구가 있을 때

3 | 정서법을 연습하고 싶을 때

4 | 글씨 연습이 하고 싶을 때

:05

바람의 딸 한비야 씨의 글쓰기 에피소드를 읽은 적이 있다. 어느 날 평소 알고 지내던 잡지사 관계자가 여행 소재가 좋다며 책을 내자고 하는 바람에 얼떨결에 약속을 하고 나서 한비야는 고민에 빠졌다. 그런데 막상 쓰려고 하니 글이 써지지 않았다. 여행 경험은 있지만 글이 안 나오는 것이다. 머리를 쥐어짜도 되지 않았다. 그러던 어느 날 그녀는 마침내 깨닫게 되었다. '그래 나는 전업 작가가 아니야. 꼭 멋지게 써야 하는 건 아니지. 그냥 내 스타일대로 쓰자. 친한 친구에게 신나게 내 이야기를 해 주는 것처럼 쓰자.' 고 결심했다. 마음을 고쳐먹고 나니 그날부터 거짓말처럼 글이 술술 나오더라는 것이다.

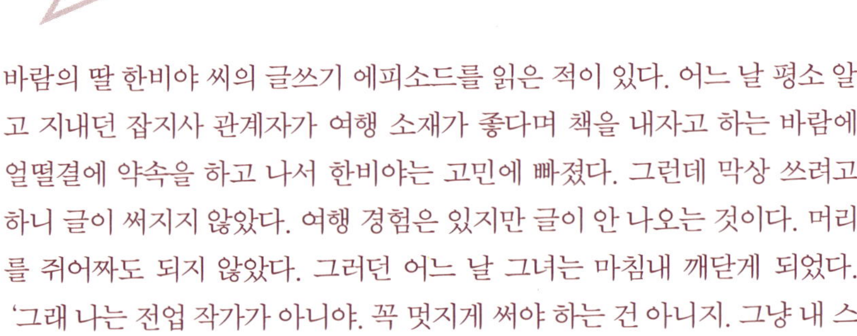

지금 그녀의 글은 신나게 팔려 나간다는 소식이다. 그녀가 자유롭고 신나게 썼기 때문이다. 자유롭고 신나게 쓴 글은 독자도 자유롭고 신나게 읽는다.

세상에서 가장 자유로운 글쓰기는 아마도 낙서일 것이다. 낙서를 할 때 우리의 심신은 매우 자유롭다. 전화를 하거나 회의 중에 종이 귀퉁이에 열심히 낙서를 할 때 우리는 긴장하지도 않고, 낙서가 잘 안 된다고 걱정하지도 않는다. 그러나 나중에 써 놓은 낙서를 다시 읽어 보며 우리는 그 속에 어떤 의미가 들어 있다는 것을 발견하게 된다. 내가 평상시에 모르고 있던 나의 숨겨진 모습이 그 짧은 단어나 문장 속에 여지없이 드러난다. 그런 의미에서 낙서는 매우 훌륭한 글쓰기이다.

만약 세상에 모든 글이 낙서처럼 자유롭게 익명성을 가지고 쓰여진다면 아마도 글쓰기는 한결 쉽고 즐거운 활동이 될 것이다. 그런 의미에서 볼 때 아이들에게 즐거운 글쓰기를 가르치려면 그냥 신나게 쓰는 법을 가르치는 것이 중요하다. 열등감이나 죄책감은 생각지 않기다. 그러면 글은 쉽게 써지기 시작한다.

재능 없는 사람은 없다

지난 20여 년 동안 독서 논술 교육을 연구해 오면서 나는 참으로 많은 것을 배웠다. 그동안 여러 부류의 사람들을 대상으로 연구하고 가르쳤다. 초등학생도 가르쳤고, 대학생도 가르쳤고, 학교 선생님도 가르쳤다. 가정주부도 가르쳤고, 회사원도 가르쳤고, 독서 논술 전문가들도 가르쳤다. 그러면서 배운 가장 중요한 사실은 누구나 글쓰기 재능을 이미 가지고 있다는 사실이다. 즉 누구나 하고 싶은 말이 있고, 글을 써야 할 필요를 느끼고, 글을 쓰고 싶어한다는 것이다.

그리고 한 가지 놀라운 것은 재능이 없을 것 같던 사람들이 더 빨리 실력이 는다는 사실이다. 왜 그럴까? 그 이유는 그들이 더 자유롭게 쓸 수 있었기 때문이다. 작은 재능이라도 가지고 있는 사람들은 이미 형성된 그 재능을 깨고 나오기가 어려웠다. 재능은 자유롭고 신나게 쓸 때 강력한 힘으로 터져나온다.

나에게 재능이 있다는 것, 나도 독창적일 수 있다는 사실을 명심한다면 누구나 자유롭게 신나게 쓸 수 있다. 자신의 깊은 내부에 잠자고 있는 생각을 불러내기만 한다면, 진실을 꺼내기만 한다면 누구나 신나게 쓸 수 있다. 자유롭지 못하고 신나지 않는 것은 자신의 깊은 곳에서 생각을 꺼내지 못하기 때문이다. 글쓰기의 즐거움은 자신의 재능을 확인하는 순간에 불타오르기 시작한다.

북키박사의 한마디

셰익스피어도 맞춤법에 맞는 글을 쓰지 못했다. 그의 초고는 아무도 알아볼 수 없을 정도로 어지러웠지만 내용만은 탄탄한 독창성을 가지고 있었다고 한다. 또 셰익스피어만큼 글쓰기를 즐긴 사람도 없다고 한다. 그는 밥을 먹듯이 글을 썼다. 그는 철저하게 자신을 믿었다. 전기학자들은 말한다. 만약에 셰익스피어에게 글을 쓰지 못하게 했다면 그는 아마도 자결을 택했을 것이라고. 그래서 강조하건대 글쓰기가 즐거워지는 가장 확실한 방법은 자유롭고 신나게 쓰는 것이다.

지식이 아닌 생각을 쓰면 글쓰기가 즐겁다

:06

"이 소설의 형식은 무엇인가?"
"이 소설의 문체는 무슨 체인가?"
"이 소설의 주제는 무엇인가?"
《소나기》라는 아름다운 소설을 읽은 후에 이런 질문을 받은 아이들의 기분은 어떨까? 아마도 얼굴을 찡그리며 소설의 감동을 한순간에 잊어버리고 말 것이다.
"소녀는 왜 분홍 스웨터를 입은 채 묻어 달라고 했을까?"
"소년의 사랑과 소녀의 사랑을 색깔로 표현하면 어떤 색이 될까?"
"소녀가 물장난을 하던 개울물의 깊이는 어느 정도쯤 될까?"
《소나기》를 읽은 후에 이런 질문을 받은 아이들의 기분은 어떨까? 아마도 눈을 반짝이며 소설의 갈피갈피를 뒤지며 답을 쓸 것이다.

앞 질문과 뒤에 한 질문의 차이는 묻는 내용이다. 앞의 질문은 지식을 묻는 반면에 뒤의 것은 생각을 묻고 있다. 이렇게 같은 책을 읽었지만 묻는 내용에 따라 학생들의 기쁨의 차이가 다르다.
한국독서교육개발원에서 글쓰기가 싫다는 초등학교 어린이들을 대상으로 이유를 조사한 결과 다음과 같은 응답을 얻었다.

- 쓸 거리가 없어서(52%)
- 쓸 거리는 있지만 좋은 글이 되지 않아서(24%)
- 소질이 없어서(11%)
- 칭찬받지 못해서(8%)
- 시간 부족 등 기타(5%)

쓸 거리가 없다는 아이들에게 "쓸 거리가 무엇이냐?"고 질문했을 때 '지식(45%), 글(40%), 생각(7%), 기타(8%)' 순으로 나타났다. 학생들의 응답 결과를 정리하면 글쓰기가 어려운 원인은 머릿속에 '지식'이나 '글'이 들어 있지 않아서이다.

여기서 우리가 알 수 있는 것은 글쓰기에 대한 잘못된 인식이다. 많은 아이들이 글쓰기란 '지식'을 쓰는 것이라고 인식하고 있기 때문에 즐거워야 할 글쓰기가 괴로움이 되고 있다. '소나기'를 읽고 받은 질문에 따라 아이들의 공부가 즐거워질 수도 있고 괴로워질 수도 있듯이 지식을 쓸 때보다 생각을 쓸 때 글쓰기가 더 즐겁다.

창조할 때 기쁨을 느끼는 뇌

책을 읽고 얻은 지식은 두뇌에 축적되지만 그것은 단조로운 기억 작용에 의해 축적된다. 즉 수동적인 활동이다. 이에 반해 책을 읽고 생성되는 생각은 기억이 아니라 사고 작용의 결과다. 사고 활동은 적극적이고 창조적이다. 일반적으로 인간의 뇌는 수동적인 활동에서는 기쁨이나 쾌감을 느끼지 않지만 적극적이며 창조적인 활동에서는 기쁨과 쾌감이 일어나게 된다. 아이들이 배운 지식을 쓰려고 하지 않고 자기 생각을 쓰기만 한다면 글쓰기는 바로 기쁨이 된다.

위 연구에서 "글쓰기가 어렵다."고 호소하는 아이들 중에 두번째로 많은 집단이 글쓰기란 머릿속에 들어 있는 '글'을 꺼내는 것이라고 생각하는 아이들이다. 물론 이런 인식은 글쓰기를 고통으로 이끈다. 이런 아이들은 대개 글을 쓸 때 매우 망설이고 겁내고 많은 시간을 끙끙거리기도 한다. 이것은 완벽한 글을 머릿속으로부터 꺼내려는 시도 때문이다.

그러나 어느 누구의 머릿속에도 글은 들어 있지 않으니 안심해도 된다. 사람이 글을 만드는 과정을 살펴보면 완벽한 글은 누구의 머릿속에도 들어 있지 않다. 머릿속에 들어 있는 것은 저장된 스키마(배경 지식)와 생각뿐이다. 우리 안에 있는 스키마나 생각들 중에 주제에 적합한 것을 단어로 바꾸어 꺼내고, 문장으로 엮어 내는 과정이 글쓰기이다. 즉 글이 머릿속에서 나온다는 것은 환상일 뿐이다. 글은 머릿속에 있는 생각이 문자화된 것일 뿐이다.

글을 쓰지 않고 생각을 쓰는 사람들의 글은 쉽다. 글의 형식보다는 내용을 쏟아 내는 작업을 중요시했기 때문에 글에 알맹이가 있고 말하는 것처럼 일상적인 언어와 단순한 구조를 띠게 된다. 그래서 신선하고 재미있다는 평을 받거나 독창적이고 자연스럽다는 평을 받는다. 이는 아이디어가 형식에 눌려 빛이 바래지지 않고 그대로 살아 빛나기 때문이다.

컴퓨터가 글쓰기를 놀이로 만들어 준다

글쓰기라면 머리부터 아파 오는 사람 중에 하나였다. 글쓰기의 여러 과정 중에 생각하기, 자료 찾기, 주제 정하기 등에는 매우 신이 났는데, 막상 종이 위에 쓰기 시작하면 비틀거렸다. 한 줄 쓰고 고치고, 다시 쓰고 고치고, 지저분하면 생각까지 엉키는 것 같아 다른 종이에 베껴 놓고, 다시 읽어 보면 말이 안 돼서 다시 쓰고, 그러다 보면 처음 생각은 어디로 갔는지 묘연하고 골치만 딱딱 아파 오는데 책상 옆에는 구겨진 종이가 수북하게 쌓여 있다.

위의 글은 오래전에 내가 쓴 글의 일부이다. 원고지를 한칸 한칸 채워 나가거나 공책에 한자 한자 손으로 써 내려가던 시절에 나는 생각에 생각을 거듭하고, 고민에 고민을 거듭한 후에야 떨리는 손으로 깨끗한 종이에 글을 쓰는 일을 착수할 수 있었다. 도중에 글자를 잘 못 썼을 경우에는 지우거나 종이로 오려 붙이고 다시 쓰거나 하면서 많은 시간과 에너지를 글자 기록하는 일에 소비했다. 즉 생각의 속도를 글자 기록의 속도가 따라 주지 못해서 글쓰기가 고통스러웠다.

그런데 컴퓨터를 사용하고부터는 고민에 고민을 거듭하지 않고도 글쓰기에 착수할 수 있어서 즐겁다. 일단 아무렇게나 썼다가 나중에 다시 읽어 보고 얼마든지 고칠 수 있기 때문에 즐겁다. 가감이 자유롭고 앞뒤 순서 바꾸기도 좋아 글의 구성이 더 탄탄해진 것 같다.

컴퓨터를 사용하고 글 쓰는 속도가 빨라지면서 나는 여러 권의 책을 내게 되었다. 예전 같으면 엄두도 못 낼 분량이다. 그것은 내 실력이 늘어서가 아니라 글쓰기 속도가 빨라졌기 때문이다. 이제는 글 쓰는 속도와 생각하는 속도가 같아졌다.

그러나 컴퓨터로 쓰기의 가장 큰 장점은 아이디어 생성 속도가 빨라진다는 점이다. 쓰는 시간에는 머리가 계속 활동을 한다. 머리가 쉬면서 글 쓰는 사람은 없다. 그러나 손으로 쓸 때는 글자를 깨끗하게 쓰려는 마음에 눌려 아이디어가 떠오르지 않는다. 특히 원고지에 글을 쓸 때는 이 증상이 한층 심해진다.

우리가 아무렇게나 쓸 때는 아이디어가 떠오르지만 깨끗이 쓰기 위해 베껴 쓸 때는 아이디어가 떠오르지 않는 것과 같다. 그래서 나는 컴퓨터로 쓰면 생각의 속도를 증진시킬 수 있다고 주장한다.

소심한 아이에게 컴퓨터 글쓰기를

글을 쓴다는 것은 의사소통이며, 의사소통은 몸으로 치면 순환계와도 같다. 순환계에서 어느 혈관이 막힌다면 우리에게 치명적인 손상이 발생한다. 나는 과거에 손으로 쓸 때에 아이디어의 순환계가 막혀서 매우 고통스러웠다. 그래서 나는 오랫동안 글쓰기를 포기하고 살면서 항상 생각했다. 손은 머리를 따라가지 못한다고. 손이 머리를 따라갈 수 있다면 참 행복할 것이라고.

나의 그 꿈은 1985년에 이루어졌다. 컴퓨터라는 것을 배우고 글을 써 보니 바로 손이 머리의 속도를 따라갈 수 있다는 것을 알게 되었다. 생각하는 대로 쓰고, 나중에 읽어 보고, 시시하면 없애고, 뒤의 것을 앞으로 보내고, 앞의 것을 뒤로 보내고 하니 정말 편했다.

나의 이런 경험을 가지고 말하건대 글쓰기의 속도가 나지 않는 아이들이나 고치기를 빈번하게 하는 아이들, 고치고 다시 쓰다가 지쳐 버리는 아이들, 생각의 속도는 빠른데 손의 속도가 따라 주지 않는 아이들에게 컴퓨터 글쓰기를 권하고 싶다. 틀릴까봐 주춤거릴 필요도 없고 고치다가 지칠 필요도 없으니까. 마음대로 고치고 마음대로 편집하다 보면 글쓰기가 즐거워진다.

그러나 어려서부터 컴퓨터만 쓰면 글씨체가 엉망이 될 수도 있다. 이를 방지하기 위해서는 컴퓨터로 먼저 치고 손으로 나중에 베끼면 된다. 그러면 글의 속도와 글씨체의 아름다움을 동시에 얻을 수 있다.

우리 아이 글쓰기 마음의 준비는?

얼마나 쓰고 싶어하는지 체크해 보세요.

☐ 우리 아이는 좋은 필기구를 충분히 가지고 있다.

☐ 우리 아이는 글 잘 쓰는 친구를 부러워한다.

☐ 우리 아이에게 또래 아이들이 쓴 책을 사준 적이 있다.

☐ 우리 아이는 매일 10분 정도는 글을 쓴다.

☐ 우리 아이는 원고지에 쓰는 것을 강요받지 않는다.

☐ 우리 아이는 맞춤법이나 정서법을 강요받지 않는다.

☐ 우리 아이는 잘 못 써도 야단맞지 않는다.

☐ 우리 아이는 글쓰기에 관한 칭찬을 자주 듣는다.

☐ 우리 아이는 자기 생각을 당당하게 쓰는 편이다.

☐ 우리 아이는 컴퓨터를 사용하여 글을 쓸 수 있다.

✓ 표한 것이 8개 이상: 글쓰기의 욕망이 충분한 상태입니다. 이제 쓰게 하세요.

✓ 표한 것이 6 ~ 7개: 글쓰기의 즐거운 상상을 하고 있는 어린이입니다.

✓ 표한 것이 5개: 글쓰기가 두렵지 않은 어린이입니다. 칭찬과 격려를!

✓ 표한 것이 3 ~ 4개: 글쓰기가 다소 두려운 상태입니다. 용기를 주세요!

✓ 표한 것이 2개 이하: 마음의 준비가 아직 안 된 상태입니다. 지도 방법을 바꾸어 주세요. 이 책의 처음부터 다시 시작해 주세요.

생각에 생명을 불어넣는 기술
문장 만들기

미국 하버드대학 졸업식장에서 한국인 기자가 졸업생들에게 물었다.

"당신의 소원은 무엇입니까?"

카메라가 돌아가는 앞에서 1초의 망설임도 없이 그들은 "Good Writing!"이라고 대답했다. 백악관의 주인이라던가, 식량 문제를 해결할 수 있는 경제 이론 정립이라던가, 물리학, 수학의 난제를 해결하는 대학자가 되고 싶다던가, 그런 게 아니었다. "글 좀 잘 썼으면 좋겠다."였다. 다큐 PD의 예상은 모두 빗나갔다. 정말 우등생들의 한결같은 대답은 '글 잘 쓰는 것'이었다(김광일 문화부장 대우, 『조선일보』 2005년 8월 2일자).

'좋은 글을 쓰고 싶다.'는 소망은 이렇게 유명 대학 학생들만의 소망은 아니다. 모든 사람의 소망이다. 실제로 유럽의 한 연구소가 20개의 연구 기관에서 일하는 과학자와 엔지니어를 대상으로 조사를 했는데, 글쓰기 능력이 출세에 큰 영향을 미친다는 응답이 50%를 넘었다. 과학자들도 그럴진대, 인문학 전공자의 경우는 더 그럴 것이다. 예를 들면 아무리 좋은 아이디어를 가지고 훌륭한 연구를 진행했어도 에세이를 제대로 쓰지 못한다면 인정받는 데 실패하게 되며, 노벨상도 탈 수 없을 것이다. 이렇게 글쓰기란 나를 세상에 알리는 기술이다.

글쓰기는 후천적 기술

그렇다. 글쓰기는 기술이다. 나의 생각을 상대방에게 알리는 기술이다. 훌륭한 기술의 보유에 따라 세상이 내 편이 될 수도 있고 그렇지 못할 수도 있다. 만약에 글쓰기 기술이 변변치 못하다면 내가 쓴 글은 개인적인 자료나 넋두리일 수밖에 없다.

그러나 많은 사람들이 글쓰기 기술에 대하여 잘못 이해하고 있는 경우가 많다. 예를 들면 한국독서교육개발원에서 조사한 바에 의하면 대부분의 사람들(67%)이 '글쓰기 기술은 선천적'이라고 생각한다. 그러나 글쓰기 기술은 선천적이 아니다. 후천적인 능력이다. 간혹 작가의 자녀가 글을 잘 쓰는 경우가 있지만 그것은 유전인자로 인하여 잘 쓰는 것이 아니라 부모의 영향 때문에 어려서부터 좋은 글을 많이 읽고 글쓰기 체질이 되었기 때문이다.

글쓰기 기술의 핵심에는 문장이 있다. 문장 쓰기에는 타인과의 교감을 위한 규칙이 존재한다. 그 규칙에 따라 교감이 이루어진다. 독자가 이해하는 언어, 독자가 이해하는 문장을 사용하지 않고는 독자에게 다가갈 수가 없다. 이 단원은 좋은 글을 쓰기 위한 두번째 단계로 문장 실력 기르기를 담당하게 된다. 자녀의 문장력을 키워 주는 유능한 멘토를 위하여!

딱 맞는 단어는 세상에 하나밖에 없다

우리 집 흥부는 하얀 양말을 신었어요.
동네 개들 중에서 하얀 양말을 신은 개는
우리 흥부밖에 없지요.

초등학교 1학년 아이가 쓴 일기이다. 아이는 일기장에다 네 발목에만 하얀 털이 난 강아지를 그려 놓았다. 이 글에 대하여 어른들은 어떤 반응을 보였을까?

공학도인 아빠는 "강아지가 어떻게 양말을 신니? 신은 것 같다고 써야지."라고 지적했다. 문학도인 아이의 엄마는 "하얀 양말보다는 하얀 털양말이 더 좋은 것 같은데.”라고 했다. 그래서 아이는 “우리 집 홍부는 하얀 털양말을 신은 것 같다.”로 고쳐 썼다.

이 아이에게 어떤 일이 일어나고 있는가? 어른들의 잘못된 지도로 아이의 신선한 문장이 망가지고 있는 중이다. 아빠는 은유를 직유로 끌어내렸고, 엄마는 물고기를 잡으려는 아이에게 물고기 잡는 방법 대신 친절하게도 물고기 한 마리를 직접 잡아 주었다.

좋은 문장을 쓰기 위해 가장 먼저 시작해야 할 훈련은 단어 선택이다. 생각을 표현하기에 딱 맞는 단어를 선택하는 기술. 그것은 글쓰기의 첫번째 계단이다.

위와 같은 경우, 좋은 문장력을 길러 주기 위하여 어떻게 해야 좋을까? 아빠처럼 하는 지도는 이 아이에게 아무런 도움이 되지 않는다. 도움은커녕 가만히 있는 것만도 못하다. 엄마처럼 ‘털양말’이라고 가르쳐 주는 것도 별 도움이 안 된다. 차라리 “하얀 양말보다 더 딱 맞는 말은 없을까?”라고 했다면 훌륭한 글쓰기 지도가 된다. 물고기를 잡아 주지 않고 잡는 방법을 길러 주는 격이 되기 때문이다.

그렇게 되면 아이는 ‘더 딱 맞는 말’이 있다는 것을 생각하면서 글을 쓸 때마다 ‘더 딱 맞는 말’을 찾게 된다. 한 번만이 아니라 일생을 두고 글을 쓸 때마다 ‘더 딱 맞는 말’을 찾게 될 것이다. 이것이 단어 선택에 대한 자극이요, 학습이다.

일물일어설(一物一語說)

〈목걸이〉라는 단편으로 세계적인 작가가 된 모파상이 청년 시절에 당시 프랑스 문단의 거장 플로베르를 찾아갔다. 제자가 되기 위해서였다. 플로베르는 소설을 배우러 온 청년 모파상에게 대뜸 물었다.

"어느 층계로 올라왔는가?"

"나무 층계로 올라왔습니다."

"그래? 그 층계가 몇 개였지?"

"잘 모르겠는데요."

"그래? 그렇다면 자네는 소설가가 될 수 없을 걸세."

그래서 모파상은 다시 나가 나무 계단을 세어 보고 선생에게 와서 서른여섯 개라고 말했다. 그러나 플로베르의 질문은 거기서 끝나지 않았다.

"그 계단을 올라올 때 일곱번째 계단에서 무엇을 발견했지?"

그래서 모파상은 다시 돌아가 일곱번째 계단을 살펴보니 못이 빠져 있었다. 모파상이 플로베르에게 그 이야기를 했을 때 플로베르의 질문은 또 이어졌다.

"그럼 그 일곱번째 계단에서는 어떤 소리가 나던가?"

모파상은 그 계단에서 들리는 소리를 스승에게 이야기하기 위하여 수십 번을 밟아 보았다고 한다.

플로베르는 왜 모파상을 이렇게 훈련시켰을까? 그는 모파상에게 '일물일어설(一物一語說)'을 설명하기 위해서였다. 리얼리즘의 거장인 그는 제자들에게 "세상에 똑같은 파리는 없고, 똑같은 나뭇잎도 없고, 똑같은 모래알도 없다. 글을 쓸 때는 그 현상에 딱 맞는 말을 골라야 한다."고 가르쳤다.

 **북키박사의 한마디**

지금, 아이의 글쓰기 공책을 펴고 살펴보세요. 그리고 한 단어를 골라 밑에 밑줄을 치고는 "더 딱 맞는 말은 없을까?"라고 써 주세요.

부모님이 밑줄 칠 단어를 고를 때에는 비슷한 말이 많은 단어를 골라, 아이가 몇 개의 단어를 놓고 고민하도록 만드세요. 그러면 단어 선택에 대한 안목이 높아집니다.

그러나 비슷한 말이 없는 단어 밑에 줄을 치면, 답이 없는 문제를 내고 풀어 보라고 하는 격으로 지루해서 역효과를 가져옵니다.

즐거운 문장
노래하듯 써라. 쓰는 사람도 읽는 사람도 즐겁다

민들레와 바이올렛이 피고, 진달래, 개나리가 피고 복숭아꽃, 살구꽃 그리고 라일락, 사향장미가 연달아 피는 봄. 이러한 봄을 마흔 번이나 누린다는 것은 적은 축복이 아니다. 더구나 봄이 마흔 살이 넘은 사람에게도 찾아온다는 것은 참으로 다행이다. (피천득의 수필 〈봄〉에서)

왜 많은 사람들이 피천득 씨의 글을 좋아하는 것일까? 왜 그에게 '명문장가' 라는 말이 따라다니는 것일까? 피천득 씨가 아니더라도 많은 사람들이 아끼는 글을 보면 한 가지 특징이 있다. 리듬감이다. 시가 아니어도 시처럼 혀끝에 감도는 윤율. 리듬감이 있을 때 사람들은 거부하지 않고 글을 읽어 나가게 된다.

(A) 도리취 공주는 자기 방 속에서 나오지를 않고 책을 읽으며 지냈다. 책을 읽던 공주는 모기에게 등을 물려서 퉁퉁 부었는데 손으로 긁어 보아도 시원하지가 않았다.

(B) 도리취 공주는 자기 방에 틀어박혀 책읽기를 좋아했다. 책을 읽던 공주는 어느 날 모기에게 등을 물렸다. 그런데 퉁퉁 부은 등을 긁었지만 시원하지가 않았다.

아이들 글에도 리듬이 있다. (A)와 (B)는 둘다 〈공주는 등이 가려워〉라는 동화책의 내용을 소개하는 초등학교 4학년 학생의 글이다. 그런데 두 편의 글 중에 더 좋은 글을 선택하라고 한다면 누구나 (B)를 택할 것이다. (A)에는 리듬이 없고 (B)에는 리듬이 있기 때문이다. 이 리듬이 읽는 사람의 마음을 간질이듯 즐거움을 만들어 놓는다.

산문에도 리듬이

리듬은 시에만 있는 게 아니다. 산문에도 은은한 리듬이 흐른다. 리듬이 있는 문장은 쓰는 이도 즐겁고 읽는 이도 즐겁다. 글쓰기를 즐기는 사람들의 글에는 리듬이 있다. 흡사 노래 잘하는 사람들이 리듬을 타고 노래하는 것처럼. 글쓰기가 지겹다는 사람들의 글을 보면 리듬이 없다. 흡사 노래 못하는 사람들이 리듬, 박자 무시하고 노래하는 것처럼. 리듬을 무시한 노래가 듣기 힘들듯이, 리듬을 무시한 글은 어색하고 전달력도 떨어져 골치 아픈 글이 되고 만다.

리듬 있는 문장은 기억하기도 쉽고 기억을 되살리기에도 좋다. 학생들이 조선의 역대 왕을 외울 때 "태정태세 문단세……." 하고 리듬을 넣으면서 해보면 순식간에 기억하게 되듯이 리듬 있는 글은 기억하기도 좋고 꺼내기도 좋다.

우리말의 특성상 글자 결합이 3·4 혹은 7·5가 될 때 리듬감이 살아난다. 특히 3·4음보는 우리 전통시를 이루는 우리 민족의 리듬이다. 글자 수를 세어 보지 않아도 큰 소리로 읽어 보면 리듬이 들어 있는지 들어 있지 않은지를 알 수 있다. 큰 소리로 읽을 때 리듬감이 있는 글은 술술 막힘없이 읽혀진다.

모든 작품이 시극(詩劇)으로 표현되었고 영어의 리듬을 살려 낸 탁월한 문장으로 평가받는 셰익스피어의 작품도 한국어로 번역된 것을 보면 딱딱하고 재미가 없다. 왜 그럴까? 번역 과정에서 영어의 의미만을 한국어로 번역했지, 한국어의 리듬을 살려 내지 못했기 때문이다. 아이들이 쓰는 글도 마찬가지이다. 내용이 아무리 좋아도 한국어의 리듬을 살려 내지 못하면 읽기 싫은 글이 되어 잘못 쓴 글로 평가받게 된다.

아이들의 글에 리듬을 넣기 위해서는 다음과 같은 방법들이 있다. 첫째, 시를 많이 읽고 외우도록 한다. 시적인 문장 속에 리듬의 모델이 들어 있다. 둘째, 글을 다 써 놓고 큰 소리로 읽어 보도록 한다. 음악을 틀어 놓고 읽어도 좋고 걸어가면서 읽어도 좋다. 리듬이 느껴지면 좋은 문장이다. 셋째, 책을 읽다가 리듬이 느껴지는 문장을 보면 메모장이나 일기장에 써 놓고 읽어 본다. 리듬 있는 문장은 전래 동화, 명작 동화, 명작 수필 속에 많이 들어 있다.

 **북키박사의 한마디**

리듬 있는 글을 쓰는 방법

1 | 시인들의 동요, 동시를 큰 소리로 외워 본다.

2 | 좋은 동시를 공책에 베껴 본다.

3 | 가족간에 동시 외우기 시합을 한다.

4 | 리듬 있는 문장을 베껴 놓고 자주 읽어 본다.

5 | 리듬이 없는 글을 리듬 있는 글로 고쳐 본다.

소설가 이문열은

소설가 이문열은 언젠가 그의 글쓰기 비밀을 묻는 기자에게 웃으면서 그건 '산업 비밀'이라고 말한 적이 있는데 어느 대담에서 그 '산업 비밀'을 다음과 같이 털어 놓았다.

"저는 지금도 독자들에게 제 글이 부드럽고 인상적으로 읽히길 기대할 때는 리듬에 맞추어서 씁니다. 우리에게 익숙한 리듬이란 3·4조나 7·5조 아니겠어요? 산문에는 리듬이 필요 없다고 한다면 이는 틀린 말입니다. 또, 어감의 선택도 중요하다고 봅니다. 예를 들어 '꽝', '팍', '땅' 등의 소리가 문장 속에 들어갈 때 그 의미에 있어서도 부드러운 느낌을 유발하기는 어렵지 않겠습니까?

(김종희 문학 대담, 『문예중앙』 1998년 겨울호)

짧은 문장으로 써라.
긴 문장은 초점을 흐린다

:03

(A) 동수는 집 주위를 돌았다. 대문으로 다가갔다. 마당에는 아무도 없다. 집 안은 조용하다. 어머니는 부엌에서 요리를 하고 있다. 누나는 마루에서 책을 읽고 있다.

(B) 동수는 집 주위를 돌아서 창문으로 다가갔는데 집 주위에 아무도 없었으며 집 안은 조용하고 엄마는 부엌에서 요리를 하고 누나는 마루에서 책을 읽고 있다.

(C) 동수는 집 주위를 돌아서 대문으로 다가갔다. 마당에는 아무도 없고 집 안은 조용하다. 어머니는 부엌에서 요리를 하고, 누나는 마루에서 책을 읽고 있다.

글을 읽을 때 머리에 쏙쏙 들어오는 글이 있는가 하면 그렇지 못한 글이 있다. 쉬운 내용을 어렵게 설명해서 머리를 복잡하게 만드는 글도 있다. 반면에 어려운 내용인데도 쉽게 느껴지는 글도 있다. 같은 내용이라도 문장의 초점이 살아 있느냐에 따라 전혀 다른 결과를 가져온다. 그래서 같은 내용이라도 어떤 사람이 썼느냐에 따라 읽고 싶은 글이 되기도, 읽기 싫은 글이 되기도 한다.

왜 이런 일이 일어나는 것일까? 일반적으로 문장의 정확성 때문이다. 그런데 정확한 문장일수록 짧은 것이 특징이다.

위의 글 (A)(B)(C)는 내용은 같으나 느낌과 이해도가 다르다. (A)는 지나치게 문장을 짧게 끊어서 오히려 산만한 글이 되었다. (B)는 두세 문장으로 끊어야 할 문장들을 하나로 묶어서 초점이 흐린 글이 되었다. (C)는 문장의 길이가 알맞아 내용이 정확하게 전달되고 있다.

이렇게 문장의 길이는 내용의 전달은 물론 읽는 이에게 호감을 주기도 하고 불쾌감을 주기도 한다. 일반적으로 긴 문장은 읽는 이가 내용을 기억하는 데 어려움을 준다. 반면에 간결한 문장은 내용 전달이 쉽고 기억하기가 좋다.

간결한 문장의 비결

간결한 문장을 만드는 비결은 무엇인가?

첫째, 한 문장 속에 여러 가지 생각을 담지 않는다. 한 문장 속에 한 가지 생각만 담다 보면 자연히 길이가 짧아서 간결한 문장이 된다.

둘째, 한 문장 속에 주어와 술어를 하나씩만 넣는다. 주어와 술어가 하나라는 것은 '단순한 이야기만 담는다.' 는 의미이다.

셋째, 쉬운 단어를 사용한다. 어려운 단어를 사용하면 그 단어를 설명하는 설명구가 들어가므로 간결한 문장이 될 수 없다. 톨스토이는 좋은 문장을 가리켜 "유치원 아이가 이해할 수 있는 문장" 이라고 말했다.

내가 아는 단어, 글을 읽을 사람이 아는 단어만을 사용하면 쉬운 문장
이 된다.

넷째, 접속사 사용을 남발하지 않는다. 비교나 대조의 문장에서는
접속사 연결이 필요하지만 그렇지 않은 경우에는 가능하면 접속사를
피한다. 대체로 한 문장 속에 하나의 생각만 넣을 때는 접속사가 필요
하지 않다.

다섯째, 필요 없는 단어나 어구는 빼 버린다. 있어도 좋고 없어도 좋
은 단어나 어구를 그대로 두면 설사 문장의 길이가 짧다하여도 간결하
지 못한 인상을 주게 된다. 앞에서 했던 말을 계속해서 되풀이하는 중
언부언의 글이 된다.

여섯째, 원인과 결과를 한 문장 속에 넣지 않는다. 원인 문장과 결과
문장이 한 문장 속에 들어 있으면 복잡한 문장이 된다. 과감하게 따로
떼어 놓는다.

간결한 문장을 선호하기로 유명했던 미국의 소설가 헤밍웨이는 짧
고 생동감 있는 문장을 쓰기 위하여 앉아서 글을 쓰지 않고 서서 타이
프라이터를 쳤다는 일화가 있다.

글을 쓸 때 모든 문장의 길이가 일정할 필요는 없다. 문장 속에 담을
내용에 따라 짧기도 하고 길 수도 있다. 다만 짧아도 충분할 내용을 길
게 쓰지 않는 것이 좋다. 특히 문장의 스타일을 만들어 가는 초등학생
의 경우에는 간결한 문장 스타일을 갖는 게 좋다.

짧고 간결한 문장 쓰기의 비결

1 | 하나의 문장 속에는 하나의 생각만 넣는다.

2 | 한 문장 속에 주어와 술어를 한 개씩만 넣는다.

3 | 단어를 정확하게 선택하면 문장이 짧아진다.

4 | 두 문장을 한 문장으로 만들지 않는다.

5 | 필요 없는 단어는 빼 버린다.

6 | 부득이한 경우 외에는 접속사가 있는 문장을 피한다.

7 | 원인과 결과를 한 문장 속에 넣지 않는다.

8 | 간결하고 멋진 문장을 보면 공책에 베껴 두었다가 다시 읽어 본다.

대가들의 문장비결

1 | 쇼펜하우어 : 좋은 글은 많은 생각을 짧은 글 속에 담고, 보잘것없는 글은 긴 글 속에 작은 생각을 담는다.

2 | 괴테 : 문장을 압축하는 일이야말로 대가가 되는 첫번째 문이다.

3 | 헤밍웨이 : 짧은 문장으로 써라. 최초의 문장은 짧고 힘 있는 문장으로 써라. 긍정형으로 써라. 형용사를 피하라. 낡은 말을 쓰지 마라.

4 | 호적(胡適) : 언어만 있고 사물이 없는 글은 쓰지 말자. 허세, 엄살, 헛기침의 글은 쓰지 말자. 허황된 미사여구를 쓰지 말자. 판에 박은 듯한 글은 쓰지 말자. 무턱대고 옛사람을 모방하지 말자. 저속한 말로 써서 품위를 떨어뜨리지 말자.

구체적으로 써라.
그래야 마음이 움직인다

(A) 아름다운 집을 보았습니다.

(B) 창가에 꽃이 피어 있는 아름다운 집을 보았습니다.

(C) 창가에 제라늄 꽃이 피어 있는 아름다운 집을 보았습니다.

(D) 하얀 페인트가 칠해진 창가에 붉은색 제라늄 꽃이 피어 있는 아름다운 집을 보았습니다.

가장 아름다운 집을 보여 주는 문장은 어느 것일까? 누구나 아래로 내려올수록 아름다운 집이라고 생각할 것이다. 아래로 내려올수록 구체적으로 썼기 때문이다. 글이란 이와 같이 구체적으로 쓸 때 나의 생각과 마음과 느낌을 보다 정확하게 전달할 수 있다.

잘 쓴 글은 다른 사람들의 마음에 영향을 끼친다. 읽어도 아무런 반향이 일어나지 않는다면 글쓴이는 헛수고를 한 셈이다. 위의 글을 읽으면서 창가에 제라늄이 피어 있는 집을 떠올릴 수 있다면 글이 우리에게 반향을 일으킨 것이다.

독자의 마음을 움직이는 글은 어떤 글인가? 우리의 경험을 뒤져 보면 '진실이 담겨 있는 글' 이라고 대답하게 된다. 그런데 그 '진실' 은 문자로 나타나지도 않고 구호 속에 들어 있지도 않다. 그냥 향기처럼 은은하게 다가올 뿐이다.

그런데 설명적인 문장이나 추상적인 문장 속에서는 진실이 모습을 드러내지 못한다. 진실은 그림처럼 생생한 문장, 구체적인 문장 속에서 살아나는 속성이 있다. 읽으면서 가슴이 뭉클하거나 깨달음을 주는 글은 그런 글이다.

말하지 않고 보여 주기

리얼리즘 창작론에 '말하지 말고 보여 주라' 는 이론이 있다. 설명하기보다는 보여 주기가 더 사실적이라는 의미이다. 설명문이나 논설문이 아닌 문학적인 글쓰기에서는 보여 주기는 더욱 강조된다. 분노, 실망, 희망, 좌절이라고 말하지 말고 무엇이 당신을 그렇게 만들었는지를 보여 달라는 것이다.

글쓰기는 임상 심리학이 아니다. 당신이 왜 화가 났는지를 알기 위한 것이 아니다. 독자는 왜 화가 났는지보다는 그 화난 모습을 보고 싶은 것이다. 그 감정을 독자에게 전달하면 된다. '기쁨' 이라는 단어를 사용하지 않고서도 '기뻐하는 모습을 보여 주는 것' 이 더 좋다. 사진을 보여 주듯 하나하나 선명한 이미지를 보여 줄 때 읽는 이는 마음이 움직인다.

구체적인 글은 미세한 진실을 담고 있다. 미세한 진실을 망가뜨리지 않고 전달하기 위해서는 구체적이며 자세하게 쓰는 습관을 기를 필요가 있다.

서술형으로 답하는 시험 시간에 알고 있는 답을 썼는데 의외로 실망스러운 점수가 나오는 학생들이 있다. 이유는 무엇일까? 선생님에게 내가 알고 있는 사실이 전달되지 않았기 때문이다. 위의 예로 든 문장처럼 대충 쓸 때 전달력이 약해서 전달이 안 된다. 구체적으로 쓸 때 강한 전달력이 생긴다.

북키박사의 한마디

구체적으로 쓰는 방법

1 | 보통 명사 대신 이름을 쓴다 : 꽃 → 제라늄

2 | 추상명사 대신 구체적인 명사를 쓴다 : 사과 → 홍옥, 부사, 스타킹

3 | '설명하기' 보다 '보여 주기' 로 쓴다 : 그 아이는 사과를 좋아한다. → 그 아이는 사과를 보자 입을 딱 벌리고 손뼉을 쳤다.

4 | '기본형 동사' 보다 '구체적인 동사' 로 쓴다 : 먹는다 → 우물거린다

호응이 자연스러운 문장
주어는 술어를 책임져라

(A) 가령 산에서 길을 잃었을지라도 허둥대면 안 된다.

(B) 모름지기 학생은 공부를 열심히 해야 한다.

(C) 왜냐하면 우리 아버지는 몸이 편찮으시다.

(D) 그렇다고 내가 영어를 싫어하는 것은 아니다. 글쎄 몰랐을 뿐이다.

위의 문장 (A) (B)는 읽는 즉시 무슨 뜻인지 알 수 있다. 그러나 (C)와 (D)는 무슨 뜻인지 알기가 어렵다. (A) (B)는 호응이 잘된 문장이고 (C)와 (D)는 호응이 맞지 않은 문장이다. (C)와 (D) 각각 다음과 같이 고쳐야 뜻이 통하는 문장이 된다.

(C) 왜냐하면 우리 아버지는 몸이 편찮으시기 때문이다.
(D) 그렇다고 내가 영어를 싫어하는 것은 아니다. 다만 몰랐을 뿐이다.

호응(呼應)이란 문장 속에서 '부르고 대답하는' 구조를 만든다는 의미에서 붙여진 문법 용어인데, 서로 짝지어 쓰이면서 문장의 의미를 확실하게 해 준다.

주어와 술어의 호응

호응에는 주어와 술어의 호응도 중요하다. 주어가 끌고가는 문장에 술어를 잘못 사용함으로써 이상한 의미가 되는 예가 많다.

(A) 서울 강남의 한 학원은 초등학생들에게 서울대학교 필독서를 3개월 만에 해결된다.
(B) 이런 갑작스러운 변화는 긍정적인 변화를 가져오는 것이 아니라 부작용만 가중될 뿐이다.

문장 (A)에서 주어는 '서울 강남의 한 학원'인데, 술어는 '해결된다.'로 끝을 맺고 있다. 학원이 해결된다는 것은 무슨 말인가? (B)문장에서는 '갑작스러운 변화'가 주어인데 술어부는 '가중될 뿐이다.'로 끝을 맺고 있다. '변화가 가중될 뿐'은 무슨 말인가? 두 문장 모두 주어와 술어부의 호응이 되지 않은 예이다. 이렇게 호응이 안 되는 문장에서 주어는 힘을 잃는다. 그리고 문장의 뜻이 흔들리게 된다.

그런데 이렇게 주어와 술어가 맞지 않는 문장을 쓰는 사람들이 많다. 초등학생뿐 아니라 중고등학생들 중에도 주어를 끝까지 책임지는 학생은 많지 않다. 위의 (A) (B) 문장은 다음과 같이 고쳐야 뜻이 통한다.

(A) 서울 강남의 한 학원은 초등학생들에게 서울대학교 필독서를 해결해 주겠다는 광고를 했다.
(B) 이런 갑작스러운 변화는 긍정적인 변화를 가져오는 것이 아니라 오히려 부작용만 가중시킬 뿐이다.

왜 이런 일이 벌어질까?

첫째, 주어에 대한 관심이 없어서이다. 주어를 써 놓고 끝까지 책임져야 한다. 책임지기 위해서는 써 놓고 다시 읽어 보는 것이 좋다. 큰 소리로 다시 읽어 볼 때 어딘지 어색하면 호응이 잘못되었다는 증거이다. 가장 흔한 경우는 내용상의 호응 불일치이고, 다음이 어감상의 호응 불일치이다. 예를 들면 앞에서 '학원이~해결된다.' 로 연결되는 문장은 내용의 호응이 불완전한 경우이다. 그래서 '학원이~광고를 했다.' 로 고쳐서 호응이 되는 문장으로 고쳤다. 내용의 호응은 되는데 그래도 어색하다면 문체와 어미를 눈여겨보면 된다. 문체와 어미가 주어에 어울리지 않으면 문장은 어색하고 의미 전달에 이상이 생긴다.

둘째는 주어와 술어를 짝지어 생각해 보지 않기 때문이다. 주어와 술어는 문장의 골격이다. 아무리 좋은 내용을 쓴다 해도 주어와 술어가 호응이 되지 않으면 문장의 뜻은 흐트러지고 만다. 주어와 술어를 짝지어 보는 습관을 들여야 한다. 호응을 알아보기 위해서는 주어와 술어 사이에 있는 단어들을 가리고 주어와 술어를 연결해 보면 확실히 알게 된다.

셋째, 주어와 술어에 자신이 없을 때는 짧은 문장으로 쓰는 것이 좋다. 짧은 문장으로 쓰면 주어와 술어 사이에 끼어드는 단어가 적어서 호응 맞추기가 쉬워진다. 긴 문장에는 주어와 술어 사이에 많은 단어들이 끼어들기 때문에 호응이 깨지는 경우가 생긴다.

북키박사의 한마디

주어부와 술어부 세우는 법

1 | 주어는 문장의 머리에 놓는 것이 좋다.
　　예) 영주를 보고 철이는 웃었다. → 철이는 영주를 보고 웃었다.

2 | 주어는 추상 명사, 보통 명사보다 구체명사가 좋다.
　　예) 사람은 공부를 열심히 하는 것이 좋다. → 학생은 공부를 열심히 하는 것이 좋다.

3 | 서술어는 문장의 꼬리에 두는 것이 좋다.
　　예) 밥을 먹었다. 철수는 → 철수는 밥을 먹었다.

4 | 서술이는 동시형으로 하는 것이 좋다.
　　예) 웃으시는 분이 어머니이다. → 어머니가 웃으신다.

호응을 이루며 쓰이는 단어들

모름지기~해야 한다	왜냐하면~때문이다	~지만 ~않다
가령 ~지라도	아닌게 아니라 ~더구나	~해도 ~일 것이다
~망정~겠다	애오라지 ~뿐이다	

토씨에 따라
문장의 의미가 달라진다

(A)영주는 노래를 잘한다.
(B)영주는 노래도 잘한다.
(C)영주는 노래까지 잘한다.
(D)영주는 노래만 잘한다.
(E)영주는 노래는 잘한다.

글쓰기 시간에 초등학교 아이들이 가장 자주 틀리는 것이 토씨 붙이기이다. 초등학생뿐 아니라 중·고등 학생이나 대학생까지 토씨를 정확하게 쓰는 사람은 그리 많지 않다. 문장에서 토씨가 차지하는 위치는 매우 중요하다. 기껏해야 한두 글자로 된 토씨가 문장의 의미를 전혀 다르게 만들기도 한다.

위 글에서 다섯 개의 문장은 토씨로 인하여 그 내용이 모두 다르다. (A) 문장은 영주가 노래를 잘한다는 것을 이야기하는 단순한 문장이다. 그러나 (B) 문장은 영주가 다른 것을 잘하는데 노래까지 잘한다는 칭찬의 의미가 담겨 있다. 영주를 매우 기특하게 생각하는 글쓴이의 마음까지 보인다. 그런데 (C) 문장은 한술 더 떠서 '노래까지 잘하니 다른 것은 말해 무엇하느냐'는 식으로 칭찬이 한층 강화되어 있다. (D) 문장은 영주는 다른 것은 다 못하는데 노래만 잘한다는 의미로, 영주라는 아이를 전체적으로 폄하하는 의미가 담겨 있다. (E) 문장은 공부는 못하는 아이가 노래는 잘한다는 비웃음이 담겨 있다.

토씨를 정확하게 쓰는 방법은 다음과 같다.

첫째, 토씨에 대한 관심을 갖는다. 자신이 쓴 글이나 남의 글을 읽을 때 토씨가 제대로 쓰였는지 살펴본다. 의미가 이상하거나 어딘지 어색할 경우에는 토씨가 잘못 쓰인 경우가 많다. 이렇게 토씨 읽기에 관심이 많아지면 자연스레 토씨 사용에 정확성이 생긴다.

둘째, 토씨의 사용 규칙을 정확하게 안다. 토씨의 사용 규정은 다음과 같다. 토씨는 홀로 의미를 만들지 않고 반드시 앞 단어와 어울려 의미를 만든다. 그래서 토씨를 쓸 때에는 반드시 앞 명사와 띄지 않고 붙여 쓴다. 토씨를 선택할 때는 쓰려는 내용과 토씨가 잘 어울리도록 조심한다.

셋째, 토씨가 틀리지 않으려면 써 놓고 다시 읽어 보는 것이 좋다. 글이 어색하거나 이상할 때는 토씨가 제대로 쓰이지 않았기 때문이다.

넷째, 토씨 생략을 피한다. 토씨 생략은 엉뚱한 의미를 만든다. '런던 박물관'과 '런던의 박물관'은 다르다. '런던 박물관'은 박물관의 명칭이고, '런던의 박물관'은 런던에 있는 박물관이다.

북키박사의 한마디

여러가지 토씨의 쓰임새

1 | 이, 가, 께서(주격) : 내가 한국인이다.

2 | 의(소유격) : 나의 책, 나의 집

3 | 에, 에서, 으로(부사격) : 집으로 간다.

4 | 을, 를(목적격) : 나를 보아라.

5 | 과, 와, 이랑, 랑, 이나(접속격) : 형과 동생, 개와 소, 아빠하고 나하고

6 | 아, 야(호격) : 영수야

7 | 부터~까지, ~도, ~마저(보조사) : 처음부터 끝까지

보이는 대로 써라.
생생한 글이 된다

똥 벌레는 밖에서부터 속으로 들어간다. 이 벌레는 맨 처음 구멍의 아가리에서부터 파기 시작하므로, 파낸 흙더미는 땅 위로 흘러 쌓이게 된다. 매미 새끼는 이와 반대로 안으로부터 땅 밖으로 올라온다. 밖으로 통하는 마지막 문구멍을 뚫는 것은 맨 나중의 일이다.

영원한 고전인 《파브르 곤충기》의 일부분이다. 개미들이 왔다갔다 하는 모습이 사진처럼 생생하다. 이런 보여 주기 문장은 상황을 전달하는 데 매우 효과적이다.

문장은 머릿속에 그림을 그린다. '어머니'라는 단어를 읽을 때 독자는 머릿속에 자신의 어머니나 다른 사람의 어머니, 혹은 영화에서 본 어떤 어머니를 그리게 된다. 태극기를 읽을 때는 태극기를 그리고, 참외를 읽을 때는 참외의 모양, 색깔, 맛까지 상상하게 된다. 생생하게 설명하기는 바로 독자의 이런 상상 작용을 만족시켜 주는 글쓰기의 방법이다. 생생하게 쓰기는 모양, 색깔, 소리 , 촉감을 그대로 전해 주기이다. 이런 글은 읽는 사람에게 전달이 잘되는 장점을 가지고 있다.

좋은 글을 쓰는 사람은 어른이나 어린이나 자신의 시각, 청각, 촉각, 후각, 미각이 보고 느낀 것을 정확하게 표현할 수 있는 단어를 선택한다. 훌륭한 독자도 생생하게 표현된 문장을 읽을 때는 그런 장면, 그런 맛, 그런 냄새를 상상하며 읽는다.

생생하게 쓰기는 이렇게

생생하게 쓰기를 연습시키는 방법은 다음과 같다.

첫째, 귀에 들리는 소리를 그대로 표현해 본다. 예를 들면 헝겊 우산에 떨어지는 빗소리와 비닐우산에 떨어지는 빗소리를 구분하여 써 보는 일이다. 물론 친구의 문장과 나의 문장이 같을 필요는 없다. 이것을 똑같이 강요하면 아이들은 글쓰기의 재미를 상실하게 된다.

둘째, 눈에 보이는 모습을 생생하게 써 본다. 예를 들면 아기가 웃는 모습과 80세 할머니가 웃는 모습을 써 본다. 물론 다른 사람과 다른 것은 당연하다. 문장 속에는 자신이 피사체에서 느끼는 감정이 포함되어 있기 때문에 다 같지는 않다.

셋째, 코로 들어오는 냄새를 생생하게 써 보기이다. 예를 들면 된장

찌개 끓는 냄새, 백합의 향기, 라일락 향기의 차이를 생생하게 써 본다.

넷째, 내 마음이나 기분을 생생하게 표현해 보기이다. 예를 들면 100점 맞은 시험지를 받았을 때, 10점 맞은 시험지를 받았을 때, 선생님에게 칭찬 들었을 때, 책 속의 주인공에게 동정심을 느꼈을 때의 내 마음을 문장으로 쓰는 일은 쉽기도 하고 재미도 있다. 평화나 인내심처럼 거창한 문제에 대하여 쓰라면 주눅이 들던 아이들도 자기 마음을 쓰라면 즐거워한다.

이렇게 오감을 통하여 들어오는 감각을 생생하게 표현해 보는 연습은 좋은 문장을 쓸 수 있는 기초 능력을 키워 준다.

북키박사의 한마디

생생하게 쓰기에 사용되는 형용사들

1 | 보이는 모양을 그대로 쓴다 : 동글동글, 네모반듯하게

2 | 들리는 소리를 그대로 쓴다 : 쪼르륵쪼르륵, 딸랑딸랑

3 | 피부에 닿는 느낌을 그대로 쓴다 : 차곰차곰, 선뜩선뜩

4 | 색깔을 그대로 쓴다 : 희부연하게, 누르칙칙하게

5 | 맛을 쓴다: 시큼털털하게, 매콤하게, 짭짜롬하게

(A) 우리나라에서 가장 아름다운 풍경을 만드는 꽃은 진달래인 것이다. 불
타는 듯 타오르는 진달래꽃은 우리나라를 대표하는 풍경인 것이다.
(B) 세상에서 가장 고마운 사람은 어머니인 것 같다. 만약에 어머니가 없다
면 밥도 못 먹고 옷도 못 입고 살 수 없을 것 같다.
(C) 나는 오늘 엄마와 함께 할머니 댁에 갔다. 나는 그곳에서 감을 땄다. 나
는 주홍색 감을 50개 따 가지고 왔다.

(A)(B)는 똑같은 말로 끝나는 문장의 중복으로 단조롭고도 어색한
문장이 된 예이다. 내용을 잘 쓰는 것도 중요하지만 좋은 내용을 미숙
한 문장 속에 담게 되면 훌륭한 요리를 깨진 그릇에 담는 것처럼 가치
를 인정받지 못한다.

문장 (C)는 초등학교 2학년 어린이가 쓴 일기이다. 초등학생의 경우, 이 어린이처럼 '나는' 이라는 말을 반복하여 사용하는 경우가 많다. 이와 같이 똑같은 말로 끝나는 문장뿐 아니라 똑같은 말로 시작되는 문장도 중복감 때문에 지루해진다. 같은 말로 시작하거나 끝나는 문장을 쓰지 않기 위해서는 다음과 같은 연습을 하는 것이 좋다.

첫째, 또래 친구들이 쓴 글을 읽고 중복 된 말을 찾아낸다. 아이들 글쓰기에 가장 큰 영향을 끼치는 것은 또래들의 글이다. 어른의 책에서는 잘못된 점이 눈에 보이지 않기 때문에 또래 글을 이용하는 것이 좋다.

둘째, 같은 말로 시작하거나 끝날 때 느낌이 어떤지 말해 보게 한다. 그리고 끝나는 말의 중복일 경우에 수동태보다는 능동태로 쓰도록 지도한다.

셋째, 친구의 글을 고쳐 보게 한다. 고칠 때는 주어 생략이 있어도 뜻이 통하면 생략할 수 있다는 것을 지도한다. 또래 친구의 글에서 잘못된 곳을 찾아내는 일은 특별한 교육적 효과가 있다. 비교를 통하여 안심과 용기를 얻게 됨으로써 글쓰기에 자신감을 얻을 수 있다는 점이다.

넷째, 아이의 글쓰기 공책을 살펴보고 시작하는 말과 끝나는 말이 중복된 곳을 찾아 밑줄을 친다. 아이가 다양한 문장을 만들도록 도와준다. 이와 같이 문장의 시작과 어미(語尾)를 연습하는 동안 아이들은 자연스럽게 다양한 문장 형태를 익히게 된다.

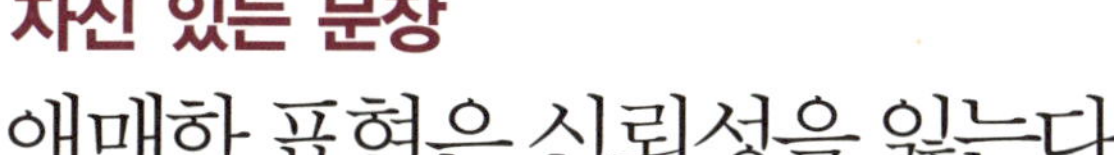

자신 있는 문장
애매한 표현은 신뢰성을 잃는다

(A) 미국 사람은 돈을 좋아한다고 생각된다.
(B) 우리 선생님은 보라색을 좋아한다는 생각이 든다.
(C) 비가 오는 것 같다.
(D) 윌리엄 씨는 영국 사람이라고 느껴진다.

위 (A)(B)(C)(D) 문장은 중학생들이 쓴 글이다. (A) 문장은 막연한 주관적인 느낌을 쓴 것이라 다른 사람을 설득할 수 있는 힘이 없다. 설득하려면 증거가 필요하다. (B) 문장은 선생님이 보라색을 좋아한다는 증거가 없어 독자는 글쓴이의 짐작일 뿐이라고 생각하게 된다. (C) 문장은 비가 온다는 것인지 안 온다는 것인지 알 수 없다. (D) 문장은 윌리엄 씨가 왜 영국 사람이라는 느낌을 가지게 되었는지가 제시되지 않아 아무도 동의하지 않을 것이다. 이렇게 주관적인 느낌이나 생각을 쓰는 문장은 좋지 않다. 좋은 문장이 되기 위해서는 나의 생각과 마음을 정확하게 표현해야 한다. 그러기 위해서는 애매한 표현보다는 확실한 표현이 좋다. 확실한 표현은 증거가 있어야 한다. 위의 애매한 표현을 확실하게 고치면 다음과 같다.

(A) 미국인이 가장 존경하는 인물은 '돈 많은 사람'이라는 통계가 있다. 그것을 보고 미국인들이 돈을 숭상한다는 생각을 갖게 되었다.
(B) 우리 선생님은 보라색 블라우스에 보라색 목도리에 보라색 스타킹을 신었다. 아마도 보라색을 좋아하시는 것 같다.
(C) 창밖을 내다보니 비가 오고 있다.
(D) 영국에는 윌리엄이라는 이름이 많다. 왕자 이름도 윌리엄이다. 윌리엄 씨는 아마도 영국 사람인 것 같다.

　사회 심리학자들은 한 시대의 언어에는 그 시대 사람들의 혼이 담겨 있다고 한다. 그래서 전쟁이나 혁명 등 급변하는 시대적 불안 속에서는 사회 구성원들의 언어가 애매해진다고 한다. 현재 우리나라 국민들의 언어 사용 실태를 볼 때 애매한 표현이 많은 것으로 조사되었다. 이런 현상에 대하여 언어 심리학자들은 지형학적으로, 역사적으로 침략 전쟁을 당하고, 식민 통치를 지나오는 동안 자연스레 굳어진 언어 습관이라고 말한다. 때로는 이런 애매한 표현을 겸손의 표시로 사용하는 이들도 있다. 그러나 이런 언어 습관은 세계화 시대를 이끌어 갈 우리 아이들의 언어로서는 매우 불리하다. 협상 테이블에서나 계약서를 작성할 때 이런 표현은 마이너스 요소가 된다. 아이들의 애매한 표현을 고쳐 주는 방법을 찾아보면 다음과 같은 것들이 있다.

첫째, 아이의 글쓰기 공책을 보고 애매한 표현 밑에 줄을 치고 확실한지 아닌지를 따져 보게 한다. 두루뭉실하면 명료한 표현으로 고치게 한다. 둘째, '것 같다', '인가보다', '일 것이다' 등의 어미 사용을 자제하게 한다. 셋째, 다른 아이의 글에서 애매한 표현을 찾아보고 고쳐 주도록 한다.

북키박사의 한마디

애매한 문장을 피하는 비결

1 | 잘 아는 것만 쓴다.

2 | 자신 있는 것만 쓴다.

3 | 글을 쓰기 전에 내 생각을 확실히 정리한다.

4 | 유치원 아이도 알 수 있게 쉬운 말로 쓴다.

5 | 내가 모르는 낱말은 쓰지 않는다.

6 | 생각에 오류, 거짓, 속임수가 있으면 횡설수설이 된다.

수식어와 피수식어가
가까이 있다

:10

(A) 엄청난 홍수의 피해로 북한의 식량난이 가중되고 있다.

(B) 진취적인 무역 회사의 과장님이신 우리 아버지는 영어를 잘하신다.

(C) 보람찬 월요일에는 항상 일이 생긴다.

(D) 암 투병 중인 2005년도 가요대상을 휩쓴 김종국이 어머니와 나눈 애틋
한 사연

살기 편한 집과 불편한 집이 있듯이, 문장에도 읽기 편한 문장과 불
편한 문장이 있다. 대체로 훌륭한 저자의 글은 읽기가 편하다. 그러나
서툰 저자의 글은 읽기가 지겹다. 꼬인 글을 풀어 가면서 읽으려면 신
경질이 난다.

위의 문장 (A)(B)(C)(D)는 내용이 아리송하다. (A)문장에서는 '엄청

난' 이라는 수식어가 홍수를 꾸미고 있는 것처럼 보이나 문장을 전체적으로 보면 피해를 꾸미고 있는 것 같기도 하다. 아니면 둘 다 꾸미는 것 같기도 하다. (B)문장에서는 '진취적인' 이라는 수식어가 무역 회사를 꾸미는지, 아버지를 꾸미는지 애매하다. (C)문장에서 '보람찬' 은 월요일을 꾸미는지, 일을 꾸미는지 애매하다. (D)문장에서는 '암 투병 중' 인 사람이 김종국인지 어머니인지 궁금하다. 여성지에 실린 기사를 읽어 보면 암 투병 중인 사람은 가수 김종국의 어머니였다.

위의 문장은 다음과 같이 고치면 의미가 명확해진다.

(A) 홍수의 엄청난 피해로 북한의 식량난이 가중되고 있다.
(B) 무역 회사의 진취적인 과장님이신 우리 아버지는 영어를 잘하신다.
(C) 월요일에는 항상 보람찬 사건이 일어난다.
(D) 2005년도 가요 대상을 휩쓴 김종국이 암 투병 중인 어머니와 나눈 애틋한 사연

이와 같이 수식어와 피수식어의 관계가 분명하지 않을 때 문장 내용은 정확하게 전달되지 않는다. 이런 일을 막기 위해서는 다음과 같이 훈련할 필요가 있다.

첫째, 우리말의 문장 구조는 수식어가 수식을 받는 피수식어 바로 앞에 오는 것이 일반적인 현상이다.

둘째, 수식어와 피수식어가 멀 때에는 의미가 불분명해진다. 그러므로 수식어와 피수식어 사이에는 가능한 한 다른 단어를 끼워 넣지 않는

것이 좋다.

셋째, 두 개 이상의 수식어가 이어져 하나의 피수식어를 꾸며 줄 때는 수식어가 긴 것을 앞에 두는 것이 자연스럽다.

넷째, 가능한 한 수식어를 많이 사용하지 않는 것이 좋다. 수식어가 너무 많은 문장은 군더더기가 잔뜩 붙은 것처럼 어색하다.

북키박사의 한마디

읽기 편한 문장은 이렇게 만들어요

1 | 수식어는 피수식어 앞에

2 | 수식어와 피수식어 사이에 다른 말 끼워 넣지 않기

3 | 긴 수식어는 짧은 수식어 앞에

4 | 수식어가 많으면 군더더기 문장

우리 아이 문장 실력은?

우리 아이와 동일한 것에 체크해 보세요.

☐ 우리 아이 문장은 간결하다.

☐ 비교적 앞뒤가 잘 맞는 문장이다.

☐ 토씨를 정확하게 쓰는 편이다.

☐ 시제를 정확하게 쓰는 편이다.

☐ 언제나 딱 맞는 단어를 쓴다.

☐ 비교적 다양한 어미를 사용한다.

☐ 구체적으로 쓸 줄 안다.

☐ 그림처럼 생생한 표현을 할 줄 안다.

☐ 문장 속에 리듬이 들어 있다.

☐ 형용사를 많이 쓰지 않는다.

✓ 표한 것이 8개 이상 : 좋은 문장 스타일의 소유자입니다.

✓ 표한 것이 6 ~ 7개 : 문장 실력이 비교적 탄탄합니다.

✓ 표한 것이 5개 : 문장 연습이 필요합니다. 좋은 모델을 보여 주세요.

✓ 표한 것이 3 ~ 4개 : 문장에 관심을 갖도록 지도해 주세요.

✓ 표한 것이 2개 이하 : 문장이 엉망입니다. 특별 지도가 필요합니다.

문단 만들기

최근 변호사, 의사, 연구원, 교수, 고위 공직자 등 전문직 종사자들 사이에 글쓰기가 화두(話頭)가 되고 있다. 다매체 시대에 전문직들이 칼럼이나 저서를 통해 사회적 목소리를 낼 수 있는 기회가 늘어 났기 때문이다. 글쓰기 능력이 탁월한 이들이 대중적 인지도를 얻고, 사회적 스타로 떠오를 기회가 더 많은 시대가 되었다.

어느 시대, 어느 나라에서나 전문직 종사자들은 글을 써 왔다. 논문도 쓰고, 에세이도 쓰고, 저서도 낸다. 그러나 모든 이들의 글이 주목받는 것은 아니었다. 떠오르는 글이 있고, 그렇지 못한 글이 있었다. 그 이유는 무엇일까?

독서 심리학 연구에 의하면 '독자가 어떤 작가나 저술가를 좋아한다고 할 때, 그래서 그의 책을 산다고 할 때, 결정적인 요인'은 '글의 스타일'이라고 한다. 그 사람이 쓴 내용이 훌륭해서라기보다는 그 사람의 글쓰기 스타일이 좋아서 그 사람의 책을 사서 읽는다는 것이다. 이렇게 볼 때 글의 가치와 선호도를 결정하는 것은 '글의 스타일'이라고 보아도 좋을 것이다.

미국의 MIT공과대학 학생들이 가장 많이 이용하는 서점에서, 가장 오래 베스트셀러가 되고 있는 책은 어떤 책일까? 그것은 공학에 대한 책이 아닌 《스타일의 요소(The Element of Style)》라는 '글쓰기 책'이다. 1919년 윌리엄 스트렁크 교수가 학생들에게 글쓰기를 가르쳤던 강의록을 40년이 지난 뒤에 그의 제자이자 작가인 E.B. 화이트가 수정 보완하여 만든 책인데 글의 스타일을 결정하는 요소들을 기술하고 있다. 우리는 흔히 '저 사람 글은 스타일이 있다, 스타일이 없다.'고 말한다. 또 '스타일이 딱딱하다, 산뜻하다, 신뢰가 간다, 신비스럽다, 재미있다' 등으로 평가하기도 한다. 이와 같이 독자가 발견하는 저자의 가치는 스타일이다.

 스타일의 핵심에 문단이 있다. 자신의 생각, 느낌, 체험, 지식 등이 오롯이 완성된 모습으로 나타나는 최소 단위의 글이 문단이다. 문단을 보면 글의 스타일이 보이고, 낱낱의 문장에서 느낄 수 없던 사상 같은 것도 드러난다. 문장 만들기가 '생각에 생명을 불어넣는 기술'이라면 문단 만들기는 '글에 스타일을 입히는 기술'이라고 칭하고 싶다. 문단 만들기를 통하여 문장 속에서 살아나는 생명이 비로소 스타일을 가진 독립된 개체로 떠오르기 때문이다.

이 단원은 좋은 글의 필수 조건인 문단 실력에 대한 멘토링 부분이다. 읽어 가는 동안 여러분 자신이 먼저 문단 구성의 전문가가 되시기를 바란다.

문단은 딱 하나의 화제만 갖는다

일본에는 "구린 것에는 덮개를 씌워라.", "모르고 지내는 것이 부처님 되는 길이다."라는 속담이 있다. 부끄러운 과거는 숨겨 버리거나 조작해서라도 자신을 미화시키는 것이 골수에 박혀 있는 그들의 관습이다.

'일본 교과서 역사 왜곡 사건'으로 세계가 떠들썩하다. '한국 식민지 정책'을 '한국인 해방 정책'으로 기술하고, '대동아 전쟁'은 '해방 전쟁'으로 기술하고 있다. 또 '정신대 사건'은 교과서에 싣지도 않고 있다. 그동안 한국과 중국이 이런 왜곡된 글과 태도를 시정해 달라고 항의했지만 좀처럼 고쳐지지 않는다.

위의 글은 두 문단으로 구성되어 있다. 첫째 문단은 일본에 '자기 미화 전통'이 있다는 것이고, 뒤 문단은 '지금도 역사 왜곡이 진행되고 있다.'는 것이다. 이와 같이 문단 속에 들어 있는 한 덩이의 생각을 '화제(話題), 이야깃거리, 작은 주제라고 한다.

단어는 그 자체로서도 의미를 갖지만 문맥에 따라 의미가 달라지기도 한다. 단어들이 모여 하나의 문장을 이룰 때 단어의 의미가 드러난다. 그러나 문장 하나만으로 의미가 완전해지는 것은 아니다. 그것들이 모여 하나의 뭉뚱그려진 문단을 이룰 때 비로소 의미가 완전해진다.

한 편의 글 속에서 가장 큰 단위의 토막이 문단이다. 문단은 '단어→문장→문단→글'과 같은 과정 속에서 그 자체로서 갖출 요소를 제대로 갖춘 한 편의 '생각의 덩이'이다. 그러므로 문단을 구성하는 데는 여러 가지 조건이 따른다. 문단이 이루어지는 데 가장 기초적인 조건이 화제와 화제문(話題文)이다.

문단의 주인공 화제

문단이 성립되기 위해서 꼭 있어야 할 첫째 요건은 화제이다. 하나의 중심 생각인 화제가 있느냐 없느냐에 따라 문단으로 볼 것인지, 아닌지가 결정된다. 우리가 글을 쓸 때 한 자 들여쓰는 것이 문단이라는 표시이지만 그 속에 하나의 화제를 갖추지 않았을 때는 문단이 아니다.

문단은 하나의 화제를 전개시켜 나가는 문장들의 집합체이다. 대부분의 문단에는 그 문단의 중심 생각을 진술하는 중심 문장이 나온다. 이것을 화제문, 또는 작은 주제문이라고 한다. 화제문에는 보통 두 개의 중요한 부분이 나오는데, 그것들은 화제를 명명하는 한 개의 단어와 구(句)이다.

가령 '영희는 꽃을 좋아한다.'는 화제문일 경우에 '영희'란 단어는 이 문단이 앞으로 누구에 관한 이야기를 하려는지 말해 주며, '꽃을 좋아 한다.' 는 앞으로 언급하려는 내용이 '꽃에 대한 것' 임을 알려 준다. 화제는 문단의 사령관이요, 핵심이다. 따라서 화제는 한 문단에 딱 하나만 있는 것이 정상이다.

문단이 잘 엮어졌느냐는 화제문이 정확하게 위치하고 있느냐에 달려 있다. 문단 속에서 화제가 씨앗이라면, 화제문은 그것이 피워 낸 한 송이 꽃이다.

북키박사의 한마디

용어정리 좀 합시다

1 | 화제 : 이야깃거리, 작은 주제, 중심 생각
　　한 문단에는 하나의 화제만 있다.

2 | 화제문 : 중심 문장, 작은 주제문
　　한 문단에는 하나의 화제문만 있다.

3 | 문단 : 글 속의 완결된 생각의 덩이, 단락
　　글 속에는 여러 개의 문단이 있다. 문단을 단락이라고도 한다.
　　시작 문단, 보충 문단, 연락 문단, 예증 문단, 정리 문단(결론 문단) 등이 있다.

문단의 생명은 통일성이다

(A) 좋은 얼굴을 가지려고 정성껏 애를 쓰면 자신도 모르는 사이에 얼굴이 달라진다. 물론 한두 달의 노력으로는 되지 않지만, 10년 정도 노력하면 얼굴은 분명 달라진다. 한 가지 높은 이상을 품고 오랫동안 애써 온 사람들의 얼굴에는 범할 수 없는 위엄과 기품이 감돈다. 그것은 안에서 스스로 우러나오는 빛이다. 그것은 꽃에서 발하는 좋은 향기와 같다.

(B) 좋은 얼굴을 가지려고 정성껏 애를 쓰면 자신도 모르는 사이에 얼굴이 달라진다. 물론 한두 달의 노력으로는 되지 않지만, 10년 정도 노력하면 얼굴은 분명 달라진다. 조기 유학 붐이 일어나면서 기러기 아빠들이 자살을 하고 있다. 이러한 현상은 국가 경제에 악영향을 끼치면서 사회 불안을 만들어 내고 있다는 것을 명심할 필요가 있다.

위의 문단 (A)는 얼굴은 마음먹기에 따라 달라진다는 화제로 이루어진 문단이다. 첫째 문장이 화제문이며, 그 아래 문장들은 화제문을 증명해 주거나 도와주고 있다. 그래서 문단으로서 통일성을 갖추고 설득력 있는 글이 되었다. 그러나 문단 (B)는 중간쯤에 가서 조기 유학과 기러기 아빠 이야기가 나오면서 통일성이 깨지고 있다. 그래서 화제는 설득력을 잃고, 어조도 통일성을 잃고 있다.

잘 짜여진 문단은 통일성이 있다. 문단 안에 들어 있는 중심 생각이 계속하여 이어지면서 흔들리지 않는다. 이 통일성 있는 생각이 문단을 이루는 두번째 조건이다. 만일 어떤 글의 내용이 이랬다저랬다 한다면 읽는 사람이 정신이 없고 혼란스러울 것이다. 통일성을 상실한 문단은 이미 문단이 아니다.

문단은 중심 생각만으로 이루어지는 것은 아니다. 중심 생각을 밀고 나가기 위해서는 통일성 있는 형식과 분위기가 따라 주어야 한다. 어조, 논지, 분위기, 시점, 문체, 난이도 등의 통일성도 요구된다. 이런 형식적인 요소들은 문단의 중심 생각인 화제의 효과적인 전달을 위한 수단이 된다.

통일성 있는 문단 만들기

통일성 있는 문단 만들기에는 다음과 같은 방법들이 있다.

첫째, 먼저 화제문을 만들고, 그 화제문을 돕는 보조 문장들을 만들어 배치한다. 이렇게 하면 문단은 자연스럽게 통일성을 가지게 된다.

둘째, 화제문에 신경을 쓰지 못하고 문단을 썼을 경우에는 문단의 처음이나 끝 부분에 화제문이 될 만한 문장을 만들어 넣는다. 화제문을 만들 때는 간결하고 명확하게 한다.

셋째, 문단의 화제와 관계 없는 문장들이 있을 경우에는 과감하게
뺀다. 관계없는 문장들은 통일성을 해친다.

통일성 있는 문단이 되기 위해서 문장과 문장을 연결하는 방법에는
다음과 같은 방법들이 있다.

첫째는 지시어를 사용하여 문장을 연결하는 방법이다. 지시어란 앞
에 쓰여진 사실이나 사물, 방법 등을 대신 나타내는 말로서 그 분, 이
분, 그것, 저것, 그런 것 등이다.

둘째는 연결어를 사용하여 문장을 연결하는 것으로 그리고, 그래서,
그러나, 그러므로, 왜냐하면, 예를 들면 등이 있다.

셋째는 같은 말을 반복하는 방법이다. "나는 그를 좋아한다. 좋아한
다는 것은 믿는다는 것이다."에서 두번째 '좋아한다는 것'은 앞 문장과
의 연결어로 사용된 단어이다.

일반적으로 문학적인 글에서는 '접속사'와 '것이다'를 쓰지 않는 것
이 좋다. 그러나 문학이 아닌 설명문이나 논리적인 글에서는 연결 고리
를 만들어야 하기 때문에 접속사 사용이 늘어나는 것이 일반적인 현상
이다. 그러나 가능한 한 자제하면서 통일성 있는 글을 만드는 것이 중
요하다.

문단의 통일성 길러주기

1 | 문단 속에 화제문이 있는지 찾아본다.

2 | 다른 생각을 한 문단 속에 넣지 않았는지 찾아본다.

3 | 어조, 논지, 문체, 난이도, 시제가 통일되었는지 알아본다.

4 | 문단 시작을 한 자 들여썼는지 알아본다.

5 | 보조 문장들이 중심 문장을 보조하고 있는지 알아본다.

문단의 통일성을 해치는 말들

어차피/ 어쨌거나/ 좌우지간 : 자신이 세운 논리를 스스로 무너뜨릴 수 있는 위험한 말이다.

문단의 통일성을 만드는 연결어와 의미

1 | 사람 : 그/그분/그것

2 | 사물 : 이것/그것/저것

3 | 장소 : 그곳/저곳/거기

4 | 방법 : 그런 것/이런 것

5 | 첨가의 뜻 : 그리고

6 | 반대의 뜻 연결 : 그러나/그렇지만

7 | 결과의 뜻 : 그러므로/그래서

8 | 원인의 뜻 : 왜냐하면/그런고로

9 | 예들기 : 예를 들면

10 | 환기의 의미 : 바꿔 말해서

11 | 다시 말하기 : 즉/바로

설명하기 방법이
서술형 문단을 만든다

(A) 중세의 농부들은 회색과 검정색으로 된 옷만 입어야 했다. 귀족과 그의 자녀들이 다른 예쁜 색을 다 자기들 옷으로 지정했기 때문에 남은 것이라곤 회색과 검정색뿐이었기 때문이다.

(B) 사람의 체온은 36도나 37도면 정상이다. 그보다 조금 높아지면 열이 있다고 한다. 열은 우리 몸이 병원체와 싸울 때 생긴다. 열만 갖고는 어떤 병원체인지 알 수는 없다. 열이 올라갈수록 저항하는 정도가 심해진다는 증거이다.

위의 (A) 문단은 중세의 농부들이 입던 옷 색깔에 대한 설명이고 (B) 문단은 체온이 높아지는 현상에 대한 설명이다. 이와 같이 독자에게 무엇을 알리고자 할 때, 독자에게 지식을 전하려고 할 때, 개념을 명백히 하려고 할 때에 설명의 방식을 사용한다. 설명의 방식으로 기술한 문단을 서술형 문단이라고 한다.

서술형 문단은 짧게는 문장 한 개에서 수십 개의 문장을 포함하기도 한다. 교과서, 참고서, 학술 서적이 서술형 문단으로 이루어져 있고, 사용 설명서, 안내서 등은 모두 서술형 문단으로 이루어져 있다.

설명에는 설명하는 사람의 생각, 감정, 주장이 섞이지 않고 객관적 사실들로만 이루어진다. 즉 인간의 보편타당한 진실이나 사실만을 담는 것이 특징이다. 설명하는 방법에는 설명의 대상에 따라 지정의 방법, 정의의 방법, 예시의 방법, 비교·대조의 방법, 분류의 방법, 분석의 방법이 있다.

서술형 문단은 객관적인 어떤 사실을 누구에겐가 설명하려는 목적으로 서술된다. 학생들이 주관식 시험을 볼 때, 혹은 서술형 답안을 작성하게 될 때 이런 문단 작성이 필요하게 된다.

신문 기사를 읽어 보면 누가(who), 언제(when), 어디서(where), 무엇을(what), 왜(way), 어떻게(how) 했는지가 나온다. 이것을 5W1H(육하원칙)이라고 한다. 이 육하원칙은 어떤 사실을 타인에게 설명하는 기본 방식이다. 모든 글을 쓸 때 이 원칙은 매우 중요하다. 특히 초등학생이 문단 만들기를 할 때는 육하원칙에 따라 연습을 할 필요가 있다. 일기처럼 자기만 보는 글일 경우에도 문단의 내용은 육하원칙을 포함해야 한다. 하물며 편지, 기행문, 보고서, 논술문처럼 다른 사람이 보는 글은 의미가 정확하게 전달되어야 하기 때문에 육하원칙은 필수이다.

지정(指定)과 정의(定意)

서술형 문단 중에 가장 기본 적인 것은 지정의 방법으로 설명하는 것이다. 예를 들면 '이순신에 대하여 아는 바를 쓰세요' 라는 문제에 대한 서술형 답안은 이순신이 살던 시대와 한ㆍ일 관계 등을 기술하는 것이다. 이렇게 무엇이냐에 대한 답에 내 의견을 섞지 않고 객관적인 사실만으로 대답하는 것이 '지정의 방법' 이다. 지정은 물음에 대한 확인 절차라는 점에서 '확인의 방법' 이라고도 한다.

서술형 문단의 기초가 되는 또 하나의 설명 방식은 '정의의 방식' 이다. 정의의 방법은 자신의 해석이나 의견을 넣지 않고 보편타당한 진리만을 들어 설명하는 방식이다.

예를 들면 '비행기란 무엇인가?' 라는 질문에 '비행기란 돈 많은 사람이 타는 것이다.' 라고 한다면 그 정의는 객관성을 잃었기 때문에 좋은 설명문이 될 수 없다. 승무원이 되어 탈 수도 있고, 급한 일로 돈을 빌려서 탈 수도 있기 때문에 돈 많은 사람이 탄다는 정의는 사실도 아니고, 진리도 아니다. 그러나 '비행기란 하늘을 나는 탈 것' 이라고 정의한다면 옳은 설명문이 된다. 정의의 방법은 국어사전, 백과사전, 문학 사전 등 사전적 정의가 그 예이다.

분석의 벙법

서술형 문단의 기초가 되는 또 하나의 방법은 분석의 방법이다. 분석은 하나의 개체를 나누어서 설명하는 방식이다. 예를 들면 곤충의 구조를 설명할 때, '곤충은 머리, 가슴, 다리로 나누어져 있다.' 고 한 개체를 속성별로 나누어 설명하는 방식이다. 또 집의 구조를 설명할 때, 바닥, 벽, 창문, 천장으로 나누어 설명하는 것도 분석의 방법이다.

　　서술형 문단을 작성할 때에 가장 중요한 것은 문제에 딱 맞는 설명의 방법을 선택하는 것이다. 분류의 방법, 비교와 대조의 방법, 예시의 방법은 별도로 설명하려 한다.

북키박사의 한마디

설명의 방법들

1 | 지정 → 물음에 답하는 식의 설명 방식
　　이순신은 조선의 장군이다.

2 | 정의 → 보편타당한 진리로 설명하기
　　인간은 동물 중에서 지능이 가장 높은 동물이다.

3 | 예시 → 어려운 것을 설명할 때 예를 들어 설명하기
　　예를 들면 맷돌, 천하대장군, 지하여장군, 물레방아, 디딜방아 같은 것들이다.

4 | 구분 → 어떤 기준이나 원칙을 가지고 큰 항목을 잘게 구분하여 설명하기
　　사람은 피부 색깔에 따라 황인종, 흑인, 백인으로 구분한다.

5 | 분류 → 어떤 기준이나 원칙을 가지고 각각의 것을 큰 항목으로 묶어서 설명하기
　　소나무, 전나무, 사철나무는 상록수에 속한디.

6 | 분석 → 하나의 대상을 구성 요소나 부분으로 나누어 설명하기
　　공기는 산소와 수소로 이루어져 있다.

7 | 대조 → 서로 다른 성질을 대조시켜 설명하기
　　중국의 담은 높고 두껍고, 일본의 담은 낮고 속이 보인다.

8 | 비교 → 비슷한 성질을 비교시켜 설명하기
　　남자는 군대를 가고 여자는 시집을 간다.

논리와 논증이
논술형 문단을 만든다

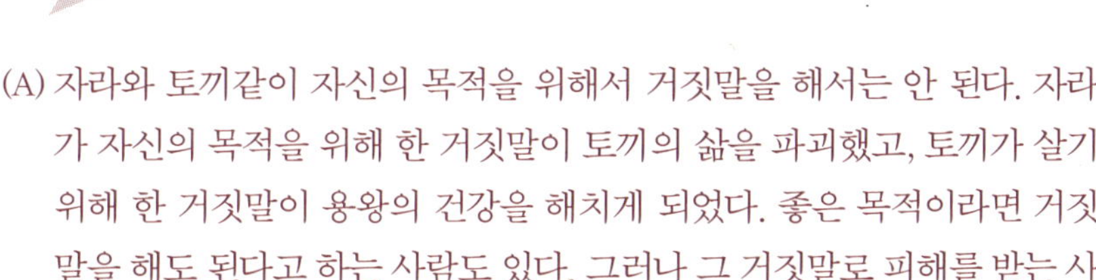

(A) 자라와 토끼같이 자신의 목적을 위해서 거짓말을 해서는 안 된다. 자라가 자신의 목적을 위해 한 거짓말이 토끼의 삶을 파괴했고, 토끼가 살기 위해 한 거짓말이 용왕의 건강을 해치게 되었다. 좋은 목적이라면 거짓말을 해도 된다고 하는 사람도 있다. 그러나 그 거짓말로 피해를 받는 사람이 있을 것이다. 어떠한 목적과 상황에서도 거짓말은 안 된다.

(B) 토끼전에 나오는 토끼와 자라의 거짓말에는 차이가 있다. 자라는 임금님에 대한 충성심과 그로 인해 자기에게 오는 권력을 생각하며 거짓말을 한 것이다. 그러나 토끼는 자신이 살기 위해서 거짓말을 한 것이다. 즉 정당방위이다. 그래서 자라의 거짓말은 나쁘지만 토끼의 거짓말은 나쁘지 않다. 정당방위라고 본다.

위 두 글은 중학교 2학년 학생이 《토끼전》을 읽고 '거짓말은 정당할 수 있는가' 에 대하여 쓴 논증 문단이다. 이와 같이 독자에게 자신의 주장을 증명해 보이거나 알리고자 할 때 논증의 방식을 사용한다. 논증의 방식으로 기술한 문단을 논술형 문단이라고 한다.

논술형 문단은 문장 몇 개에서 수십 개, 때로는 책 한 권을 포함하기도 한다. 신문의 사설, 논설, 칼럼이 논술형 문단으로 이루어져 있고, 광고 문안도 대부분 논술형 문단으로 이루어져 있다.

논술이란 그것이 왜 옳은가를 논리적으로 증명해 보이는 글이다. 논술이 설득력을 얻기 위해서는 논증이라는 방식을 사용한다. 논증적 기술은 다른 쓰기 기술에 비해 특히 논리성과 설득력이 요구된다. 다시 말해 논증적 문단은 가정된 결론을 여러 논거들과 추리를 통해 증명해 나가는 논리적 과정을 거친다.

그런데 논술형 문단을 구성하려면 가장 먼저 '해결해야 할 명제(命題)'가 있어야 한다. 논술 고사를 볼 때에는 명제가 주어진다. 그런데 그 명제가 사실인지 아닌지를 확인하라는 '사실 명제'가 있고, 참인지 거짓인지를 증명하라는 '정책 명제'가 있다.

예를 들면 '황우석은 논문을 조작했는가?'는 사실 명제이다. 조작한 사실이 있는지 없는지를 조사하여 밝힌 결과를 쓰면 된다. 그러나 '인간 복제는 정당한가?'라는 명제는 정책 명제이다. 이것은 사실보다는 윤리와 철학의 문제로 해결하는 답을 요구하기 때문이다.

논증의 방법에서 가장 주요한 것은 문제를 어떤 방법으로 증명해 보일 것인가이다. 논증의 방법에는 연역법, 귀납법, 예증법, 인용법 등이 있다.

연역적 논증

연역법이란 일반적인 원리, 원칙, 진리를 근거로 하여 구체적인 어떤 사실을 증명해 보이는 방법이다. 세상에는 누구나 의심하지 않고 믿는 원리, 원칙, 진리가 있다. 예를 들면 ‘영철이는 먹어야 산다.’는 것을 주장하기 위해서는 ‘사람은 먹어야 산다.’는 누구나 의심하지 않는 대전제를 제시하고, ‘영철이가 사람’이라는 것을 소전제로 내세운다면, 영철이가 먹어야 하는 것은 당연히 증명된다. 이러한 방식을 연역적 논증이라고 한다.

연역적 논증에서 주의할 일은 ‘대전제가 얼마나 튼튼한가’이다. 만약에 대전제가 ‘남자는 먹어야 산다.’와 같이 허약하다면, ‘그럼 여자는 안 먹어도 되느냐?’와 같은 반론이 들어오면 금방 무너진다. 논증에서 약한 전제를 내세우면 그 뒤의 논증을 아무리 잘 쌓아 올려도 모래성처럼 허물어지고 만다.

귀납적 논증

귀납법이란 구체적인 근거를 모아 일반적인 원리나 진실을 이끌어 내는 논증 방식이다. 흡사 여러 개의 구슬을 꿰어 목걸이를 만드는 방식과도 같다. 예를 들면 ‘새는 날개가 있다.’는 것을 증명하기 위하여 ‘참새도 날개가 있고, 까치도 날개가 있고, 비둘기도 날개가 있다. 이들은 모두 새에 속한다. 그러므로 모든 새는 날개가 있다.’로 논리를 전개하는 방식이다.

여론 조사 기관에서 발표하는 각종 통계, 연구소들의 조사 연구들은 구체적인 사례들로부터 일반적인 원리나 진실을 이끌어 내는 귀납적 방식이 기초가 된다. 이런 연구는 사실과 논리성 중에 사실에 더 큰 비중을 두는 연구 방법이다.

예를 들면 '우리나라 초등학생들은 한 달에 용돈을 5000원씩 쓴다.'라는 논술형 문단을 귀납법으로 만들기 위해서는 초등학생 1만 명의 월 용돈을 조사하여 통계를 낸 결과가 5000원이었다는 것을 증명하면 된다.

그러나 귀납적 논술을 할 때 주의할 것은 사용하는 근거들이 대표적이고 전형적이어야 한다. 조사에 응하는 초등학생이 전국 시, 군, 읍, 면에서 골고루 선발되어야만 대표성이 있다. 그런데 만일 서울 강남구 초등학생만 조사했다면 대표성이 없어서 객관성과 타당성이 없어진다.

예를 들어 설명하면
이해가 빨라진다

"여러분, 공산주의 종주국이 어디지요?"
"러시아요!"
아이들의 대답 소리에 교실이 떠나갈 것 같다.
"그러면 왜 러시아가 공산주의 종주국이 되었을까요? 미국이나 프랑스는
왜 공산주의 종주국이 되지 않았을까요?"
조용하다. 손드는 아이도 없다.
"자, 이번 시간에는 러시아가 왜 공산주의 종주국이 되었는지에 대한 생각
을 서술형 답안으로 작성해 보세요. 30분 안에 써 보세요."

'독서와 글쓰기의 영향에 대한 연구' 중에 찾아간 강남 D중학교 2학
년 교실. 아이들 40명 중에 대다수의 아이들이 그런 거 안 배웠다며 아
우성을 치고 그 중, 10여 명 정도가 생각을 정리하는 듯이 무언가 적고
있다.

　30분 후에 결과를 모아 보니 거의 백지를 낸 아이들이 20명, '레닌이 러시아 사람이기 때문', '레닌이 공산주의자이기 때문', '러시아에 공산주의자가 많다'와 같은 의미 없는 문장들을 몇 개 써 놓은 아이들이 10명, 쓰긴 썼지만 공산주의에 대한 지식을 써 놓은 아이들이 7명, 제대로 된 논술을 작성한 아이들은 3명뿐이다. 3명 중에 한 아이는 매우 훌륭한 논술을 전개했다.

　D중학교 2학년 교실에서 만난 그 아이는 톨스토이 《인생독본》에 나오는 '돌 깨는 사람들'의 이야기를 예로 들면서 제정 러시아의 불평등의 결과로 나타난 것이 공산주의라는 논지를 전개하고 있었다.

돌 깨는 사람들

　제정 러시아 시절에 귀족의 자제들은 은빛도 찬란한 니켈 자전거를 타고 하이킹을 다녔다. 그런데 그 저전거의 값은 돌 깨는 농노들의 3년치 월급과 맞먹는 돈이었다. 즉 농노들이 먹지도 입지도 않고 3년을 일해야 그 니켈 자전거를 가질 수 있었다는 이야기. 어느 날 산책길에서 이 사실을 알게 된 톨스토이는 충격을 받았고 재산을 농노들에게 분배해 주고 방랑의 길을 떠나게 되었다는 이야기를 예로 들어서 제정 러시아에서 공산주의가 시작된 원인을 분석하고 있었다.

　이와 같이 어려운 것을 설명할 때 예를 들어 설명하면 훨씬 쉽고 효과적이다. 예시는 일반적인 것을 특별한 예로, 추상적인 것을 구체적인 예로, 어려운 것을 쉬운 예로 들어야 한다.

　그러기 위해서는 실제로 있었던 유명한 일, 본보기, 통계치, 남들의 이야기 등을 예로 하는 게 좋다. 예시의 장점은 어떠한 개념을 우리 머릿속에 명확하게 떠오르게 한다는 점이다.

이해하기 쉬운 예 들기

1 | 누구나 아는 것을 예로 든다. 특수한 것을 들면 더욱 어려워진다.

2 | 속담처럼 전통 있는 것이 좋다. 누구나 다 아는 것이 쉽다.

3 | 구체적인 예가 좋다. 눈에 보이고 손으로 만질 수 있는 것

4 | 통계, 본보기, 누구나 다 아는 이야기, 문학 작품 등을 예로 들면 좋다.

분류하여 제시하면
기억하기 좋은 글이 된다

아버지 : 여보, 나 바람이나 쐬고 올려는데 무어 부탁할 것 없소?

어머니 : 그럼, 우유랑 미역이랑 포도를 좀 사다 주세요. 그리고 배, 버터, 멸치, 치즈, 감도 사다 주세요.

아버지 : 알았소.

그런데 1시간 후에 아버지가 들어오는데 보니까 손에 우유, 미역, 감만 들려 있다.

아버지는 왜 이 세 가지만 사 왔을까?

이 글을 읽은 아이들에게 질문하면 네 가지 종류의 대답이 나온다. '아버지가 메모를 하지 않았기 때문'이거나 '아버지의 기억력이 나쁘기 때문'이 가장 많고, '돈이 모자라서'도 있고, '어머니가 말하는 방법이 잘못되었기 때문'이라는 답변도 나온다.

물론 메모를 했거나, 기억력이 더 좋거나 돈이 더 많았다면 더 많은 물건을 사올 수 있었을 것이다. 그러나 같은 조건에서 어머니가 말하는 방법을 달리했다면 더 많은 것을 사올 수도 있었을 것이다.

첫째로 엄마가 그 많은 물건을 분류하거나 구분하여 말해 주었다면 더 많은 것을 기억했을 것이다. 예를 들면 유제품으로는 버터와 치즈, 과일 가게에서는 포도, 배, 감, 건어물 가게에서는 미역과 멸치라고 했다면 훨씬 많은 것을 사 올 수 있었을 것이다. 분류란 이와 같이 조직적으로 사고할 때 가능해진다. 분류하기는 말하기에서만 통용되는 것은 아니다. 글쓰기에서도 통한다.

책 소유자에는 세 가지 부류가 있다. 첫째는 전집류와 베스트셀러를 사다가 꽂아 놓고 손도 대지 않는 사람들이다. 이들은 종이와 잉크만 소유한 것이다. 둘째는 상당히 많은 책을 가지고 있으나 통독한 책은 몇 권 되지 않고 많은 책이 그대로 있는 사람들이다. 다만 책을 좋아할 뿐이다. 셋째는 많은 책을 소유하고 그 책들이 너덜너덜 하도록 읽는 사람들이다. 이들이 정말 책을 소유하는 사람들이다.

책 소유자를 세 가지로 분류하고 있는 문단이다. '책 소유자'라는 막연하고 추상적인 개념을 분류를 통해 확실하게 머릿속에 구조화 시켜 주고 있다.

우리가 실제 경험과 독서를 통해 더 많은 것을 배우면 배울수록 더 많이 분류하고, 배열하고, 기억하고 적용해야만 한다. 목록은 그것이 어떤 종류든 산더미 같은 재료들과 그 재료들에 대한 더 높은 개념들의 산더미를 독자가 감당해 낼 수 있도록 도와준다. 특히 호기심 많고 사람, 장소, 사물의 이름을 다 기억하려고 하는 독자라면 목록화시키는 단락들에 특별한 관심을 기울여야 한다.

분류나 구분은 아무렇게나 하는 것이 아니라 어떤 기준이나 원칙을 가지고 해야 한다. 만약 하나의 글 속에서 기준이나 원칙이 달라진다면 그 구분과 분류는 오히려 설명을 방해하게 된다. 글쓴이가 무엇을 어떻게 목록화시키고 분류하는가에 따라 독자가 이해하기 쉬운 문단이 되기도 하고, 어려운 문단이 되기도 한다.

북키박사의 한마디

분류, 구분하여 설명하기의 방법

1 | 같은 종류끼리 그룹 지어 설명하기

2 | 분위기, 모양, 성격 등으로 나누어서 설명하기

3 | 공통점과 차이점으로 나누어서 설명하기

4 | 시간 순서대로 설명하기

5 | 공간 순서대로 설명하기

6 | 긍정적인 항목과 부정적인 항목으로 목록화한다.

7 | 개별적인 것과 집단적인 것으로 목록화한다.

비교 · 대조로 설명하면 의미가 확실해진다

(A) 중국의 담은 집보다도 높고 두터워서 집 안의 소리가 밖으로 들리지 않는다. 반면에 일본의 담은 낮고 속이 환히 들여다보인다. 담의 모양을 보면 두 나라 국민성이 엿보인다.

(B) 일본의 집과 한국의 집은 사다리꼴의 지붕을 가지고 있다. 그러나 일본의 집은 경사가 가파르고 한국의 집은 경사가 완만하다. 비가 많이 오는 일본에서는 빗물이 빨리 흘러내려야 하기 때문에 지붕의 경사가 한국보다 가파르게 되었다.

어떤 것을 설명하거나 보여 주는 방법 중에 가장 손쉬운 방법이 비교하거나 대조하여 설명하는 방법이다. 비슷한 속성을 가진 것들은 비교해 보여 주고, 서로 다른 속성을 가진 것들은 대조의 방법을 사용하면 좋다.

예문 (A)는 두 나라의 국민성의 차이를 설명하기 위하여 중국의 폐쇄적인 담과 일본의 개방적인 담의 대조적인 모습을 통하여 설명하는 문단이다. (B)는 한국과 일본의 지붕의 모양은 비슷하나 가파르기의 차이를 가지고 비교의 방법으로 설명하는 문단이다.

이와 같이 하나만 가지고 설명하면 복잡한 내용도 비교나 대조의 방법으로 설명하면 알기 쉽게 특성이 드러난다. 비교나 대조의 방법은 독자들에게 사물의 모양, 성격, 특징 등을 눈에 보여 주듯이 설명하거나 구체적으로 설명할 수 있는 방법이다.

그러나 비교나 대조되는 사물을 읽는 사람이 모르거나 본 적이 없을 때는 더 어려워진다. 예를 들면 바나나를 본 적이 없는 사람에게 초승달을 설명하는데 바나나 같이 생겼다고 하는 것은 전혀 도움이 되지 않는다. 그래서 비교나 대조의 방법으로 글을 쓸 때에는 읽는 사람의 나이, 지식, 경험, 환경, 문화 등을 생각하여 설명해야 한다.

세상에 있는 사물 중에는 밤과 호두처럼 서로 비슷한 속성을 가진 것들이 있고, 바다와 육지처럼 서로 다른 속성을 가진 것들이 있다. 우리가 이런 것들을 설명할 때 비슷한 것과 반대되는 것을 들어 설명하면 알기 쉬운 설명이 된다.

대부분의 비교와 대조는 그것들이 다루는 개념들을 같은 항목끼리 묶어서 제시하게 된다. 가령 작은 마을에서의 삶과 대도시에서의 삶, 집단 스포츠인 축구와 농구 등이다. 비교는 크기나 분위기, 편리함 등에서의 유사점이나 차이점을 지적함으로써 행해질 수도 있다.

비교와 대조가 어떻게 조직되는가를 아는 것은 독자가 글을 읽을 때 도움이 된다. 거기에는 다음과 같은 두 가지 조직화 방식이 있다. 연속과 불연속이 그것이다. 연속적인 조직은 비교 · 대조되는 항목들을 연속적으로 나열해서 보여 주는 방식이다. 예를 들면 미국과 러시아를 비교 혹은 대조하고자 할 때, 미국과 비교되는 러시아의 특징을 여러 가지 연속적으로 나열하여 보여 주는 방식이다.

불연속적인 조직은 비교 · 대조되는 항목을 한 문단 안에서 하나씩만 제시하는 방식이다. 예를 들면 미국과 러시아를 비교 혹은 대조하고자 할 때, 미국의 모습과 러시아의 모습을 한 가지씩 대조하되 심층적으로 제시한다.

연속적인 비교 · 대조가 다양함을 추구한다면, 불연속적인 비교 · 대조는 심층적인 방식이다.

북키박사의 한마디

1 │ 비교의 방법 : 서로 비슷한 속성이 있는 것을 예로 들어서 설명하기
밥과 빵의 공통점/강과 바다의 공통점/판사와 검사의 공통점/자동차와 비행기의 공통점

2 │ 대조의 방법 : 서로 반대되는 속성을 예로 들어 설명하기
햇빛과 달빛의 차이점/나비와 두더지의 차이점/선생과 학생의 차이점

문제 : 칼에 베거나 상처가 났을 때 사람은 왜 죽지 않고 살 수 있을까?
(300자~400자)

답안 : 우리 몸의 세포는 끊임없이 두 개 이상의 세포로 분열한다. 그래서 우리 몸의 세포는 늘 새로운 세포로 교체된다. 1초에 5000만 개의 세포가 죽고, 5000만 개의 세포가 다시 생겨난다. 이런 방식으로 우리 몸이 천천히 새로워진다. 그래서 상처는 스스로 치료되고 우리 몸은 죽지 않고 살 수 있다.

서술형 문제는 요약형 문제이다. 그래서 요약을 잘하는 학생들은 서술형 문제에 훌륭한 답을 쓴다. 위의 예문은 중학교 학생이 교과서에 있는 내용을 요약하여 답변한 매우 훌륭한 답안지다.

영화를 보거나 소설을 읽고 나서 친구에게 이야기를 해 줄 때 간단하게 핵심을 이야기하는 사람이 있는가 하면, 길게 이야기를 늘어놓기만 할 뿐 어떤 내용인지 모르게 말하는 사람도 있다. 만약에 어떤 학생이 핵심을 짧고도 분명하게 이야기할 수 있다면, 그 학생은 요약 능력이 있다고 말할 수 있다. 그러나 어쩐지 길게 이야기해도 핵심이 들어가지 않은 것 같다면 이 학생은 요약 능력이 부족한 증거이다.

요약 능력이 가장 필요할 때는 소설이나 영화를 보고 나서가 아니다. 서술형 시험 시간이다. 요약 능력이 없는 아이들은 뻔히 알고 있는 답을 쓰지 못해 고민하거나 써도 틀린 답으로 간주되는 일이 많다.

한국독서교육개발원이 조사한 바에 의하면 서술형 답안지 쓰기에 대한 학생들의 응답은 "답을 썼는데도 선생님이 틀렸다고 점수를 매긴다."고 응답한 학생이 32%, "답을 알지만 답이 써지지 않아서 틀렸다."가 30%이다. 그러니까 60% 이상의 학생이 '답을 알아도 답을 쓰지 못하는 아이들'인 셈이다. 이런 아이들의 병은 요약 능력의 부재이다.

우등생의 비결은 요약 능력

우리나라 중고등학생 10% 이내의 소위 상위권 학생들의 특징으로는 어휘 능력, 요약 능력, 응용 능력, 집중력, 기억력이 높은 것으로 조사되었다. 그러나 서술형, 논술형이 강화되고부터 이 중 요약 능력이 상위권을 결정짓는 강력한 능력으로 떠올랐다.

이제 요약 능력이 부족하고서는 자신이 알고 있는 것을 짧은 시간 동안에 짧은 문장으로 기술해 놓을 수가 없기 때문이다.

<세월은 흐르는 강물처럼>이라는 영화에 요약을 중요시하는 아버지가 나온다. 아버지는 아들을 교육시키면서 소설 한 권을 읽고 나자 요약해 오라고 한다. 그 뒤에 요약한 것을 다시 반으로 줄여 오라고 한다. 나중에는 한 마디로 줄여 오라고 한다.

요점을 파악하는 능력이 없고서는 세상을 읽어 낼 수가 없다는 것을 가르쳐 주기 위한 훈련이다. 요약 능력은 이렇게 우리 생활 깊숙이 들어와 있는 읽기, 말하기, 쓰기 기술인 것이다.

북키박사의 한마디

자녀가 책 한 권을 읽고 나서 내용이 생각나지 않는다고 호소한 적은 없나요? 오랜 시간 동안 공부했는데 시험 볼 때 전혀 생각이 나지 않는다고 울먹인 적은 없나요? 만약 그런 적이 있다면 요약이 일어나지 않아서 생기는 현상입니다. 다음과 같이 자녀를 훈련시켜 보세요.

1 | 글을 읽으며 핵심 단어를 고른다.

2 | 글을 읽으며 중요한 내용에 밑줄을 친다.

3 | 고른 단어와 내용을 뭉뚱그린다.

4 | 이때 자기 생각을 넣지 않는다.

5 | 상상이나 추측은 넣지 않는다.

6 | 간결하고 짧은 문장으로 쓴다.

우리 아이 문단 실력은?

우리 아이와 동일한 것에 체크해 보세요.

☐ 한 문단 정도는 거뜬히 쓴다.

☐ 통일성 있는 글을 쓸 수 있다.

☐ 문단 속에 화제를 넣을 수 있다.

☐ 설명하기로 서술형 문단을 만들 수 있다.

☐ 요약 문단을 만들 수 있다.

☐ 비유나 상징을 써서 묘사를 할 수 있다.

☐ 예를 들어 쓸 수 있다.

☐ 복잡한 것을 분류하여 제시할 수 있다.

☐ 비교하거나 대조하는 글을 쓸 수 있다.

☐ 문단 들여쓰기를 할 수 있다.

✓ 표한 것이 8개 이상 : 글쓰기에 소질이 있습니다. 높은 꿈을 키워 주세요.

✓ 표한 것이 6 ~ 7개 : 글쓰기가 즐거운 상태입니다. 즐거움을 만끽하세요.

✓ 표한 것이 5개 : 글쓰기에 호감을 가진 상태입니다. 칭찬을 많이 해 주세요.

✓ 표한 것이 3 ~ 4개 : 글쓰기가 두려운 상태입니다. 또래 글로 용기를 주세요.

✓ 표한 것이 2개 이하 : 글쓰기가 고통입니다. 하루속히 건져 주세요.

생활 속 글쓰기의 산을 정복하다
시작에서 완성까지

글쓰기와 달리기는 흡사하다. 첫째는 둘 다 실제로 해보아야 실력이 는다는 점이고, 둘째는 무조건 하기보다는 기술을 습득하면 저절로 잘된다는 점이다. 내가 이렇게 자신 있게 말하는 데에는 이유가 있다. 둘 다 꽤 열심히 해보았기 때문이다. 나는 초등학교 때 전국 규모의 체육 대회에 출전하는 100m 달리기 대표 선수였다. 초등학교 6학년 때에 14.5초라는 기록을 보유하고 있었다. 선생님들은 올림픽 선수가 될 것이라고 추켜세웠다. 나도 그럴 것이라고 굳게 믿고 있었다. 그러나 중학생이 되고 사춘기가 시작되면서 나는 마라토너보다 작가가 더 멋있다고 생각하게 되었다. 그래서 올림픽 선수의 길을 포기하고 책 속에 빠진 아이가 되었다.

달리는 데에는 기술이 필요하다. 그냥 열심히만 달리면 힘만 들지 빨리 달릴 수가 없다. 훌륭한 달리기 선수가 되기 위해서는 다음과 같은 기초 기술을 익혀야 한다.

첫째, 직선으로 달릴 것. 뱀이 기어간 자국처럼 구불구불 뛰는 버릇을 고치면 1초가 단축된다. 둘째, 몸을 흔들지 말고 뛸 것. 몸을 흔들면 에너지 소비가 많아져 기운이 빠져 빨리 달릴 수 없다. 이 버릇을 고치면 1초가 단축된다. 셋째, 몸을 젖히고 뛰지 말 것. 달릴 때 몸을 숙이면 몸체가 유선형이 되어 바람의 저항을 덜 받아 1초가 단축된다. 새, 비행기, 배의 앞머리가 뾰족한 것을 생각하면 된다. 넷째, 입을 다물고 뛸 것. 입으로 바람을 들이마시면 숨이 차고 바람의 저항도 커서 1초 이상 늦어진다. 그리고 달리기 전에 물을 마시지 말 것. 다른 생각을 하지 말 것, 옆 사람을 의식하지 말 것…….

나의 코치 선생님이 귀에 딱지가 앉도록 일러 주시던 요령이다. 그런데 내가 연구와 경험을 통하여 알게 된 것은, 글쓰기에도 이런 기술이 있다는 것이다. 이제부터 그 기술을 이야기하려고 한다.

단 한 가지 다른 점은 달리기에는 옆에서 소리 치는 코치가 필요하지만 글쓰기에서 코치는 필요하지 않다는 것이다. 글쓰기에는 멘토가 필요하다. 옆에서 글 쓰는 것을 지켜보면서 전략적으로 지도해 줄 멘토가 필요하다. 이 단원의 마지막 페이지를 덮을 때는 독자 여러분께서 유능한 글쓰기 멘토가 된 자신을 발견하게 되기를 기대한다.

그러면 주제가 결정된다

글을 쓰기 위해 책상 앞에 앉아 있다. 학교의 글쓰기 시간일 수도 있고, 신문사 주최 백일장에 참가한 시간일 수도 있고, 논술 고사를 보는 시간일 수도 있다.

글제를 대하는 순간 머리는 텅 비고 아무 생각이 나지 않는다. 텅 빈 백지가 공포스럽게 느껴지고, 이것저것 써 보다가 지우고, 시간은 자꾸 가고, '아, 어쩌면 쓸 수 없을지도 몰라' 하는 생각에 더럭 겁이 나면서 가슴이 울렁거리고 눈앞이 캄캄해진다.

경험해 본 사람이 있을 것이다. 나도 초등학교 4학년 때 경험했다. 처음으로 학교 대표로 출전한 어린이 글짓기 대회에서였다. 글제는 '학교 어린이회' 였는데 당시 어린이회 임원이 아니었던 나는 시작도 못하고 말았다. 죽을 쑤고 나온 나에게 담임 선생님은 팥 아이스케키를 사 주시면서 몇 번이고 말씀하셨다.

“글제만 좋았다면 네가 상을 탔을 텐데.”

그날 나는 운동장가에 늘어선 버드나무 아래에서 치마로 얼굴을 감싸고 한 시간 동안이나 울었다. 나중에 선생님이 그만 울라고 화를 내시는 바람에 할 수 없이 그쳤다.

이런 경우, 가장 먼저 해야 할 일은 ‘내가 할 수 있는 이야기는 무엇인가’에 대한 파악이다. 글쓰기 대회라면 글제가 원하는 범위 속에서 내가 할 수 있는 범위를 찾는 것이고, 논술 고사라면 문제의 의도를 파악하는 일이다. 초등학교 4학년 때 내가 이 원리를 알았다면, 어린이회 임원이 아니었어도 당당하게 글을 완성시킬 수 있었을 것이다.

‘나는 어린이회 임원이 아니다.’를 밝히고, 임원이 되고 싶었지만 선거에서 표가 모자라 나갈 수 없었던 일, 임원이 된 아이들이 부러웠던 일, 임원이 되면 어떤 일을 하고 싶었다는 일 등을 쓰면 훌륭한 글이 될 수 있었는데 말이다. 그런데 나는 임원이 되어서 할 일이 무엇인지를 써야 된다는 잘못된 판단으로, 글을 시작도 못하고 만 것이다.

글쓰기에는 정답이 없다. 내가 생각하는 것을 얼마나 재미있고 감동적으로 썼느냐에 따라 잘된 글과 잘못된 글이 판가름 난다. 세상에 이보다 자유롭고 창의적이며 신나는 일이 어디 있을까?

이런 신나는 조건은 개인적인 글쓰기든, 시합하는 글쓰기든, 입학의 당락을 가르는 논술 고사든 마찬가지다. 글쓰기 심사를 할 때는 많이 알고 있다고, 지식이 풍부하다고, 좋은 일을 많이 한 착한 아이라고 좋은 점수를 주지는 않는다. 자신의 생각이나 마음을 얼마나 생생하고 논리적으로 전달한 글이냐에 따라 점수가 결정된다.

'무슨 이야기를 쓸까' 를 정하고 나면 주제가 떠오른다. 앞에서 예로 든 내 경우라면 '부러운 어린이회 임원들' 이 될 것이다. 그것이 결정되면 글은 일사천리로 써지기 시작한다.

북키박사의 한마디

'무슨 이야기를 쓸까' 를 결정하기 위해서는 자신 속에 무엇이 들어 있는지를 검색할 필요가 있다. 자신을 검색하는 방법과 절차는 다음과 같다.

1 | 문제와 관련된 추억을 떠올려 본다.

2 | 문제에 대해 내가 쓸 수 있는 것과 쓸 수 없는 것을 가려낸다.

3 | 다시, 내가 잘 쓸 수 있는 것과 잘 쓸 수 없는 것을 가려낸다.

4 | 잘 쓸 수 있는 것들을 모아 보면 주제가 떠오른다.

5 | 주제는 만들어 내는 것이 아니다. 떠오르는 것이다.

친애하는 국민 여러분.
존경하는 시민 여러분.
사랑하는 도민 여러분.

대통령, 시장, 도지사는 이렇게 쓴다. 그러나 이런 글을 읽을 때 어느 누구도 저 말이 나에게 하는 말이라고 생각하지 않는다. 범위가 너무 넓기 때문이다. 사실 이렇게 누가 읽어도 좋은 글을 쓰기가 가장 어려운 법이다. 대상에 맞는 단어 선택, 문장 수준, 흥미 등을 맞추어야 하기 때문이다. 그런 글이 좋은 글이 된다는 것은 애초부터 불가능하다. 그런 불가능을 가능으로 만들고자 대통령이나 시장, 도지사는 글쓰기 비서를 두고 있을 것이다.

다행히도 초등학생이나 중고등학교 학생들은 대통령, 시장, 도지사보다는 행복하다. 국민 전체나 불분명한 대상을 놓고 글을 쓰는 경우란 흔하지 않기 때문이다. 학생들의 경우에는 친구나 선생님이 고작이다.

누가 읽을 것인가를 정하고 나면 글쓰기는 쉽고 빠르게 진행된다. 대상에 따라 어휘 선택, 문장 수준, 예문의 방향과 수준이 결정된다. 대통령의 글처럼 읽어 줄 대상을 넓게 잡으면 아무도 읽어 주지 않는 글이 된다는 것만 상기하면 된다.

일기일 경우에는 자신이 읽을 글이니까 제일 쉽다. 학생들의 대회용 글쓰기라면 1차적으로는 심사 위원들이 읽지만, 그 뒤에는 발표되어 비슷한 또래의 학생들이 읽을 글이니까 그들의 눈높이에 맞는 글을 써야 한다. 심사 위원들도 그 점을 감안하여 자신들의 눈을 학생 수준으로 낮춘다.

논술 고사일 경우에는 대학 교수들이 읽지만, 이 글도 발표될 수 있기 때문에 고등학생이 읽을 것을 염두에 두어야 한다. 교수들도 자신들의 눈을 고등학생으로 낮추어서 글을 읽는다.

글쓰기 대회에서 심사를 하다 보면 대상의 수준을 너무 높인 글을 만나게 될 때가 있다. 글씨는 삐뚤빼뚤 아이들 글씨지만, 어휘나 내용이 영 어른스러운 글을 만나게 된다. 그러면 심사 위원들은 금방 알아차린다. 부모님이나 선생님이 써 준 글이라는 것을. 아니면 어디서 베낀 글이라고 의심하게 된다. 그런 의심을 받고 나면 그 글은 가장 먼저 탈락하게 된다.

나는 그런 작품을 1차로 탈락시키면서 가끔 생각에 잠길 때가 있다. 정말로 자신이 썼는데 '읽을 대상을 잘못 정한 경우' 라면 어떻게 하나 하는 안타까움에.

남의 글을 베껴 내는 학생들이 점점 많아지고 있다. 그래서 요즘은 심사 위원 노릇하기도 어렵다.

‘아 차!’ 잘못하여 표절 작품을 당선작으로 삼게 되어 웃음거리가 되지나 않을까 전전긍긍하기도 한다. 그래서 글쓰기에서 최고상을 정하려면 아이를 만나 보고 집안을 살펴보아야 하는 탐정 수준의 전략까지 동원된다.

이런 번거로움을 당하지 않으려면 자기 또래의 아이들이 읽을 글이라고 생각하고 쓰는 것이 가장 안전하고 확실한 방법이다.

03

자신을 검색하라
그러면 소재가 모아진다

교육을 받았던 받지 못했던, 나이가 많든 적든 모든 사람들은 이야기를 가지고 있다. 내가 대학생 때 기차에서 만난 어떤 할머니는 국문과 학생이라고 하는 말을 듣고는 내 손을 꼭 쥐며 자신의 이야기를 소설로 써 달라는 부탁을 했다. 그 할머니는 내가 기차에서 내릴 때까지 명주 수건으로 눈물을 찍어 가며 자신의 인생을 구구절절 이야기해주었다.

그 후 몇 년 동안 나는 할머니의 소원을 풀어 드리지 못해 늘 죄스러워했다. 그러나 아마도 할머니는 나에게 자신의 이야기를 털어놓은 것만으로도 얼마쯤은 행복해졌을지도 모른다.

글쓰기란 나 자신이 가지고 있는 느낌이나 진실을 다른 사람과 나누고 싶은 욕망이다. 누군가를 가르치려는 것도 아니고, 인정받으려는 것도 아니다. 그것은 표현의 본능이며 자신을 기쁘게 하는 본능일 뿐이다. 그런데 언제부터인가 우리 주위에는 글쓰기의 행복보다는 글쓰기의 불행감을 맛보는 아이들이 훨씬 더 많아졌다. 왜 그럴까? 그것은 자기로부터 소재를 모으지 않고 엉뚱한 곳에서 소재를 가져오려는 만용 때문이다.

읽을 대상이 결정되면 글에 들어갈 작은 이야기들인 소재를 모아야 한다. 그런데 이때부터 '쓸 거리가 없다.'고 하소연하는 아이들이 생긴다. 왜 쓸 거리가 없는 것일까?

한국독서교육개발원에서 이 문제를 해결하기 위하여 연구를 할 때 '쓸 거리를 자신이 아닌 다른 곳에서 찾는 아이들이 많다.'는 것을 발견했다. 글의 소재는 신문에 난 사건처럼 어마어마한 규모이거나 훌륭한 일이어야 한다는 생각을 대부분의 어린이나 청소년들이 가지고 있었다. 이것이 글쓰기를 어렵게 만드는 요인 중 하나였다.

기억과 경험을 클릭하라

일기나 편지처럼 혼자 읽는 글이든, 논술 고사처럼 개방되는 글이든 글쓰기의 소재는 자신으로부터 나온다. 자신이 읽은 책의 내용, 자신이 겪은 일, 자신이 생각한 것, 느낀 것이 글의 소재가 된다. 자신의 것이 아닌 것을 써 봤자 어색하고 보잘것없는 글이 되고 만다. 내 이야기로부터 시작해야 한다. 글쓰기는 잔재주가 아니라, 내 마음의 표현이고 내 인격의 표현이기 때문이다.

자신 속에 들어 있는 이야기를 꺼내지 않고, 자신과는 무관한 다른 이야기를 쓰려고 하기 때문에 행복감보다 불행감이 커진 것이다. "작가란 자신에게 없는 것을 남에게 보여 줄 수가 없다."는 스탕달의 말처럼 글 쓰는 이는 글의 재료를 자기 안에서 찾아야 한다.

누구에게나 재능이 있고 표현하고 싶은 생각이 있다. 자유롭게 쓰기만 한다면, 그리고 내부에 있는 진실을 말하기만 하면, 자신의 깊은 속에서 나오는 이야기를 쓰기만 한다면, 누구나 독창적일 수 있다.

내부의 목소리가 똑같은 사람이란 없다. 유전과 유전자 및 염색체 분야에서 세계적인 학자인 미국 존스 홉킨스 대학의 제닝스 박사는 "어떤 개인도 다른 개인과 완전히 동일한 유전자를 가질 경우는 없으며, 인류 역사상 똑같은 사람은 존재한 적이 없다."고 말한다. 사람이란 이렇게 독창적인 존재이기 때문에 누구나 자기로부터 나온 것을 쓰면 독창적일 수밖에 없다.

글 잘 쓰는 자녀를 원하는 부모님들이 가져야 할 중요한 마음가짐은 '자신에게 재능이 있다는 것과 독창성이 있다는 것'을 자녀에게 확신시키는 일이다. 이것을 알게 되면 글쓰기는 자유롭고 신나는 활동이 된다. 그리고 마침내 글쓰기를 즐기게 된다. 아이들을 거기까지 안내하는 것이 훌륭한 글쓰기 선생님이다.

04

키워드 세 개를 만들어라
그것이 글의 핵심 재료이다

글쓰기는 요리하기와 같다. 불고기를 만들려고 할 때 가장 먼저 하는 것이 재료 준비이다. 고기를 적당하게 잘라 설탕과 배즙을 뿌려 둔다. 그리고 양파를 까서 적당하게 잘라 놓고, 당근과 파를 썰어 놓고, 마늘을 다져 놓고 후추와 참기름을 준비한다. 이것이 준비 과정이다. 그 다음에는 번철을 불에 올려놓고 이런 재료들을 따로따로 살짝 볶아 둔다.

이때 고기 · 양파 · 당근 · 파 · 마늘 · 후추 · 참기름을 준비하는 과정이 키워드를 만드는 과정이다. 그리고 이것을 따로따로 볶아 내는 과정은 문단 만들기 과정이고, 마지막에 다 넣고 볶는 과정이 글쓰기 과정이 된다. 이때 준비 과정에서 중요한 재료 하나가 빠졌다면 요리는 맛이 없을 것이 뻔하다. 그렇다. 요리의 준비 과정에서부터 중요한 재료가 빠졌다면 요리는 처음부터 맛이 없을 운명에 놓이게 된다.

글쓰기도 마찬가지이다. 처음에 글의 핵심이 될 중요한 어휘 3개를 찾는 것이 중요하다. 만약에 엉뚱한 단어를 찾는다면 글은 처음부터 엉뚱한 방향으로 흘러가게 된다.

학교에서 글을 쓰라고 하면 선생님 말이 떨어지자마자 엎드려서 쓰는 아이들이 있는가 하면, 시간이 다가도록 눈만 깜빡이며 앉아 있는 아이들도 있다. 그리고 무엇인가 메모하기 시작하는 아이들도 있다. 그러나 분명한 것은 선생님 말이 떨어지자마자 달려들어 쓰는 아이들 치고 글을 잘 쓰는 아이들은 없다. 대개는 얼마 못 가 이야기가 막혀서 쩔쩔매거나 그냥 포기하고 만다. 즉 완벽한 형태의 글을 만들지 못한다.

그런데 이런 아이들이 의외로 많다. 이런 아이들은 나중에 논술 고사를 볼 때 실패할 확률이 높다. 또한 학교를 졸업하고 사회에 나갔을 때 부실한 기획서나 보고서 때문에 상사로부터 '능력 없음'의 딱지를 받게 될 가능성이 크다.

글을 쓰면서 다음에 무엇을 쓸 것인지에 대한 확실한 계획 없이 시작하면 얼마 가지 못해 곧 막혀 버린다. 그래서 이말 저말 쓰고 고치다 보면 결과적으로는 시간만 더 걸릴 뿐 글은 내용도 부실하고 구조도 허술하게 된다. 그러나 글쓰기 전에 미리 생각하고 메모하는 습관을 들인 사람은 좋은 글을 쓰게 된다. 이들은 준비를 철저히 하는 요리사와 같다.

키워드는 서로 낯설수록 좋다

무엇을 쓸 것인지, 누구를 대상으로 쓸 것인지를 결정하고 나면 키워드 3개를 정할 차례이다. 키워드는 앞으로 쓰게 될 글 속에서 빼놓을 수 없는 중요한 내용을 대표하는 단어들이다. 단어가 아니라 구절이어도 좋다.

키워드는 2개보다도, 4개보다도 3개가 좋다. 잘 쓰러지지 않는 카메라 다리가 3개라는 것을 생각하면 3의 비밀을 짐작하게 된다. 3은 토론 진행을 성공시키는 최소한의 숫자이기도 하다. 둘은 편이 갈리고 넷도 편이 갈린다. 그러나 3은 편이 갈리지도 않고 중재가 가능하다.

세 개의 키워드는 글의 핵심이 될 아이디어를 대표하는 말이어야 한다. 이 글에서 이런 이야기를 하겠다는 중심 아이디어이다. 그런데 이 아이디어를 서로 비슷비슷한 것 세 개를 고르는 것은 의미가 없다. 서로 다르거나 관련이 없어 보이는 것을 고른다면 매우 신선하고 창의적인 글이 된다.

키워드끼리 서로 거리가 먼 것을 고르면 낯설게 하기란 신선한 충격 효과로 나타난다. 예를 들면 '아름다운 지구' 라는 글을 쓰기 위해서 키워드를 '강물, 나무, 꽃' 으로 정하면 글은 비슷비슷한 이야기가 이어지면서 지루하게 흘러간다. 그러나 키워드가 '꽃, 컴퓨터, 아프리카' 로 정해진다면 이야기는 아마도 다양하고 신선하게 흘러갈 것이다. 아름다운 지구를 위해 꽃이 할 수 있는 역할과 컴퓨터가 할 수 있는 역할, 아프리카가 할 수 있는 역할이 다르기 때문이다.

이렇게 키워드는 서로 거리가 멀면 멀수록 좋다. 그것이 글의 신선함을 주고 독자에게는 언어적 추측 게임을 가능하게 한다. 독자는 자신들이 추측할 것이 없는 뻔한 글은 지루하게 생각하기 때문이다.

일류 요리사는 재료를 정할 때, 음식이 다 된 후의 색깔을 상상하며 준비한다고 한다. 글 쓰는 사람도 좋은 글을 쓰기 위해서는 완성된 글의 신선함과 다양함을 상상하며 키워드를 정해야 한다. 상상력이 부족한 아이들은 서로 거리가 가까운 키워드를 골라 글을 구성한다. 이것은 세 개의 다리를 가까이 둔 삼각대처럼 넘어지기 쉬운 구조를 이룬다. 그러나 거리가 먼 키워드를 골라 쓴 글은 세 개의 다리를 멀리 벌려 놓은 삼각대처럼 튼튼한 구조를 갖는다.

그러면 글의 작전 지도가 나타난다

글을 쓸 때 첫 글자에서 시작하여 마지막까지 연속적으로 이어 가면서 글을 쓰는 사람이 있을까? 내가 조사해 본 대다수의 사람들 중에는 그렇게 글을 쓰는 사람은 없었다. 그가 학자든, 작가든 자기가 쓰려는 내용을 일단 토막 글이나 메모의 형태로 적어 두었다가 그것들의 순서를 정한 다음에 구체적으로 살을 붙여 나가는 글쓰기 방법을 택하고 있었다.

지금 이 책을 쓰고 있는 나도 머리말에서부터 시작하여 여기까지 써 오고 있지는 않다. 글쓰기에 대한 수많은 아이디어를 모으고, 그 아이디어들을 같은 성질의 것들끼리 그룹핑하고, 각각의 그룹마다 먼저 나올 이야기와 나중에 나올 이야기의 순서를 정한 다음에 살을 붙여 나가고 있다.

미국의 인지 심리학자 앤더슨(Anderson)은 인간의 기억 속에 저장된 정보들은 문장이 계속적으로 이어지는 것처럼 선형 구조(line - up)로 조직되어 있는 것이 아니라 그물망 형태(network structure)와 같은 공간 구조를 이루고 있다는 것을 밝혀냈다. 예를 들면 '스피츠는 불독보다 작다.' 란 문장을 읽을 때는 '스피츠 < 불독' 으로 기억한다는 것이다. 이러한 우리의 인지 구조의 특징을 이용하면 글쓰기가 한결 쉽고 재미있어진다.

이런 우리의 인지적 구조를 이용한 것 중에 세계 지도가 있다. 우리가 지구를 이루고 있는 육지와 바다의 모습을 글로 써 놓은 책을 한 권 읽었다고 해도 세계 지도를 보는 것만큼 한눈에 들어오지는 않는다. 선적인 형태를 취하고 있는 글은 공간적인 형태를 취한 지도만큼 시각적인 효과가 적다.

글쓰기는 일차적으로는 자신의 생각을 표현하는 수단이지만, 이차적으로는 타인의 두뇌에 무언가를 전달하는 행위이다. 그러므로 표현하기도 좋고 전달하기도 좋은 형식을 갖는 것이 중요하다. 그것을 먼저 점검해 보는 것이 생각을 공간화해 보는 작업이다.

글쓰기 작전 지도 마인드 맵 만들기

'생각의 공간화' 란 '마인드 맵(mind - map)' 만들기와 같다. 생각을 선형(線形)으로 늘어놓기 전에 공간 속에 늘어놓고 한눈에 조망해 보는 방법이다. 이런 방식은 글을 다 써 놓고 고치는 것보다 위험성을 줄이는 방법이 된다.

특히 시험이나 논술 고사 같은 시간의 제약을 받는 글쓰기에서 실패할 확률을 줄일 수 있다. 생각을 공간화하는 '마인드 맵' 작업은 건축가가 먼저 설계도 그리기, 전쟁에 나가는 장군이 작전 지도 그리기, 쇼 프로듀서가 콘티 그리기와 같은 일이다.

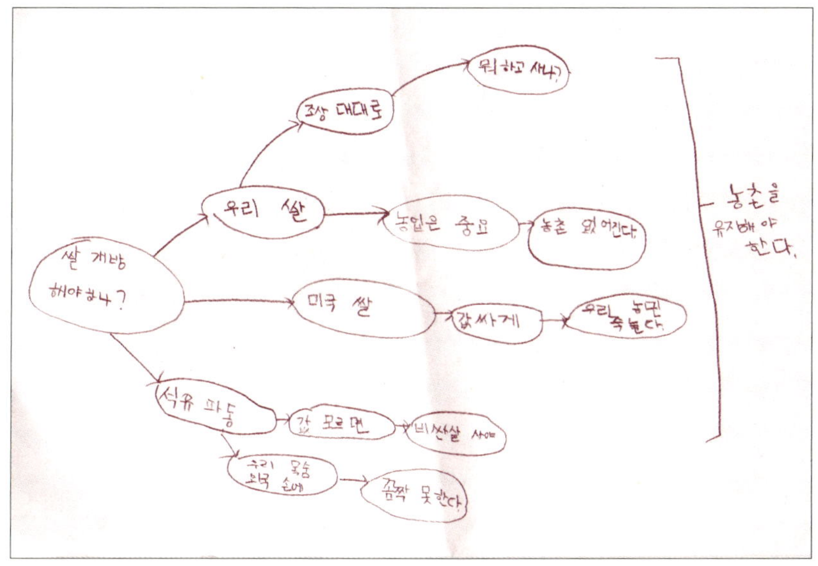

위의 그림은 초등학교 5학년 어린이가 글쓰기 전에 그린 마인드 맵이다. 글쓰기를 즐기는 이 어린이는 글을 쓸 때마다 흰 종이를 내놓고 거기에 작전 지도인 마인드 맵을 그린다. 먼저 무슨 주제로 글을 쓸 것인가를 정하고 그 주제를 달성하기 위한 키워드 세 개를 정한 다음에 키워드를 중심으로 작전 지도를 그린다.

생각을 공간화하는 방법들

1 | 연계 구조(chain structure)

2 | 그물망 구조(network structure)

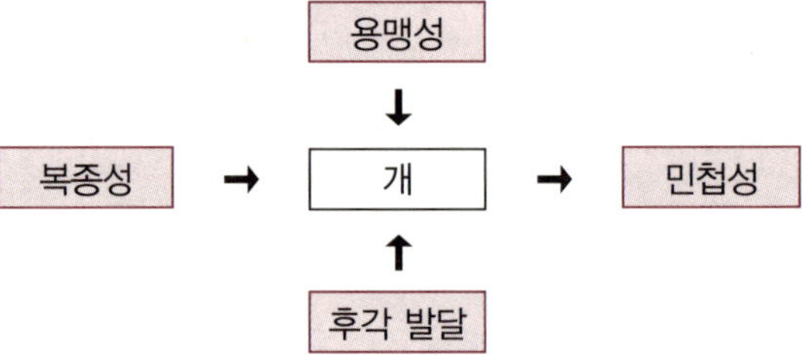

3 | 피리미드 구조(pyramid structure)

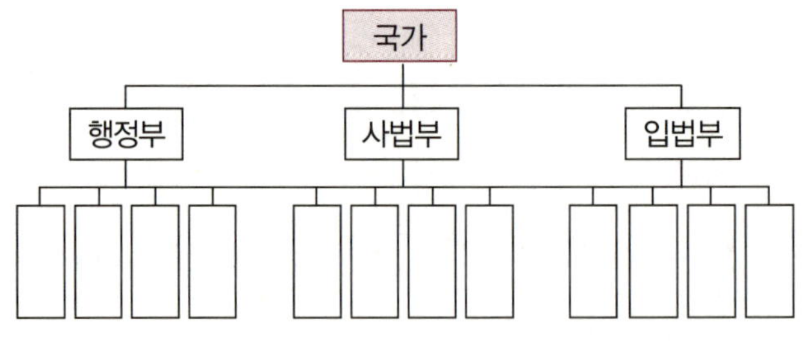

그러면 글이 샛길로 빠지지 않는다

텔레비전의 역할에 아이들을 조용히 시키는 것이 있다. 과거엔 부모들이 떠드는 아이들을 향해 "밖에 나가 놀아!", "입 다물지 못하겠니?" 하곤 했다. 그러나 요즘은 "너 텔레비전 볼래?" 하고 말한다. 그러면 그때부터 아이들은 조용해지고 대신 텔레비전이 떠들기 시작한다. 자동차 소리, 고함 소리, 총소리가 아이들의 입에서가 아니라 텔레비전에서 흘러나온다.

위 예문에서 '텔레비전의 역할'이 키워드이고, '텔레비전의 역할에 아이들을 조용히 시키는 것이 있다.'가 화제문이다. 키워드가 정해지면 그것을 문장으로 만든다. 키워드를 정한 의미가 최대한 응축된 문장이면 더욱 좋다. 그리고 그 문장을 보조하는 문장들을 만들어 문단을 구성한다. 이때 키워드로 만든 응축된 문장이 화제문이다.

문단을 만들 때 그냥 달려들면 막막해진다. 그러나 일단 화제문을 만들어 놓고 문단을 시작하면 문단 쓰기가 한결 수월해진다. 마치 실패에서 실타래를 풀어내는 것처럼 순조롭다. 화제문은 자신의 생각을 한 문장 속에 응축한 문장이고, 응축된 것의 실마리를 풀어 나가는 작업이기 때문이다. 풀어 나가는 작업에는 응축된 것을 쉬운 말로 풀기도 하고, 예를 들어 풀기도 한다. 글쓰기는 이렇게 순서에 따라 하면 결코 어려운 작업이 아니다.

화제문에 따라 문단이 탄탄해지기도 하고 부실해지기도 한다. 응축적이고 상징적인 화제문은 툭툭 한번 건드리기만 해도 다음 문장들이 튀어나올 정도로 문장을 이어 가기가 쉽다. 그래서 문단이 다양한 이야기를 전개하는 데 도움이 된다. 하지만 응축적인 의미를 담지 못한 화제문은 이야깃거리가 없어서 빈약한 문단의 주인이 될 뿐이다.

화제문은 낯선 길의 이정표

화제문을 앞에 놓고 시작하면 나중에 혹시 시간이 없거나 장수가 모자랄 경우가 와도 당황하지 않는다. 꼭 해야 할 중요한 말을 앞에서 한 상태이기 때문에 당황하지 않는다. 그리고 중요한 화제문을 앞에 놓으면 할 말을 잊을 염려도 없다. 또 자신이 앞으로 무슨 말을 해야 할지를 잊지도 않는다. 이런 이점으로 해서 화제문을 앞에 놓는 글의 형태가 유행하고 있다. 특히 백일장이나 논술 고사 같이 일정한 시간 안에 써서 평가받는 글에는 화제문을 앞에 놓는 것이 유리하다.

화제문이 문단의 초두에 나오는 것은 독자에게도 편리하다. 먼저 글의 핵심을 파악하고 읽어 나가기 때문에 독해가 쉬워진다. 이런 방법은 독자가 연역적 사고를 기르는 데 도움이 된다.

화제문을 문단 마지막에 두거나 중간에 두는 방법도 있다. 마지막에 두는 것은 귀납적 사고를 유도하는 방식인데, 이런 귀납적 문단은 쓰거나 읽을 때에 더 강력한 집중력과 창의력이 요구된다. 문단 쓰기를 배우는 초등학교 때는 화제문이 앞에 놓이는 문단 만들기가 더 쉽다.

이와 같은 방법으로 3개의 키워드로부터 3개의 화제문을 만들고, 3개의 화제문으로부터 3개의 문단을 만들고 나면 본문의 설계도는 완성된 셈이다. 이제 서론의 역할을 할 현관을 만들 차례이다.

가끔, 본론에 무엇을 쓸 것인지를 결정하지 않고 무턱 대고 서론을 쓰는 학생들이 있다. 이럴 경우 서론만 쓰다가 본론에 들어가 보지도 못하고 중도 하차 하는 일이 생긴다. 본론이 집의 몸체라면 서론은 현관이다. 현관이란 집의 용도에 맞아야 하고 집의 모습과도 어울려야 한다. 그래서 서론을 쓸 때에는 본론의 얼개를 만들고 나서 그에 어울리는 서론을 쓰는 것이 좋다.

질문하라
그러면 첫 문장이 생각난다

글쓰기는 자석과 같다. 마음속에 들어 있는 생각들을 끄집어내는 자석이다. 그 자석에 가장 먼저 끌려 나온 생각이란 지금 쓰려는 이야기와 무슨 관련이 분명 있다. 위대한 작가들도 말한다. 첫 생각을 존중하라고. 그것은 신이 주신 생각이라고. 정말 그럴까?

글을 써 본 사람이라면 누구나 알고 있다. 첫 생각이 나타나고, 그 생각으로부터 글이 나오기 시작한다는 것을. 그 생각에 줄줄 끌려서 어떤 생각들이 나온다. 그때 첫 생각을 '에이 시시해!' 라고 잘라 버리면 그 다음 생각은 끌려나오지 않는다.

첫 생각이란 무엇인가? 그것은 우리 마음속에서 가장 먼저 번쩍하고 타오른 불씨일 것이다. 그 불씨는 엄청난 잠재력을 가진 에너지를 가지고 있을 것이다. 첫 생각은 신선함, 우리 내부에서 용솟음치는 무의식의 영감과 연결되어 있다.

심사숙고하여 말하건대, 글쓰기 과정은 논리적인 것은 아니다. 논리적인 글인 논설문을 쓸 때조차도 글쓰기 과정은 비논리적이다. 우리 속에 들어 있는 그 많은 의식과 생각 중에 어느 것이 먼저 나와서 글이 되는가? 이것을 논리적으로 설명할 수 있을까? 글은 국화빵이 아니다. 지금 내가 쓰고 있는 문장과 생각은 세상에 오직 하나밖에 없다. 이런 글을 만드는 과정을 어떻게 논리로 설명할 수 있을까?

첫 문장은 독자가 그 글을 끝까지 읽느냐 마느냐를 결정한다. 그래서 글을 쓸 때 첫 문장을 쓰면 반은 쓴 것이라는 말이 나오기도 한다. 그런 만큼 첫 문장 쓰기는 힘이 든다. 그러나 첫 문장은 힘을 많이 들여 쓸 가치가 있다. 그것이 글의 인상을 결정하기 때문이다. 그 첫 문장을 쉽게 쓰는 방법은 질문하는 것이다.

질문은 글쓰기로 들어가는 문이다. 예를 들면 '종교의 이름으로 전쟁을 하는 것은 타당한가?' 라는 문제를 놓고 글을 쓰려고 할 때, 다음과 같은 질문을 던져 본다.

'종교는 왜 존재하는가?'

'종교는 어떻게 시작되었나?'

'남의 종교를 무시하는 것은 온당한 일인가?'

'종교의 이름으로 저지른 악은 용서받을 수 있을까?'

이런 질문들을 하다 보면 첫 생각이 떠오르게 된다. 종교 전쟁에서 죽어 가는 어린아이들과 노인들의 얼굴이 떠오르고, 남의 종교를 때려 부수고 자기들의 신에게 감사 기도를 드리는 피 묻은 손이 보이고, 각

종교에서 꼭 지켜야 할 계명으로 정한 '살인하지 말라.' 는 말이 떠오르고, 선과 악을 구분하지 못하는 광신도들의 얼굴이 떠오를 것이다. 그러면서 첫 문장이 써지게 된다.

"사람이 종교를 믿는 것은 악해지기 위해서가 아니다. 그런데 요즘 종교로 인하여 전쟁이 일어나고 있다."

생각을 살리는 질문, 죽이는 질문

질문에는 생각을 피어오르게 하는 질문도 있고, 생각을 죽이는 질문도 있다. 생각을 뭉게구름처럼 피어오르게 하는 질문에는 구체적인 질문이 있다. 구체적이란 나와 관련이 있거나 내 생활과 관련이 있을 때 생기는 감각이다.

예를 들면 '가을' 이라는 제목으로 글을 쓰려고 할 때 자신에게 어떤 질문을 하면 구체적인 질문이 될까? '나는 가을을 좋아하는가?' 정도면 구체적인 질문이 된다. 그러나 '가을이란 무엇인가' 는 추상적인 질문이 된다. 앞의 질문으로는 무언가 할 말이 떠오르지만, 뒤의 질문을 하고 나면 답이 떠오르지 않아 더 어렵고 답답해질 것이다.

생각을 떠오르게 하는 두번째 쓸 만한 질문에는 가벼운 질문이 있다. 가벼운 질문이란 머리를 찍어 누르는 스트레스성 질문이 아니라는 의미이다. 가벼운 질문은 상상력을 향상시킨다.

만약에 '엘리베이터' 란 제목을 앞에 놓고 있을 때에 가장 가벼운 질

문이란 어떤 것일까? '엘리베이터를 맨 처음 만든 사람은 누구일까?'
쯤 되지 않을까? 반면에 '엘리베이터는 무엇으로 만들어졌나?'는 지식
을 묻는 무거운 질문이다. 이런 질문을 하게 되면 스트레스가 더 심해
질 게 틀림없다.

북키박사의 한마디

생각의 불꽃을 타오르게 하는 질문들

1 | 손가락은 왜 다섯 개일까?

2 | 스님들은 왜 머리를 깎을까?

3 | 1+1=2가 되지 않는 경우도 있을까?

4 | 세상에서 가장 큰 꽃은 무슨 꽃일까?

5 | 세상에서 가장 키가 큰 사람은 몇 센티미터일까?

6 | 세상에서 가장 중요한 일은 무엇일까?

7 | 세상에서 가장 예쁜 여자는 누구일까?

8 | 어릴 때 내 소원 중 이루어진 것은?

제목은 글의 문패
문패는 주인의 이미지를 만든다

껌을 함부로 버리지 맙시다
선생님은 마녀
숙제를 대신 해 준다면
게임과 채팅
지구가 병들고 있어요
사람 위에 사람이 있어요
어른들은 몰라요

초등학교 3학년 아이들이 쓴 제목들이다. 100명의 아이들 중에 글을 쓰기 전에 제목을 쓰는 아이들이 22%, 임시 제목을 쓰고 완성된 후에 제목을 고치는 아이들이 59%, 글을 다 쓰고 제목을 짓는 아이들이 15%, 기타가 4%였다. 기타는 제목을 고치고 고치다가 정하지 못하였거나, 처음부터 정하지 못하고 글을 완성한 아이들이었다. 이만큼 아이들의 경우, 제목 짓기에서 많은 고심을 하고 있는 것이 보였다.

그러나 제목의 원리를 알아 두면 제목 짓기는 한결 쉬워진다. 첫째, 제목은 내용을 안내해 주는 역할을 한다. 제목만 보면 안에 무슨 내용이 써 있다는 것을 알게 되어 편리하다. 그러나 단점도 있다. 궁금증이 없어서 읽지 않을 확률도 있다.

둘째, 제목은 궁금증을 일으키는 역할을 한다. 궁금증을 일으키는 제목은 독자로 하여금 빨리 글을 읽게 만든다.

셋째, 제목은 주제를 암시한다. 내용과 주제는 다르다. 내용이 몸이라면 주제는 정신이다. 예를 들면 '시련은 있어도 실패는 없다', '그 많던 싱아는 누가 다 먹었을까' 같은 제목들이다. 이런 제목이 갖는 장점은 독자에게 어떤 충격을 준다는 것이다.

넷째, 제목은 반어적으로 주제를 강조하기도 한다. 가끔 글의 주제나 내용과는 반대인 제목이 있다. 이런 제목들은 주제를 더욱 강하게 각인시키려는 의도에서 나온다. 예를 들면 '운수 나쁜 날의 이야기'의 제목으로 현진건은 '운수 좋은 날'을 정했다. 이런 제목은 반어법으로 글의 내용을 강조하는 방법이다.

다섯째, 호기심형 제목이 있다. '선생님은 마녀', '아줌마가 작아졌어요'와 같은 제목인데 독자로 하여금 호기심을 일으키려는 의도에서 지어진다. 일명 마케팅 제목이라고도 할 수 있다.

여섯째, 선동형 제목도 있다. '일어나 빛을 발하라' 같은 제목인데 대개 종교 서적 같은 데 쓰인다.

09

시작 문단은 궁금증으로
그래야 호기심이 일어난다

(A) 그 여자는 나에게로 비스듬히 걸어왔다.

(B) 그 여자는 서초구 양재동 K초등학교 교사였다.

(C) 학문이란 인간의 지위 상승에 한몫하기 때문에 예부터 부모들은 자식에게 학문을 가르치려고 대학 진학을 원했다. 우리나라 부모들의 이런 소원이 세계 제1의 대학 진학률을 낳았다.

(D) 의사가 주는 약에는 플라시보 효과가 있다고 한다. 의사의 권위가 약효를 몇 갑절 끌어올려 병을 낫게 한다는 것이다. 심지어는 약도 아닌 밀가루를 주었는데도 병이 낫는 경우도 있다는 것이다.

문장 (A)는 레마르크의 소설 《개선문》의 시작 문장이다. 이 문장을 읽는 사람들은 시작 부분에서 글 속으로 쉽게 끌려들어간다. 그 첫번째 이유는 문장 속에 이야기가 들어 있기 때문이다. 사람들은 이야기를 좋아한다. 선생님이 떠드는 아이들을 주의 집중시킬 때 이야기를 하듯이 글도 이야기로 시작하면 집중이 빠르다. 논술문과 같이 딱딱한 글에서도 이야기 기법은 효과가 있다. 두번째 이유는 "그 여자가 비스듬히 걸어왔다."는 첫 문장에서 풍기는 궁금증 때문이다. 비스듬히 걸어온 것은 길을 대각선으로 걸어온 것일까? 아니면 몸이 한쪽으로 기우뚱한 채 걸어온 것일까? 아니면 그도 저도 아닌 표정이 밝지 않아서 기우뚱해 보인 것일까? 이 시작 문장은 독자들의 상상력을 자극하고 '그 여자가 정상이 아닌 어떤 절박한 상태에 있다는 것'을 눈치 채게 한다. 그래서 자신의 상상의 결과를 맞춰 보려고 소설 속으로 뛰어들게 한다.

문장 (B)는 어떤 수필의 시작 문장이다. 더 이상 읽고 싶은 생각이 일어나지 않을 것이다. 궁금한 것이 하나도 없다. 그런 선생이야 어디든지 있다.

예문 (C)와 (D)는 둘 다 시작 문단인데 (C)는 궁금증이 없어서 더 이상 읽지 않아도 좋을 것 같은 문단이고, (D)는 궁금해서 뒤를 더 읽어보지 않을 수 없게 만드는 문단이다.

문단에도 역할이 있다

학교에서 대청소를 할 때 1분단은 마룻바닥, 2분단은 복도, 3분단은 유리창 하면서 역할을 정하는 것처럼 한 편의 글을 이루고 있는 문단들도 각각 맡은 일이 정해져 있다. 첫 문단은 이야기를 꺼내고, 궁금증을 유발하고, 2문단은 예를 들거나 이유를 대고, 3문단은 다른 예를 들거나 논증을 하고, 4문단은 예상되는 반론을 꺾을 수 있는 반론을 제기하거나 주위를 환기시키는 이야기를 꺼낸다면, 5문단은 결론을 내리고,

정리를 하는 결론 문단의 역할을 한다.

　이제 시작 문단의 역할 중에서 가장 중요한 것 네 가지를 제시하면 다음과 같다.

　첫째, 호기심을 유발한다. 첫 문단 첫 행은 특히 호기심 가게 써야 한다. 그렇지 않으면 아무도 그 글을 읽어 주지 않는다. 독자가 첫 문단을 읽고 궁금증이 생겨 다음 문단을 읽도록 만들어야 한다. 호기심의 유발은 독자의 질문을 유발시키는 역할을 한다. 설명문은 지적 호기심을 일으키는 것이 좋고, 논설문은 문제 해결의 호기심을 일으키는 것이 좋다.

　둘째, 글의 방향을 제시한다. 독자가 첫 문단에서 기대하는 것은 앞으로 글이 어떻게 전개될 것인가이다. 즉 방향 제시이다. 독자는 첫 문단을 읽어 보고 더 읽을 것인가, 그만둘 것인가를 결정한다. 간결하고 명확하게 방향 제시를 해야 한다.

　셋째, 주제를 암시한다. 주제를 다 밝히는 것보다 살짝 암시하는 것이 좋다. 다 말하지 않는 암시는 독자가 글을 끝까지 읽게 하는 힘이 되어 준다.

　넷째, 심리적 안정감을 준다. 독자는 자신이 지금 읽고 있는 글에 대하여 신뢰를 갖기를 원한다. 신뢰가 없으면 당장 집어치운다. 그러므로 시작 문단에서는 모든 사람이 사실이라고 인정하는 사건이나 이야기만 적어야 한다. 그러기 위해서는 과거에 일어나 유명한 사건이나 최근에 일어난 확실한 사건을 배치하는 것이 좋다. 사실인지 잘 모르는 것을 배치하면 처음부터 애매모호한 입장이 되어 독자를 끌어들이지 못한다. 가끔 엉뚱한 유머로 시작하는 글이 있는데, 이는 심리적 안정감을 주기에는 적당하지 않다.

북키박사의 한마디

시작 문단의 여러 가지 유형

1 | 최근에 일어난 유명한 사건으로 시작하기

2 | 과거의 유명한 사건으로 시작하기

3 | 옛날부터 내려오는 이야기로 시작하기

3 | 특별하고 깜짝 놀랄 만한 사건으로 시작하기

4 | 위인들의 명언이나 일화로 시작하기

5 | 공동의 궁금증으로 시작하기

6 | 내 주장으로 시작하기

7 | 질문-답변 형식으로 시작하기

8 | 글의 주제를 곧바로 드러내며 시작하기

9 | 주어진 상황에서 시작하기

10

결론 문단은 대담하게
그래야 인상적인 글이 된다

(A) 이런 이유로 해서 사람은 항상 자신을 반성하고 고쳐 나가야 할 것 같다.

(B) 그러나 내가 주장한 것과 일치하지 않는 견해도 있을 수 있음을 밝혀 둔다.

(C) 나에게 자유를 달라, 그렇지 않으면 죽음을 달라.

(D) 겨울이 오면 봄 또한 멀지 않으리.

위 예문들은 어떤 글의 결론 문단 중 가장 마지막 문장이다. 예문 (A)와 (B)는 둘 다 자신 없는 결론 문장이다. 이런 글을 읽고 나서 독자는 무슨 생각을 하게 될까? 아마도 시간만 낭비했다고 후회하게 될 것이다. 그러나 예문 (C)와 (D)는 다르다. 예문 (C)는 미국의 패트릭 헨리의 연설문의 마지막 구절이다. 이 연설이 많은 청중에게 오래도록 잊혀지지 않은 이유는 마지막의 강인함 때문이다. 예문 (D)는 영국의 시인 하이네의 시구이다. "겨울이 오면 봄 또한 멀지 않으리."라고 말함으로써 그는 많은 사람들의 가슴에 희망을 새겨 주었다.

결론에서는 우물쭈물할 필요가 없다. 단호하고도 인상적인 말을 해서 이제까지 쓴 자신의 글에 대한 강력한 인상을 심어 주어야 한다.

결론 문단이 좋으면 다 좋다

글을 읽는 독자들도 결론 문단에 특별한 주의를 기울인다. 중간 내용은 대충대충 읽었을지언정 결론 문단에서는 무언가 오랫동안 잊혀지지 않을 핵심이나 가치를 얻기를 기대한다. 이런 독자의 기대를 저버리지 않는 것이 친절한 저자이며 사랑받는 저자의 조건이다. 마지막 문단 쓰기의 원칙을 제시하면 다음과 같다.

첫째, 글의 결론을 확실히 내려 준다. 일반적인 독자가 마지막 문단에 기대하는 것은 본론의 요약과 정리이다. 좋은 저자라면 독자의 기대를 저버리지 않아야 한다. 어떤 독자들은 첫 문단과 마지막 문단을 먼저 읽고, 마음에 들면 처음부터 다시 읽기도 한다. 그만큼 마지막 문단에서는 확실한 정리가 필요하다.

둘째, 주요 개념들을 간략하게 되풀이한다. 좀 더 친절한 결론 쓰기 방식이다. 교과서나 참고서의 글, 서술형 답안지는 이런 방식이 좋다. 이럴 경우에 그 개념들이 제시되었던 순서를 그대로 따르면 매우 편안하고 친절한 결론이 된다.

셋째, 독자가 더 생각해 보아야 할 것을 제시한다. 글은 저자가 썼지만 글의 주인은 독자이다. 글을 써서 발표하는 순간부터 글은 저자를 떠나 독자의 소유가 된다. 글이나 책이란 독자가 감동을 받고, 오랫동안 음미하게 될 때 가치를 갖게 되고 좋은 글로 평가받는다. 읽자마자 잊혀진다면 실패작이다. 가치 있는 글을 쓰는 저자가 되기 위해서는 결론에 세심한 주의를 기울여야 한다. 독자의 기억에 남을 화두를 하나 던지는 것이다. 일생 동안 잊지 못할 생각의 씨앗을!

넷째, 더 큰 세상을 안내한다. 지금 내리는 결론이 다른 더 큰 개념들과 어떻게 관련되는지를 독자에게 안내한다. 이런 결론은 학술 서적에 주로 이용되는데 어린 학생들이 소화하기에는 어렵지만 이런 결론의 책들을 읽게 하면 자라서 그런 결론을 쓸 수 있게 된다.

북키박사의 한마디

결론 문단의 역할

1 | 글의 결론을 강력하고 인상 깊게 제시한다. 우물쭈물은 금물!

2 | 글의 주요 개념을 간략하게 요약해 준다. 요약의 순서는 본문의 순서를 그대로 따른다.

3 | 독자가 더 생각해 보아야 할 것을 제시한다. 독자는 생각하고 싶다.

4 | 더 큰 세상으로 안내하는 문장을 쓴다. 독자 감동시키기!

고쳐쓰기가 완벽한 글을 만든다

자기가 쓴 글을 고치기 위해서는 잠시 시간을 두고 다른 일을 하다가 읽어 보라. 시간이 자신의 글에 거리를 두고 객관적으로 보는 법을 알려 준다. 그래야 독자의 눈으로 글을 볼 수 있게 된다. 마치 다른 사람의 글을 읽듯이 차가운 시선으로 담담하게 읽어라. 그때 비로소 허점이 보인다.

끙끙대며 한 편의 글을 쓰고 난 후에 느끼게 되는 뿌듯함이 없다면 아마도 글쓰기는 괴로움으로만 남게 되었을 것이다. 그러나 글쓰기가 계속되는 것은 글 쓴 후의 그 뿌듯함 때문인지도 모른다. 작가들은 그것을 산고의 고통이라고 한다. 그러나 써 놓고 그 뿌듯함에 물러앉는다면 글쓰기에 발전은 없다. 더 높은 수준의 글쓰기를 원한다면 검토와 평가가 필요하다.

다시 읽기를 할 때는 세 가지 큰 원칙이 있다.

첫번째 원칙은 독자의 입장에서 읽어 보는 것이다. 자신이 쓴 글을 지은이의 입장에서 보면 아무것도 보이지 않는다. 초등학생이 읽을 글이라면 초등학생의 입장에서 보고, 학부모가 읽을 글이라면 학부모의 입장에서 보고, 교사가 읽을 글이라면 교사의 입장에서 보아야 한다. 그러면 고칠 곳이 더 잘 보인다.

두번째 원칙은 객관적인 평가를 받아 보는 것이다. 아이들의 경우에는 부모님, 친구, 선생님의 평가를 받는 것이 일반적인 현상이다. 그러나 가끔이라도 전문가의 평가를 받을 수 있다면 글쓰기 실력은 더욱 빠르게 향상된다. 전문가는 대상 학생 한 사람이 아닌 수많은 학생들과 비교하여 지적해 주기 때문에 신뢰도와 정확성이 확보된 평가이다. 전문가 평가는 우물 안 개구리가 되는 것을 면할 수 있게 한다.

세번째 원칙은 지적받은 사항 중에 자신이 긍정하는 부분을 받아들여 반드시 다시 써 보는 것이다. 지적받았다고 다 고칠 필요는 없다. 자신이 수긍하는 부분만 고치면 된다. 많은 아이들은 지적해 주면 고개만 끄덕이고 그냥 지나가는데, 이런 경우에 글쓰기 실력은 늘 제자리걸음이다. 반드시 다시 써서 새로운 글을 만들어 보는 습관이 필요하다.

완벽한 글은 고쳐 쓰기 과정을 충실히 거쳐야 비로소 탄생한다. 고쳐

쓰기란 '말하기'에서는 할 수 없고 오직 '글쓰기'에서만 가능하다. 그래서 글쓰기의 장점이 되기도 한다.

고쳐 쓰기를 할 때는 세 단계를 거친다. 먼저 전체 내용 가운데 불필요한 군더더기를 빼내는 일이다. 이것은 삭제의 단계이다. 그 다음은 빠진 것이 없는지 살펴보는 일이다. 이것이 첨가의 단계이다. 세번째는 전체 내용을 읽어 보면서 자연스러운 흐름이 되도록 구성을 바로잡는 일이다. 이것이 재구성의 단계이다.

이 세 과정을 거치고 난 후에 글의 세부적인 오류를 바로잡으면 비로소 완벽한 글이 태어난다.

북키박사의 한마디

자신의 글을 보며 이렇게 질문하세요

- 읽기 쉬운가?   잘 쓴 글은 문장이 쉬워요.
- 자연스러운가?   잘 쓴 글은 구성이 자연스럽지요.
- 통일성이 있는가?   잘 쓴 글은 통일성이 보여요.
- 논리적인가?   잘 쓴 글은 아주 논리적입니다.
- 컨셉트가 보이나?   잘 쓴 글은 뚜렷하게 느껴져요.
- 반듯한 글인가?   잘 쓴 글은 맞춤법이 반듯해요.
- 건방지거나 얄밉지는 않은가?   잘 쓴 글은 겸손하고 친절해요.

우리 아이와 동일한 것에 체크해 보세요.

- ☐ 글제를 대하면 해석부터 한다.
- ☐ 글쓰기 소재를 자신의 내부에서 찾는다.
- ☐ 키워드를 정하고 글을 쓴다.
- ☐ 화제문을 만들 수 있다.
- ☐ 글의 작전 지도를 그릴 수 있다.
- ☐ 첫 문장을 멋지게 쓸 줄 안다.
- ☐ 제목을 적절하게 붙일 수 있다.
- ☐ 시작 문단을 다양하게 쓸 줄 안다.
- ☐ 결론 문단을 인상적으로 쓸 줄 안다.
- ☐ 검토하고 고쳐 쓰기를 빼놓지 않는다.

- ✓ 표한 것이 8개 이상 : 축하합니다. 가장 높은 단계의 수준입니다.
- ✓ 표한 것이 6 ~ 7개 : 글쓰기에 소질이 있습니다. 자신있게 써 보세요.
- ✓ 표한 것이 5개 : 글쓰기에 자신감을 심어 주세요. 많은 칭찬이 필요합니다.
- ✓ 표한 것이 3 ~ 4개 : 글쓰기가 두려운 상태입니다. 또래들과 함께 연습하게 하세요.
- ✓ 표한 것이 2개 이하 : 글쓰기가 고통입니다. 처음부터 다시 시작해 주세요.